中公文庫

シルクロード

スヴェン・ヘディン
西　義之訳

中央公論新社

目次

「シルクロード」地図
0
500
1000km
スヴェン・ヘディンのルート
カヌーによるルート
他の隊員のルート
中央アジア主要交通路
長城線
鹹湖底
ヘディンが監禁されていた所
峠
100°
105°
110°
115°
120°
45°
40°
35°
30°
セレンガ川
オルホン川
ウランバートル
トラ川
モンゴル
ウラン・ノール
ゴビ砂漠
ガシュン・ノール
ソホ・ノール
ハラホト
クク・トロゴイ
デリズン・フトゥク
バンティ・トロゴイ
ホイエル・アマトゥ
イシゲン
ツァガン・フトゥク
ツォンドル
カラ・トロゴイ
ウニエン・ウス
ホシゲリン・ゴル
ヤンチヤンツコウ
リウタオコウ
ボヤン・ホ
イケ・ノール
チャオ・ホ
ベリミアオ（百霊廟）
パイロクアン
パコウツ
狼山山脈
シャシデ・ミアオ
ウーユアン（五原）
パオトウ（包頭）
クエイホア（帰化）
フェンチェン（豊鎮）
ダートゥン（大同）
カルガン（張家口）
ペキン（北京）
ヘディンの帰路
満州よりシベリヤ経由
ストックホルムへ
ティエンチン（天津）
往路
ホノルル経由
アラシャン砂漠
オルドス
黄河
カオタイ（高台）
カンチョウ（甘州）
シャンタン（山丹）
ワンイェフ（王爺府）
ニンシア（寧夏）
タイユアン（太原）
リアンチョウ（涼州）
クラン（古浪）
チュンウェイ（中衛）
チーナン（済南）
シーニン（西寧）
ウーシャオリン峠
ランチョウ（蘭州）
ティンシー（定西）
ホアチアリン（華家嶺）
チンニン（静寧）
ルンテ（隆徳）
リウパンシャン（六盤山）
ピンリャン（平涼）
チンチュアン（涇川）
ピンシエン（邠県）
シェンヤン（咸陽）
シーアン（西安）
渭（ウェイ・ホ）河
ローヤン（洛陽）
カイフォン（開封）
シュイチョウ（徐州）
ホワイイン（淮陰）
ナンキン（南京）
省
中国
ハンコウ（漢口）
コイチョウ（帰州）
揚子江
チョントー（成都）

ソ ヴィ エ ト
バルハシ湖
アヤグース
至セミパラチンスク
ザイサン湖
ウブサ・ノール
キルギス・ノール
カラ・ウス
コブド
アルタイ山脈
チュグチャク
フンメルとベリマンの帰路
イリ
マナス
フルンゼ
アルマアタ
イシク・クル
ウルムチ
ボグドオーラ
ダワンチェン(峠)
バルクル・ノール
トルファン
チコシンツ
天 山 山 脈
クムシュ
カラシャール
トクスン
センギム
ピチャン
ハミ
ホアンルーカン(黄蘆崗)
チャンリウシュイ
ダンビン・ラマ古城
ミンシュイ峠(明水)
クチャ
コルラ
シンネガ
サイチェケブラク
クルク・ターグ
クシュイ
シンシンシア
カシュガル
タリム川
インバシ
ベシュ・ブラク
トウケン
ガシュン
C.125
ゴビ
C.135
タチュアン
クンチン
スーローホー
ホシリュウユ
アンシー(安西)
コータン川
クム・ダリヤ
ローラン遺跡
C.133
ロプ・ノール
トンホアン(敦煌)
ヤルカンド
チアユーク
ツァイダム
青 海
西 康
75°
80°
85°
90°
95°
45°
40°
河西回廊地帯
スーローホー(疏勒河)
アンシー(安西)
至トンホアン(敦煌)
ブルンチ(布隆吉)
サンタオコウ(三道溝)
ユーメン(玉門)
チアユークアン(嘉峪関)
チーチン(赤金)
ライフイブ(恵回堡)
スーチョウ(粛州)
ペイタホ(北大河)
インアルブ(鶯児堡)
シャンホチン(上河清)
チンシュイブ(清水堡)
マヤン(馬営)
カオタイ(高台)
リンツェ(臨沢)
サホブ(沙河堡)
カンチョウ(甘州)
トウンル(東麓)
シャンタン(山丹)
シャンタンホ
アラシャン砂漠
ユンチャン(永昌)
シリブ(十里舗)
シュイチュアンイー(水泉駅)
リアンチョウ(涼州)
ターホユアン(大河園)
チンペイ(静辺)
クラン(古浪)
ウーシャオリン(烏鞘嶺)
ウシュンイー(武勝駅)
ランチョウ(蘭州)
アルシリブ(二十里舗)
シーニン(西寧)
ココ・ノール(青海)
ナンシャン山脈
青 海 省
白河
黄河
0 100 500km
長城線
主要都市
96°
98°
100°
102°
104°
40°
38°
36°

シルクロード

1　新しい計画

クリスマス・イヴはサンフランシスコの沖で迎えた！　一九三三年の新年はホノルルだった！　それから太平洋に出たが、海はその名前にふさわしい名誉をになっていなかった。というのは、プレジデント・ガーフィールド号は、嵐と波と悪戦苦闘しなければならなかったからだ。

一月一九日天津に上陸、ただちに北京へ行き、スウェーデン・ハウスにはいる。そこに今度の大探検の本部がおかれていたのである。

太平洋とおなじく、北京も平和の地ではないように見えた。外国公館のある地区の前では、日本の兵隊が、まるでこの古い、栄誉ある王城のある町の支配者然として、機関銃演習をやっていた。日本軍は有名な寺院のある町熱河《ジョホール》に近づいていたが、町は三月四日その手に落ちた。つぎの目標は北京及び北支五省だろうと思われていた。

反乱の火の手が新疆《シンキャン》一帯に燃え上がり、そこでは中国の支配に反対する暴動が、燎原の火のようにひろがっていた。虎王ヨルバルス・ハーンは、ハミ周辺のその全国土は荒らされてしまったので、天山《ティエンシャン》山脈のあいだの要塞にひそんで、復讐の機をうかがっていた。カラシャールのトルグート族の土侯であり、大ラマであるシン・チン・ゲゲンは、ヨルバルス征討の戦いに出よという命令に従うことを拒絶してしまった。そこで彼は、ウルムチ（迪化）の省政府首席金樹仁《チンシュージェン》のもとに召還され、そこでその幹部たちとともに銃殺された。

四月一日、金は南京に電報を打ち、「東トルキスタンは離反してしまった。自分は、甘粛《カンスー》の東干《トゥンガン》人の実力者馬歩芳《マブファン》に要請して、「大馬」のあだ名をもつ馬仲英《マチュンイン》を討伐するよう申し送った」と報告した。馬仲英《マチュンイン》は、当時自分の軍隊とともに粛州《スーチョウ》にいた。その返事として金は南京から、「貴下は、反乱を終熄《しゅうそく》させ、省の動静を抑制する代りに、内乱を扇動しようとしている」という非難をうけた。四月一二日、その衙門《ヤーメン》は、武装したロシヤの亡命者たちによって包囲されたが、彼はうまく逃げて、シベリヤを経て南京にたどりついた。しかしここで牢獄入りの刑をうけてしまった。

当時北京では、《大馬》は新疆《シンキャン》を征服することに成功するだろうと一般に信ぜられていた。いや、ウルムチは陥落したという噂さえあったのである。

アジアの内陸を数年にわたって探検し、数々の成果をあげたエリック・ノリン博士がふたたび北京にその姿をあらわしたのが二月二日だった。日焼けした顔をして元気いっぱいで汽車からとびおりた博士の第一声は、「またすぐチベットへ帰らせて下さい」というのだった。博士は、大いなるアジアとそれが持っている地質学上の諸問題に、まだ十分堪能しきっていなかったのである。

一週間後、ビルゲル・ボーリン博士とその隊商指揮官のデンマーク人、ベント・フリース・ヨハンセンがつつがなくスウェーデン・ハウスに戻ってきた。ボーリンも、広い分野にわたる、貴重な古生物学的資料を集めてきていた。

こういうわけで、このスウェーデン人の溜りであるハウスは人間でふくれ上がっていた。毎日わきかえるような空気だった。石や化石をいれた箱の荷があけられ、資料はそれぞれの専門家の手にわけられた。夜おそくまでわたしたちの相談はつづいた。そしてしばしばわたしたちは、委員会の委員長劉復《リウフ》教授や中国地資学調査所長翁文灝《ウォンウェンハオ》博士と討議を行なった。

スウェーデン・ハウスの一室は製図室に模様がえされた。そこでノリン、ボーリン、ベリマンらが、三つの大きなテーブルでわれわれの探検活動の全分野の巨大な地図を作製していた。この地図は、長さ五メートル半、縦は二メートルで、四五〇万平方キロメートルの地域、つまりスウェーデンの一〇倍の広さ、アジアの一〇分の一をふくむものなのである。山は、暖色の茶であらわされ、森や傾斜地帯は緑色、砂漠は黄色、川と湖は青色で、そしてこの地方を通るわれわれの旅路は真赤な線で光っていた。地球の表面のこの広大な部分の図表をながめるのは、たのしみなものだった。この地域にわたしたちは、自分たちの人生の七年間をささげてきたのである。春、この地図はシカゴ〔シカゴ世界博覧会〕へ送られ、熱河のラマ寺院のとなりの会場で陳列された。

中国人の天文学者パーカー・C・陳《チェン》（陳宗器）とエツィン・ゴルにまだいるニールス・ホルナー博士から、わたしたちは訃報《ふほう》をうけとった。一五年の長きにわたってひとり中央アジアを放浪し、すばらしい動物学上の収集をしていた男、とくにベルリン博物館から支給された費用で鳥類と卵をあつめていた有能博学なバルト人ワルター・バイクが、憂鬱症の発作からヴァジン・トレイでピストル自殺をしたというのだ。彼は数か月、ボーリン、ホルナーのもとで働いていたこともあった。バイクは、砂漠の一番端のタマリスクの下に埋葬されたが、それはエツィン・ゴル河が砂漠の湖に流れこむところから遠くない場所だという。かなしみと感謝の念をもって、わたしたちはワルター・バイクのことを追想し、彼がわたしたちの仕事を忠実に果たしてくれたことを偲《しの》んだ。彼がその絶望的な自殺の挙に出る直前に書きのこした言葉がいつわりでないことを、わたしたちは力をこめて保証することができる。「中央アジアの自然探求に貢献せんがために、わたしが全力を傾けたことはここに誓ってもいい」。

二月初め、わたしたち仲間の数人は、わたしの昔からの友人タシ・ラマを訪問した。彼は紫禁城中の南海故宮、大礼《ターリ》堂《タン》宮殿に住んでいた。われわれの話題は、わたしが一九〇七年、一か月半にわたり彼の賓客としてタシ・ルンポにいたときのことだった。いまの彼の希望は、内モンゴルを訪ねるときには、すぐ彼の故郷のチベットへの道がひらかれるのではあるまいかということだった。彼は、この雪国に対するノリンとわたしのあこがれを耳にすると、彼の仏都でわたしたちを賓客として、心から歓迎してくれた。

ニールス・アンボルト博士の消息が数か月途絶えていたので、わたしたちの不安は日ごとに高まって行った。わたしは、「欧亜航空公司」の機長ルッツが、ちょうど粛州《スーチョウ》に飛ぼうとしているというので、彼にたのんで、まだかの地方で仕事をしているベクセルとベーケンカンプ宛てに手紙をもっていってもらうことにした。この二人に、アンボルトと連絡の方法を講じてほしいと書いたのである。わたしはすでに一月、カシュガルにいるスウェーデン伝道教会からつぎのような電報をうけとっていたのだ。

「クリスマス頃、ヤルカンドに到着せる二人の男の報告によれば、アンボルトは一一月八日チェルチェンにいたが、いま甘粛《カンスー》への旅の途中にある」というのである。

わたしたちは、《大馬》が甘粛《カンスー》と新疆《シンキャン》のあいだのすべての道を閉鎖してしまったことは確実だと考えていた。アンボルトが、その貴重な荷物を北チベットに放棄して来なければならなかったこと、そしてすっかり身ぐるみはがれてチェルチェンに帰ってきたことをわたしたちはきいていた。わたしがすぐ考えたことは、約三〇〇〇キロ離れたこのオアシスに自動車で急行するということだった。しかしわたしたちの経済状態もあやしくなっていたので、待たねばならなかった。

北京では、状勢はだんだん緊迫してきた。ある日、この町のすべての人力車が姿を消してしまった。――それらは弾薬輸送のために徴発されてしまったのである。三月一六日、戒厳状態が告示され、通行証をもたずに、夜、往来へでることが禁止された。北京及びその周辺の郵便局には、毎晩金庫を本局へ渡すよう命令がでたが、それというのも出没する中国軍隊がいついかなるときに北京に殺到し掠奪するかわからなかったからである。そんなことが一度あったのである。四月三〇日、日本軍は北京からわずか八五キロのところに迫っていた。

五月一一日朝、日本の偵察機が一機、北京上空を旋回していた。機関銃の音があちらこちらでひびいた。なにかが起こりそうな緊張した空気だった。ベリマンがエツィン・ゴルで発見した木板に書かれた漢代の文書（木簡）の貴重な収集品は、劉復教授によってスウェーデン・ハウスへ運びこまれた。ここはスウェーデン国旗がひるがえっているから、空襲とか襲撃、掠奪の際には比較的安全に保管されるだろうというのである。

五月二〇日、一一機の飛行機がわたしたちの頭上に飛来した。日本軍の前哨部隊は、すでに北京から約一六キロのところにあった。中国兵の退却部隊が市内になだれこみ、宿舎を提供するように強要した。

五月二二日、アメリカの著述家オーウェン・ラティモア夫妻を、わたしたちはお昼の食事に招いた。わたしたちがテーブルについたとき、ドイツ大使館から電話があり、つぎのようなことを知らせてきた。

「もしあなた方が大砲の音を二発耳にしたら、アメリカ大使館の無電塔を見て下さい。そしてそこに三つの白い燈火信号と三つの赤い燈火信号とが見えたら、ただちにロックフェラー研究所に行って下さい。そこから軍用自動車があなた方を、アメリカ大使館にお連れするでしょう。北京は今夜掠奪されるのではないかと予想されています」

しかしその夜は平穏に推移した。砲声はきこえなかった。市門は、一日中しめられたままであった。わたしたちは自動車で、市の北方地区を走り、バリケードやそのほかの防衛準備を視察した。

アンボルトについてのわたしたちの不安は、だんだんと大きくなった。わたしがペシャワールを経由して、カシュガルのロベルンツ師に宛てた電報の返事として、ペシャワールから知らせてきたのは、カシュガルとの無電連絡は切れてしまったこと、電報はミスガルに送られるだけで、そこから一一日ごとに馬で先に送られるということであった。つまり中国の無電局は、回教徒の反乱者によって破壊されてしまったというのである。

わたしたちがさらに耳にしたところでは、スウェーデン伝道教会は帰国してしまったか、さし当たりの処置としてインド国境をこえて逃亡してしまったかのどちらかだというのである。

しかしアンボルトの身には何か起こったのだろうか？　生きているのか、捕えられたのか、あるいは殺されたのだろうか？　アンボルトと連絡をとれというベクセル宛てのわたしの指示は、《大馬》によって握りつぶされたのである。馬《マ》仲英《チュンイン》は、外国のどんな介入にも我慢できなかった。そして自らこの行方不明のアンボルトのことをさがしてみることを約束した。しかしあとになって彼は、捜索することをわたしたちに許可してくれた。五月一五日、わたしはノリン博士を派遣してアンボルトを探し、出来るなら彼に救援の手をさし伸べることを依頼した。

出発の際ノリンは、わたしが一九二六年タシ・ラマからもらった金の指輪を自分に貸してもらえないかとたのんだ。指輪は、その神聖不可侵の印《しるし》と永遠なる生命の象徴をもっているのである。ノリンは、この〝活仏〟の指輪には奇蹟を生む力があると信じこんでいるのだった。これによって彼の捜索は成功でもって飾られるであろう、いや、自分自身の生命《いのち》だけでなくアンボルトの生命も救うことができるだろうというのである。こういうわけで、彼はこの指輪をはめて南京に行った。そこのスウェーデン領事リンドクヴィストとドイツ公使館参事官フィッシャーの友好的援助によって、ノリンはすぐさま旅券を手にいれ、同じようにすぐ欧亜航空機の席をとることができた。彼は粛州《スーチョウ》まで飛んだが、ここから救援探検がはじまることになっていた。

ドイツの飛行機長ルッツ、バウムガルト、ラティエ、そのほかの人々にわたしたちは大いに感謝しなければならなかった。この人たちは、よろこんで粛州《スーチョウ》の探検部隊の郵便を送ってくれ、その航空路にある新疆《シンキャン》と甘粛《カンスー》の町々の状勢について、貴重な情報をあたえてくれたからである。

ルッツ機長は、春、ベルリンに飛び、北京のルフト・ハンザ航空の代表者である、わたしたちの昔からの友人ヴィルヘルム・シュミットをともなって、空路オムスク、ウルムチ、ハミ、粛州《スーチョウ》を経て北京へ帰って来るはずだった。この地球のもっとも大きな部分を翔破《しょうは》することは、大事業であり、ルッツ機長の指揮で模範的に遂行された。六月二五日、ルッツはふたたび北京にあらわれたが、シュミット氏は伴っていなかった。氏はドイツで飛行機事故にあったのである。

ルッツ機長は、ウルムチにおいてハミの情勢と《大馬》の作戦について情報をうけてきた。

それでハミに途中着陸することを断念し、粛州《スーチョウ》に直行、ここで黄慕《ホアンム》松《スン》将軍と会った。黄《ホアン》将軍は五月、その幕僚たちとともに、中央政府から新疆《シンキャン》に派遣され、情勢をしらべ、争っている双方の仲裁者たらんとして来ていたのである。見たところ将軍は、ウルムチにおける最高権力をわが手に収めようという意図をもっていたように思われた。とにかく将軍は大胆な手をうち、このため三人の高級官吏が命を失った。ウルムチの最高権力をもっていた督弁盛世才《シェンシーツァイ》将軍は黄《ホアン》将軍の諸計画を挫折させてしまった。盛《シェン》将軍は、〝中央政府に対する尊敬の証明〟として、黄《ホアン》将軍をさっさと空路南京に送りかえしてしまったのである。

　ボーリン博士は、四月二七日スウェーデンに帰った。ノリンは、前に書いたように、五月一五日にわたしたちのもとを去っていた。しかしもう一一日には、スウェーデン・ハウスは代りの人を得たのである。即ちニールス・ホルナー博士とパーカー・C・陳《チェン》氏らが、すばらしい業績をもって帰ってきたのである。彼らは四年間、エツィン・ゴル、ロプ・ノール、北山《ペイシャン》、及び南山《ナンシャン》のあたりにいたのである。とくに彼らは、一九二一年新たにできたロプ・ノールの重大な発見に成功していた。

　六月初め、雨はわたしたちの灰色の瓦屋根の上を単調にぴしゃぴしゃと音をたてて降りつづき、北京の町を雷鳴が大きくひびいたりした。しかし六月八日の夜は、しんと墓場のような静けさが支配した。わたしは、温室のようにあたたかい空気のなかで、ベッドに横になって本を読んでいた。時計の針は三時を示していた。そのとき内庭の板戸が用心深くひらかれた。石畳の上をそっと忍び足で歩く音がきこえた。わたしの仕事部屋のドアが開けられたのは、ほとんどきこえなかった。それからいっさいが静かになった。二つの部屋のあいだは、ドアはあいたままであった。

「だれだ?」とわたしは叫んだ。なあんだ、ほかのだれでもなくここの門番がはいってきたのである。そして電報が手渡された。これは重大事件にちがいない! というのは、ふつうなら郵便局は電報を、朝になってから配達させるものだからである。わたしは、わくわくしながら開いて読んだ。

「アンボルト、コータンにて無事。インド経由帰る。ロベルンツ」

ありがたい! これでほっと息をつくことができた。さっそくわたしは、ノリンとベクセルを呼びもどすために電報を書いた。そしてここに残っている人たち、さらにリンドクヴィストやフィッシャーにも通知した。わたしはホルナーを呼びよせた。彼はやって来たが、うれしさのあまりわたしの部屋でインデアン踊りをやりはじめる始末だった。それからわたしたちは、ベリマンのところへボーイを使いに出した。彼は寝まき姿のままやって来て、椅子に腰をおろした。そして短いが、内容豊富なニュースをきき終わると、「たったそれだけ?」と言っただけだった。

アンボルトは、援助をうけずにチベットを通ってインドへ、さらに故国へ帰還という挙をやりとげた。ベクセルとノリンの運命を物語ることは、この書物の範囲を逸脱することになるだろう。ベクセルは、呼びもどしをうけたとき、まだ遠くへは行っていなかった。ノリンはすでに、チベットの北東の山中に姿を消したあとであった。彼は、テミルリク地方の東トルコ人のところで、スパイだと思われて生死の危険のあいだをさまよったのである。ツァイダムのタジン・モンゴル人たちの彼に対する態度も、猜疑心にみちていた。しかし彼らは、タシ・ラマの指輪を見ると、ノリンにきわめて深い尊敬を示したという。そしてノリンは、つつがなく東方へ帰ることができた。

六月初めのある日曜日、第一次大戦以来わたしの最上の友の一人であるフォン・ゼークト元帥がわたしを訪ねてくれた。マッケンゼン将軍がガリシアを攻略していた当時、わたしたちは毎日顔をあわせたものであった。彼は、蔣介石《チャンカイシェク》元帥をかなり長い期間訪問していたのであるが、いま北京に帰ってきたのである。

ドイツ大使トラウトマンが、一九三三年六月二八日、ゼークト将軍に敬意を表して催した昼食会は、ふしぎな具合にわたしの運命に影響をあたえることになった。雨は、まるで壁のように山々の背後に降っていた。ドイツ大使館の部屋部屋は、光でかがやいていた。客人たちのなかに、多くの中国高官の姿がみとめられた。軍政部長何応欽《ホーインチン》、黄郛《ホアンフ》将軍、前国務総理兼外交総長、そしてパリ駐在大使でもあった胡《ホー》（惟徳）閣下、その他である。そして上品な顔立ちをした、白いスモーキングを着た堂々たる体格の一人の中国人が、わたしの注意をひきつけた。わたしは大使館の一人をわずらわして紹介してもらった。その人はついこのあいだから北京に滞在している外交部次長劉崇傑《リウチュンチェ》氏で、南京政府と外国使節団との連絡を維持するために来ているのであった。

わたしたちは、新疆《シンキャン》の情勢について話をはじめた。わたしはついこの間までそこにいたことがあったし、以前も数年を東トルキスタンですごしたことがあったのである。次官は、ほかでもなくわたしの経験や見解をききただしたわけである。わたしは話題が核心にふれると、つぎのように答えた。

「乾隆帝が中華帝国のまわりに半円形をえがいて建設した保護国のうち、いま残っているのはたった一つしかありません。中華民国となってからは、あなた方はチベット、満洲、熱河を失い、内モンゴルも重大な脅威にさらされています。新疆《シンキャン》はまだ中国領ですが、いま回教徒の反乱と内戦によってずたずたに引きさかれています。もし辺境防衛のためになにごともなされない場合には、新疆《シンキャン》も失われてしまいましょう」

「あなたのお考えでは、どういう手が打たれなければならないでしょうか?」と次長はたずねた。

「まず中国本土と新疆《シンキャン》とのあいだに、いい自動車道路を建設し、これを確保しなければならないと考えます。アジアの中央に達する鉄道の建設がつぎに打つ手でしょう」

わたしたちは、長いあいだくわしい話を交わした。そして劉《リウ》次長は、明日自分の役所の部屋にたずねてきてほしいとわたしに言うのであった。その会談の折、わたしたちは問題をさらに立ちいって論議したが、おしまいに大臣はわたしに、ひとつ建白書を起草してくれないか、そしてわたしが一番適切だと思う道を地図の上に書きこんでもらいたいとたのんだ。

七月中旬、わたしは調書に地図をそえて大臣に手渡すと、大臣はそれを中国語に翻訳させた。蔣介石《チャンカイシェク》総統、行政院長汪精衛《ワンチンウェイ》、鉄道部長顧孟餘《クオメンユー》らにそれらは一通ずつ届けられた。わたしはこの建白書において、商業・交通路の問題に重点をしぼっておいた。ロシヤの商業は、中国商業の力をそぎ、英国商業をインドから駆逐しつつあった。カシュガル、クルジャ、チュグチャクにおいても、アルタイにおいても、ロシヤ人たちは準備おさおさ怠りなかった。彼らは、新《シン》疆《キャン》の国境まですばらしい道路を持っていて、それをたえず改良していた。中国商業はこれに反して、昔から主にらくだの隊商を利用し、帰化城《クエイホアチョン》からゴビ砂漠を通り、ハミ、古城子《グチェンツ》、ウルムチに到るのであった。この隊商は三週間の日程を要した。もしその代りにトラックを使えば、一〇日から一二日の日数を短縮することができるだろうし、他国と競争しても成功をおさめることができるであろう。この方法で発展がすすむだろうということは、帰化城《クエイホアチョン》の商人たちが連合して、この町とハミとのあいだの自動車会社をつくったことにもあらわれている。むろんここを出た最初のトラック隊は、でこぼこ道のためにほとんどがポンコツ化してしまった。だからなにをさておいても、ゴビ砂漠を通過する自動車道路と、〝皇帝道路〟に沿った別のもう一本の道路が建設されなければならないであろう。

外務次官劉《リウ》氏と懇談しながら、この懇談が近い将来において、わたし自身にどういう意味をもつであろうかについて予想することはわたしにはできなかった。ただノリン、ベクセル、ベーケンカンプらは、まだ旅から帰っていなかった。彼らがまもなく北京に帰ってくれば、わたしたちはみな帰国の途につき、この広い分野をふくむ、多岐にわたる多年の探検の成果を整理する仕事をはじめることができるだろうと思っていた。

しかし、運命の星座には別の言葉が書かれていたのである！　外務次官劉《リウ》は、七月末、南京に赴き、蔣《チャン》元帥と行政院長にわたしの建白書を提出したのである。八月三日、わたしはつぎのような電報をうけとった。

「行政院長汪精衛《ワンチンウェイ》は、貴下とできるだけ早い機会に会談を希望している——どうか至急劉崇《リウチュン》傑《チェ》宛て御返事をたまわりたし」

そこでわたしは、自分の運命が新しい軌道をとることになるなと思った。わたしは一八九〇年以来、中国政府から自分にあたえられたかずかずの好意に対する感謝の気持を、政府に協力することによって示すことのできる幸運がくればいいがと夢想していた。わたしには、たしかに中央アジアの知識があったし、この知識が中国のために役立ってほしいと願うことにおいては、なんぴとにもひけはとらなかったからである。おそらくは新たな探検旅行をやれば、わたしのまだ知らない「シルクロード」のある地方を見る機会があることだろう。シルクロードは、新ロプ・ノールと一九二一年にあらたにつくられたタリム河の北岸にそうて走っているのである。

五日の夕方、わたしは北京を発った。夏はその美しさの絶頂にあった。汽車が、翌日古い墓の森を通って中華民国の首都（南京）に向かって急いでいると、低地帯の上にはやわらかであたたかな空気がただよっていた。

外交部次長劉《リウ》氏に伴われて、わたしは外交部長羅文幹《ロウェンカン》博士をたずねた。博士はどんな厄介なことにもひるまぬ人で、人生とその使命に対して、明晰闊達《めいせきかったつ》、そして偏見のない感覚の持主であった。博士は、黄慕《ホアンム》松《スン》将軍の使命が失敗したあとは、自らウルムチへ行くつもりだと語った。彼は、新疆《シンキャン》に平和をつくりだし、将軍たちのあいだで平和調停者として働きたいとのぞんでいた。また羅《ロ》博士は、中央政府がわたしに、新疆《シンキャン》への自動車探検の指導を委嘱したい意向であると伝えた。

しばらくして、わたしは行政院長ワン氏のところで腰をおろしていた。氏は、わたしが羅《ロ》博士からきいたことをすべて保証した。中央アジアへの鉄道建設はあまりに高価だろうし、はじめは自動車道路でがまんしなければならないだろうと言うのだ。しかし、道路は北支・中支の鉄道の終点からはじめなければならない。北方の自動車道路は、帰化《クエイホア》から、南方のは西安《シーアン》から出発せねばならぬ。仕事は即刻開始される必要があるだろう。政府はまだ最終的決定をしたわけではなく、自分自身も専門家たちと、なおこの問題について討議をつくしたいと思っている。数日中に、貴下には返事をさし上げるであろうと言うのだった。

いくつかの会議が行なわれた。いろいろな細目について、道路、距離、その他の問題についてわたしは、あらたな提出書類をつくった。まもなくはっきりしたことは、わたしが辛抱づよくやらねばならないということだった。しかしわたしは、このことで文句を言う必要はなかった。わたしの住居は王正廷《ワンチェンティン》氏の別荘で、王侯の暮らしだったのである。劉《リウ》次長は、しばしばわたしのおつきあいをしてくれた。よくわたしたちは、別荘の前の公園で、なまあたたかい夕方の空気を吸いながら坐っていたり、かがやくような月光のなかで向かいあったりし、中国とその最大の西方の州とのきずなをどういうふうにしてもっと密接にすべきかといろいろな計画を練ったのであった。

気温は三九度までのぼった。ときどき雨が涼風をもたらした。蓮湖の上約二五〇メートルの高さ、紫金山の頂上には新しい天文台が完成に近づいていた。すこし下の山腹の、磁気観測所にパーカー・C・陳《チエン》氏が住んでいた。わたしは、今度の自動車探検旅行に陳《チエン》氏を参加させたいという願いを表明していたのであった。この旅行の道筋に沿うた地域を、彼はニールス・ホルナー博士とともに隅から隅まで知っていたからである。

その月の半ば、外交部長羅《ロ》氏から、政府はこの探検隊派遣を決定したいという通知をうけとった。交通部長はわたしに、基礎的な取りきめを知らせてよこした。それによると、探検旅行はもっぱら中国側の計画により行なわれ、鉄道部長顧孟餘《クオメンユー》博士が最高指揮権をもつ。そして探検隊が北京訪問から帰ってはじめて、この計画は法律的に終了する。わたしは探検隊の指揮官となるが、肩書は「鉄道部顧問」というのである。またわたしには、自ら必要と考えるスウェーデン人、医師一名、地形学者一名、技師数名を伴う許可をあたえる。探検は、八か月をこえないものとする。往路はゴビ砂漠からハミへ向かい、帰路は昔の〝皇帝道路〟、いわゆるシルクロードを通る。そしてタリム河の新しい下流及び、一九二一年あらたにできたロプ・ノール付近で調査を行なってもいいという許可をあたえる。とくに楼蘭《ローラン》付近のかつて耕作地であった地方の灌漑と植民の可能性を調査してもいい。同行者にはすべて身分証明書、武器、自動車通行証があたえられ、国内関税は免除される。スウェーデン人の俸給は五万メキシコドルにのぼる見積り予算から支払われる。中国人の俸給、賞与は政府から直接支給される。わたしは自動車購入その他の装備に責任をもつ——というのであった。

最後になお二、三の条件があった。つまりわたしたちに、新疆《シンキャン》の内戦には介入を禁ずる。すべての政治から距離を保っていなければならぬというのである。この指令がなくても、政治事件に介入したり、一方の側についたりすることが、この探検計画に致命傷をあたえるだろうことはわたしたちにはよくわかっていたのである。わたしの著書『馬仲《マチュンイン》英の逃亡』において報告したように、わたしたちは自動車を差押えられることによって、自分たちの意志に反して、うわべはやむをえず《大馬》の味方をしなければならぬ羽目に追いこまれたのである。この冒険のために、わたしたちは間一髪のところで生命《いのち》をなくすところだったのだ。

探検隊の指揮官も、隊員も、使役人夫も、いかなる形においても考古学的調査をする権利はもっていなかった。わたしたちの事業全体をほとんど破壊してしまうにひとしいこの厄介な条項は、南京の教育部からもち出されたものである。政府自体は、これに責任はなかった。こんな規定は、決して厳格に守られることはできなかったであろう。古代のシルクロードの探索──とくに敦煌《トンホアン》とコルラ間──は、もっぱら考古学的問題であったからである。古い時代の発掘品がもし出たら、それだけわたしたちにとって古代のシルクロードを確認する手だてとなるのであった。シルクロードの跡は、二世紀間の嵐によって消えうせてしまっていたからである。わたしたちが、この探検の目的を達成しようとするならば、ある程度この考古学に関する条項に違反しなければならなかった。その責任はわたしが躊躇なくひきうけた。

鉄道部長はあいかわらず北京に滞在しているので、わたしのほうからそちらへ出かけて行った。部長の決定のおかげで、事業はすみやかに最終的結論に達した。北京─綏遠《スイユアン》間の北綏鉄道局長盛昌《シェンチャン》氏が見積り予算を支払う全権をあたえられ、わたしたちと最終的準備について話しあった。氏は、契約条項にもう一つ新条件をつけくわえてきた。つまりわたしたちに、この省内のつぎの三つの道路、ウルムチ―カシュガル間、ウルムチ―クルジャ間、ウルムチ―チュグチャク間を走る将来の自動車交通の可能性をも研究してもらいたいというのである。内戦や反乱や暴動がおこっていたら、この探検がどういうことになるか、わたしたちには見当がつかなかった。新疆《シンキャン》からは、戦争と掠奪のさわがしい報告がいくつもとどいていたのだ。ハミからさらにウルムチへ飛んだ外交部長羅《ロ》文幹《ウェンカン》氏も、さんざんひどい目にあって、チュグチャク、ノヴォシビルスクを経てむなしく帰らなければならなかったほどである。いよいよ今度は、この不安な州にわたしたちがはいる番なのである――しかも平和を斡旋する人間としてではないのだ。ただ将来の道路を確定するだけなのである。北京の心あるひとびとは、わたしたちが気ちがいじみた、絶望的な事業にとびこもうとしていると言った。また、ソヴィエトが好意的とは言えぬ眼でこの事業を見るであろう。なぜならその目的が、中国本土と新疆《シンキャン》との間の昔の隊商道路を改善し、中国の死滅に瀕した辺境貿易をふたたび振興しようとするにあるのだから、と言うひともあった。わたしたちも、ロシヤ人がなんらかの方法でこの探検事業に水をさしてくるだろうと推測していた。この心配はしかし、なんら根拠のないことが証明された。新疆《シンキャン》のロシヤ代表部は、わたしたちにこの上ない歓迎の気持を表明し、いくたの厄介な事件のさい力になってくれた。

ある日、技師アーヴィング・C・尤《ヨウ》（尤寅照）がわたしたちのところに姿を見せ、すこしお

勢揃いした探検隊の面々。左からヘディン、ゼーデルボーム、フンメル、ベリマン、中国人運転手、ドンゴラ

くれて彼の同僚C・C・龔《クン》（龔継成）もやってきた。二人とも政府から選ばれて、わたしたちの長い旅に参加するはずであった。つづいてスウェーデン・ハウスに、パーカー・C・陳《チエン》（陳宗器）が南京から、ダヴィッド・フンメル博士がジェムトラントから、そしてシカゴから来ていたイエオリ・ゼーデルボームらが到着した。最後にモンゴル人の運転手、中国人のボーイなどがやといいれられた。これで探検隊の人員は全部そろった。

わたしたちは、北京の《大馬《マ》》の代理人白《パイ》氏をも訪問した。氏は馬将軍宛ての手紙をわたしてくれた。氏の確言によると、《大馬》は、わたしたちが南京政府の仕事をするわけであるから、それにふさわしい配慮をもって迎えるであろうということだった。

一〇月一〇日、わたしたちは北京の西北の城門西直門《シーチーメン》の駅に行った。わたしたちの三台のトラックとしゃれた乗用車チュードル・セダンが、もう貨車につみこまれていた。これらはフォードの車で、一五時三〇分の汽車で、帰化城《クエイホアチョン》へ向けて出発するはずであった。別動隊、ガソリン、食糧、その他の装備は、イェオリ・ゼーデルボームと、わたしたちの多年の忠実なるボーイのドンゴラ、そしてジョムチャ青年といっしょに出発してしまった。帰化《クエイホア》で準備作業の一部が完了し、そこに探検隊は集結するはずであった。

北京での最後の晩、わたしたちの昔からの友人たち、スウェーデン伝道教会のヨエル・エリクソンとC・G・ゼーデルボーム（イェオリの父）らが来て、わたしたちに別れを告げ、壮途を祝してくれた。

こうしているうちに新たな夜は北京の町の上におりてきた。わたしたちの物語の一章は終わった。つぎの朝から新たな生活、不安と荒々しい冒険とにみちた一章がはじまるはずであった。わたしたち全員は、自分たちの名誉のために獅子奮迅のたたかいを遂行し、多くのひとによって不可能かつ不成功とみなされている事業をやりとげるために全力を傾けて努力しないかぎりは戻るまい、と決心したのであった。

2　不運な第一歩

フンメル博士とわたしとは、一九三三年一〇月二一日朝、西直門《シーチーメン》駅に行った。そこにはすでに、自動車探検隊の一行が友人たちにかこまれて集まっていた。友人たちはごきげんようを言いに来たのであった。わたしたちは、劉復《リウフ》、徐炳昶《シュウピンチャン》ら教授連、ポール・スティヴンソン、ボスハルト、タイムズ特派員マクドナルドその他おおぜいのひとを見た。汽車が北西に向かって動きはじめると、残った見送り人の大部分は、もうこれでわたしたちが見おさめかと思ったという。

北京市の城壁や堂々たる塔が視界から消え、わたしたちのまわりは、灰色の荒漠たる平野となった。まもなく汽車は、わたしたちをのせて南口《ナンコウ》関をこえ、巨大な石の国境標識である万里の長城を通過した。夕刻、カルガン（張家口）にしばらく停車。真夜中、われわれはあてがわれている暖房のない車室で、毛皮をあつめて寝床をつくった。

朝六時、スウェーデン語がきこえて目をさまさせられた。戸をあけると、若い男がはいってきて、万歳を四度叫んだ。そして中年の婦人がわたしに熱いコーヒーを一杯さしだした。汽車は豊鎮《フェンチェン》についていたのである。そしてここにはスウェーデン伝道教会がその派遣教会の一つをおいているのである。ブロンドの、青い眼の若者は、牧師の息子でカール・エフレイム・ヒルといい、アメリカ人技師から自動車修理工として一等免許状をもらっていた。しかしほかにしなければならない義務があって、彼は残念ながらわたしたちの旅に加わることができなかった。コーヒー茶碗の婦人は、ニストレーム夫人といって、わたしは一八九七年寧夏《ニンシア》で会ったことがあった。

汽車はゆっくりと発車した。愛すべき親切なひとびとはいそいで車外に出、プラットフォームを汽車と並んで走りながら、わたしたちの国歌「なんじ歴史ある、なんじ自由なる、なんじ祝福されたる国よ」を歌ってくれた。

時間はどんどんたち、南西の方角に帰化《クエイホア》の城壁や塔が浮かび上がってきた。汽車がとまると、色さまざまに着飾って声高くしゃべりあっている大きなひとの波に迎えられた。わたしたちの車室の窓の前に、イェオリ・ゼーデルボームが立っていた。フンメル博士がそとに出た。半分しゃくりあげながら、イェオリがなにか話している。と、博士はびっくりして叫んでしまった。「なんだって！　あれが死んだって？」

わたしはぎょっとなった。ベクセルとベーケンカンプがまだ旅から帰っていなかったし、なんの便りもなかったからである。イェオリが、彼らの運命についてなにかニュースをうけとったにちがいない。二人のキャラバンがおそわれたというのだろうか。片方が殺されたのだろうか。もう一方が盗賊に拉致《らち》されたというのだろうか？　砂漠でおそろしいドラマが演ぜられ、わたしたちの大探検が、この場になって血を流さなければならなくなったのか？

わたしはイェオリを窓のそばに呼んだ。

「なにがおこったのだ？」

「おそろしい事件を報告しなければなりません」

またわたしは考えた。ベクセルかな。しかしちがっていた。ありがたい。死の知らせは学術探検となにも関係はなかったが、このあらたな自動車探検の第一日を暗雲でとじこめる性質のものであった。イェオリは、わたしたちが朝、つまり一〇月二三日の日曜に到着するだろうことを知っていた。しかし汽車はよく延着するので、彼は駅に正確な到着時刻をききに行こうと思った。モンゴル人の運転手ドンゴラとシェパード犬パオが、彼のおともをするはずであった。ドンゴラはふさぎこんでいた。彼は前の晩、断崖のうえにかかっているこわれた橋のほうに、自分とイェオリが全速力で走って行く夢を見たのであった。そのとき彼は、なにか不幸がさし迫っているようなうっとうしい予感を持っていた。

イェオリは運転席についた。ドンゴラは彼の左に坐り、犬のパオはうしろの席だった。彼らは北のほう、駅に通じている道を走った。道がひろびろとした地帯にはいろうとする入口で、はずれの家からわずか二メートルしか離れていないところを、直角に、めったに汽車の走らない鉄道線路が通っていた。右の端の家が、線路のほうへの見通しをさえぎっていた。そのためイェオリは、線路をバックしてきた機関車に気がつかなかった。自動車と機関車とは、もはや適切な時機にブレーキをかけることができなかった。まったく瞬時のことだった。まさにこの一瞬に、二つの車の道が交錯したのである。絶望的にドンゴラは「ブルハン・ミニ！（ああっ

――神さま！）」と叫び、左のドアをひきあけて飛び出した。パオがそれにつづいた。

身の毛もよだつ大音響。おそろしい激突！　機関車の連結器は、乗用車の横腹にくいこんできた。機関車は、おしつぶされた自動車を前にして押していった。左車輪は枕木の上にぐいとおしつけられた。車の心棒は針金のようにへしまがった。連結器にひっかけられたために、自動車は転覆しないですんだ。この瞬間イェオリは――もしやさしい天使が護っていなかったら――おしつぶされて死ななければならなかったところであろう。彼は座席とハンドル・バーと変速レバーとのあいだに、ねじのようにはさまってしまい、身動きすることもできなかった。そのあいだおしつぶされた車を二五メートル枕木の上を引きずったあげく、ようやく機関車は停止した。ひどい苦痛をおかしながら、イェオリはどうやら破壊された車から体をひき出すことができた。自分が歩いたり立ったりできるのが分かって、イェオリはふしぎな感じがした。彼はドンゴラの名を呼んだが、返事はなかった。ぶつかった場所から一三メートルのところに、不幸なドンゴラがおそろしくも体をめちゃめちゃにされ、額をうちわられているのが見つかった。ドンゴラは自動車の下敷きになったのはあきらかである。カトリック伝道教会の医師がすぐ呼ばれてきたが、医師もただ死を確認することができただけであった。警察は機関車の運転手を逮捕しようとしたが、イェオリが自分のほうに罪があると言ったので、法的処置はとられないことになった。

わたしたちが事故現場に行ってみると、有能なわたしたちの運転手は、自らの血に染まったまま、むしろの下に横たわっていた。やがて死者は棺におさめられ、寺に安置された。死者の近親のものは損害賠償を要求し、わたしたちもこの要求を力いっぱい支持した。南京の鉄道部は、わたしたちに新しい乗用車を一台、こわれたのと同じチュードル・セダンを贈ることを認めた。とにかくなんといってもふしぎなのは、イェオリが生きていたことだった。ドンゴラが落ちついて座席にとどまっていたら、あるいはドアをあけなかったら、彼もかすり傷もうけないで助かっていたことであろう。

ドンゴラの代りに、わたしたちには新しい運転手が必要だった。わたしたちはヒルに電報をうち、ひきうけていた仕事から彼を自由にしてもらい、わたしたちの勤務にうけいれることにした。もうついた日から、彼はわたしたち全部の人気者になった。彼はカールともエフレイムとも呼ばれず、いとも簡単にエッフェと呼ばれた。

帰化《クエイホア》で、わたしたちは本部をイェオリの家においた。中庭は倉庫と工場に変貌し、休みなく仕事が行なわれた。白いモンゴル式テントが五つ、そこで作られ、フェルトが張りつけられた。さらに八人の中国人の仕立屋が羊の皮でシュラーフザックをつくり、四枚の白い羊の皮で長い毛布を仕立てた。要するにわたしたちは、吹雪の荒れ狂い刺すような寒さの中央アジアにいどむために武装したのであった。

わたしたちは、必要とする燃料を自ら携行することはできないので、ガソリンの隊商をエッィン・ゴルに先発させておかねばならなかった。四二個の頑丈なドラム缶に約四八〇〇リットルのガソリンを購入した。商人ノゴン・デリからやとった四〇頭のらくだが、このドラム缶をエツィン・ゴルのわたしたちの最初の駐留地へはこぶことになった。エツィン・ゴルでまず必要とする物資もまた、らくだが運搬することにきめられた。イェオリは、この物資をトラックで、寺院の町百霊廟《ベリミアオ》へ運んだ。ここで――帰化《クエイホア》の北西一六〇キロのところで――ノゴン・デリのらくだが待っているのであった。

わたしたちは、好意的な綏遠《スイユアン》省総督傅作儀《フツォイ》将軍、スウェーデン伝道教会、カトリック伝道教会らにお別れの訪問をした。内政部長黄紹雄《ホアンチアオシュン》ともう一度会った。氏は、百霊廟《ベリミアオ》で行なわれる内モンゴルの自治について相談している王侯会議に出席しようとしていた。政情不安が、いたるところで国々や民族を震撼させていた。包頭《パオトウ》には馬賊将軍孫殿英《スンティエンイン》がいて、一九二八年東方の王陵を発掘してすっかり掠奪してしまった。そしていまその野蛮な軍隊をひきつれて、ココ・ノールへ向かい、その地方を「従属国たらしめよう」としていた。しかし寧夏《ニンシア》省総督は孫《スン》の軍隊の通過をこばんだ。かくて小規模の戦争が起こりそうになっていた。うわさによると、孫《スン》の兵隊たちはときどき掠奪の行動範囲をひろげて、わたしたちの一隊が西方へ向かおうとしている道のあたりまであらわれるということであった。

新疆《シンキャン》では、《大馬》こと、若き馬仲英《マチュンイン》将軍がハミ及びトルファンを支配しているということだった。そこではすでに、ウルムチとの血なまぐさい戦いがはじまっていた。傅《フ》将軍は馬《マ》将軍に電報で、わたしたちの到着をつたえた。そして馬《マ》将軍はわたしたちを歓迎すると言ってきた。多分将軍は、すでにそのとき、わたしたちの自動車隊の装備が優秀であることを計算ずみだったらしいのである！

戦争と反乱がいたるところではびこり、盗賊どもがその巣窟で旅人をうかがっているだけでなかった。もう第一日目から不幸、惨死事件に見舞われたのである！　この探検は、めぐまれた星の庇護のもとにはじまったのではなかった。イェオリは、悲観的に未来を考え、ドンゴラの死はわたしたち全部にとって、一つの破局を告示しているのではないかと信じた。しかしだれ一人動揺したものはなかった。わたしたちの中国人の仲間尤《ヨウ》、龔《クン》、陳《チェン》らも、どんな危険な状況のもとにあっても、第一日目から最後まで、勇気と断乎たる態度とを示し、わたしたちのあいだに感嘆の念をひきおこしたのであった。

一〇月二二日が、わたしたちにとって悲しみの日であったとすれば、三一日は、はじめて事がうまくはこんだよろこびの日であった。ベリマンは朝、北京から新車を駆って到着した。わたしたちが仕事部屋のうすぐらいところに坐っていると、陳《チェン》がはいって来て、もちまえのびくともせぬ落ちつきをみせながら、ベクセルとベーケンカンプの到着を知らせた。イェオリは、わたしたちのトラックでガソリンと荷物を百霊廟《ベリミアオ》に運搬しに行っていたのだが、帰り道、長いあいだ行方不明だったこの二人とその隊商にばったりでくわしたのである。荷物は、らくだから空《から》のトラックにうつされ、イェオリは、ふたたび見つけた探検隊の息子たちとともに、山を下って帰化《クエイホア》へとおりてきたのである。

わたしたちは、外へいそいでとび出し、中庭の門の前に行った。そこには二台のトラックがあって、それには暗黒のアジアの物騒な地域での、ベクセルの多年にわたる業績、収集品がつまれていた。三台目のトラックが、ちょうど角を曲がってきた。イェオリがハンドルをにぎっていた。他の二人は飛びおりてきた。二人とも追はぎそっくり、ひげぼうぼうだった。埃だらけのぼろぼろのなりをしていたが、意気軒昂《けんこう》、風雪にさらされた感じで、ゴビ砂漠の秋の太陽に褐色に焼かれていた。

「よかったなあ、君たちがなにごともなく帰ってくれて！」

凱旋行進にかこまれるように、二人は中庭を通ってコーヒーのテーブルへと案内されたが、たちまち質問の十字砲火にさらされてしまった。なんというすばらしい邂逅《かいこう》だったろう！　七年間つづいたわたしたちの前回の探検は、いまわたしたちが新たな旅に出発しようとしているまったく同じ時、同じ町で終了したわけである。荒野で最後までとどまっていたこの二人の働き手が帰ったおかげで、もうなんら不安をいだく必要はなかったし、もう救急探検隊のことなどに頭をなやます必要もなかった。内陸アジアへの門は、わたしたちに広くあけられていたのだ。勝負を開始してもよかったのである。

一一月一日、ノリンも帰ってきた。彼はアンボルトを捜索し、ツァイダムではその地図の材料をたっぷり数ページ分増やすことができたのである。これでわたしは、自分と行をともにする人員として、一九二七年春の探検の古なじみ、そして新たな探検のすべての参加者をもったのである——くりかえすと、これが果てしない旅の出発を前にしたスウェーデン本部の全容であった。

モンゴル人セラトも、いままたわたしたちの仕事に加わった。彼は数年前から、その忠誠と有能のためにもらったスウェーデンの金の勲章を佩用《はいよう》していた。内モンゴルのその故郷からわたしたちのところへ来る途中、彼は盗賊どもに襲われた。半ば裸にされ、すっかり物をとられてカルガンへ生命《いのち》からがらついたのである。

しかし、時は飛ぶように過ぎた。数日間二つの探検隊をむすびつけていたきずなはふたたび解かれた。別れの食事の際、わたしはみんなの幸運を祈った。北京を経てスウェーデンに向かうものにも、わたしといっしょに大砂漠に向かうものにも。

3 百霊廟《ベリミアオ》へ

イェオリ、エッフェ、セラトの三人は、一一月一〇日朝、ぎっしり荷をつんだ三台のトラックの運転台に席を占めた。乗用車のほうはフンメル博士がハンドルを握り、尤《ヨウ》と龔《クン》とわたしとが乗って最後尾についた。もう一度ベクセル、ベーケンカンプ、敬愛するスウェーデン伝道教会の牧師たちと握手し、旅の一行はこの古い町を通って出発した。干あがった河床を通りすぎると、道は平野を走ることになった。小さな村々が見え、乾いた瓦や土、四角な芝をのせた灰色の小屋、野で働いている農夫らが見えた。たえず旅人に会ったが、彼らは徒歩だったり、馬に乗っていたり、石炭をつんだろばといっしょだったり、ぎいぎいきしる牛車やらくだの隊商だったりした。それらは商品を粛州《スーチョウ》からエツィン・ゴルへ運んで行くものなのである。

この国道は、本来帰化《クエイホア》―百霊廟《ベリミアオ》間の自動車のためにとくにつくられたものであった。ほかの車は禁止されているのだが、しかし牛車によっても使われていた。したがって道の真中に三〇センチ位の深さの溝ができてしまって、牛馬がながえにつながれて車をひっぱることなどできたものではなかった。自動車にとっては、それは別に障害とならなかったが、イェオリは運わるく、左の後輪をその穴の一つにすべりこませてしまった。

荷をおろせ！　ジャッキをよこせというわけで、二時間たっぷりつぶしてしまった。車がゆっくりもち上がって来たので、今度は溝に石や小砂利をつめこんだ。そしてまた荷を積む。心棒は折れていなかった。しかしわたしたちの前途は、一万七〇〇〇キロあるのだ。こんなつらい試練をいくつも経なければならないとすると、わたしたちの車の一台でもいったい無事に帰れるものだろうか。ここには二〇〇家族が住んでいる巴溝子《ハコウツ》という村があり、ほとんどすべての家族が溝《コウ》という姓をもっているという。隊商の悩みの種である税関は、われわれをもう困らせなかった。自動車はあえぎながら、砂利のあいだを小さな川がちょろちょろ流れている河床のなかに、どんどんはいって行った。

　さて道はのぼりになり、峠道の谷をすぎたが、谷はだんだんせまくけわしくなった。頂上からは峠道の色さまざまの雑沓が展望できてすばらしかった。そこでは中国人たちが、むちや枝をふりあげ、かん高い声をあげながら、御しがたい牛馬をはげましていた。わたしたちは、けわしい道を下って、牌楼関《バイロクアン》村に着いた。道は身の毛もよだつほどのものだった。イェオリは、あやういところで凍りきった小川の上で自分の車を転覆させるところだった。小砂利道は終わり、道は赤い丘のあいだをうねって行く。やがて五時になり、わたしたちはクク・イルゲン河に達したが、その氷上でエッフェの車が立往生した。水のなかにはいって円匙《えんび》やつるはしを使う。うまくいかないので、車から荷をおろす。ふたたび二時間を空費！

　太陽は沈み、たそがれ、暗くなる。夜がやってくる。なんと快い夜だろう――モンゴル高原のこの第一夜は！　真夜中、氷でおおわれた小さな川に達する。今度はセラトの番だ。彼の車が氷をふみやぶって、万力《まんりき》のなかにはさまったように頑として動かなくなる。ヘッドライトの光は、まぶしいくらい白く氷の上にかがやいている。氷を切りひらき、シャベルで氷塊をわきへどける。夜のしじまを破って、二人の技師のさけぶスウェーデン語とモンゴル語の命令がひびく。しかし車はその場からびくともしない。もう少々やってみるが、とうとう夜のほうが勝利をおさめる。わたしたちの一行は、朝のくらいうちから活動していたのである。第一日目はつらかった。みんなくたくたに疲労し、一人二人とつぎつぎに運転席やトラックの上に姿を消してしまった。

ヘッドライトも消され、深い夜闇が四方八方からわたしをとりまいた。もの音一つきこえなかった。ちょっとうとうとすると、またみんなに動員がかかった。あらたな力をふるい起こして仕事がつづけられ、やっと車はぬけ出した。朝の二時までわたしたちは走りつづけたが、そこでセラトの車が小さな河招《チャオホ》河にはまりこんだ。朝の四時と五時とのあいだに、わたしたちは零下一一度という寒さのなかで〝昼食〟をむさぼり食った。ほんのり東が白んできたので、テントとシュラーフザックの使いぞめをすることにした――これからの冬の夜々、同じような事件に悩まされませんようにと祈りながら。

翌日、おそくになってようやく起こされた！　なすこともなく、わたしたちは宿営地のそばの古い要塞町チリ・ゲゲン・スムの寺院をながめたり、隊商を盗賊どもから守っている中国の道路巡邏兵を見物したりした。わずかわたしたちから一六キロばかり離れて、バガ・ノールがあり、そこにはアルタイ・トルグート人のアラシュが、その全家族と、医術師であるその兄弟とともに居をかまえていた。わたしたちがようやく出発したとき、太陽はもう沈みかけていて、その壮麗な残光が荒漠たる草原を金色にそめていた。

アラシュは、皮天幕を城壁のそとに張っていた。わたしたちは慇懃に招じいれられ、火のそばのじゅうたんの上に坐るようにいわれた。低い茶卓にのせて、茶とチーズとクリーム菓子、砂糖がだされた。壁ぎわの祭壇には、永遠の仏陀が安置されていた。わたしたちのテントは、そのうち城壁の外に張られた。料理人の賈逵《チアクウェイ》はむかしスウェーデン伝道教会で、魚だんご、クリーム入りのパンケーキをつくることを学んでいた。彼はテントのなかでわたしたちの昼食の仕度をととのえ、わたしはフンメル博士やベリマンとそれを頂戴した。

アラシュのところに、わたしたちはまる三日滞在した。この時間の浪費も、つぎのような知らせが来てみると、落ちついてうけいれることができた。それは、すでにエッツィン・ゴルに先発したはずのガソリン隊が、百霊廟《ベリミアオ》を出て約五五キロのところで停止せざるをえなくなったというのである。理由は、ガソリンのドラム缶の二、三が漏るようになったからだという。ひとびとはあえて前進をこころみず、使いをわたしたちのところに送ってきて、あらたな指示をもらおうというのであった。

わたしたちの荷は、この休息期間中、これまでとは別な分類で積みこまれた。宿営地ごとに荷をつみおろしするのは、一台のトラックだけにかぎることにした。毎日の食糧、炊事道具、天幕、ベッドは一台につみこまれた。また四枚のテントで間にあうことが確認されたので、残りの一枚はこわしてしまった。一枚に、三人の中国人の仲間、もう一つにイェオリ、エッフェ、セラト、ジョムチャら自動車の管理に責任あるものが寝た。三枚目のは、賈逵《チアクウェイ》が炊事道具係及びボーイの桑窪子《サンウァツ》、李《リー》といっしょに使い、四枚目のにはフンメル、ベリマン、そしてわたしが寝た。このテントでは、食事もとることにした。

バガ・ノールまで、わたしたちは四輪の一本タイヤで走ったが、休憩のとき、トラックの後輪はそれぞれ二本タイヤにし、やわらかい土地を走るのがらくになるようにした。スペヤタイヤとベッドは車の外側にしばりつけ、場所を節約した。

時間はどんどんたった。みんな多忙をきわめた。ドラム缶のために打撲傷をおったイェオリの足の爪を医師は膏薬をはって手当をした。エッフェの右手も生爪をはがして手当がなされた。パーカー・陳《チェン》は天体観測をして位置を測定したり、気象観測をやったりした。ベリマンと二人の技師は、地図を手にして新しい自動車道路のことでいそがしかった。わたしは記録を読んだり作ったりした。

ある晩、日没後、アラシュが数年来飼育していた二頭のらくだが、わたしたちの分として宿営地に到着した。それらの左のほおには、Hという字が烙印されてあった。しかし六年の間に、その烙印は一頭をのぞいてみな消えてしまっていた。この古つわものの一頭は、ホルナーや陳《チェン》らといっしょにロプ・ノールにいたことがあった。そしてわたしたちをまた見わけたにちがいなかった。というのは、彼はほかの仲間から離れて、威厳のある歩き方でわたしたちのところに寄ってきて、その美しい、毛むくじゃらの頭をさしのべたからであった。彼はむかしのように、パンをもらおうとしたのである。わたしたちにも彼の気持は誤解すべくもなくあきらかだった。さっそく大きなひと切れを、彼の口におしこんでやった。それはまるで、思い出多い時代の古い友人や仲間にばったり出あったような気持だった。

一一月一五日夜、寒暖計は零下一九・八度を示した。冬がはじまった。はやばやと起こされ朝食をとる。火は徐々に消えて行く。テントはたたまれ、シュラーフザックは巻かれる。すべての用意は完了。わたしたちはアラシュに別れを告げ、小さなソーダの湖ウラン・ノールのやわらかに波うっている草原地帯を通りすぎる。一群の馬が荒々しいギャロップで、しばらくわたしたちのあとをついてきて、ひづめの音高くわたしたちの道を横切り、やがてうしろに残る。雲の影のように早く、かもしかの群れが二つ三つ走り去る。ときどき、牛車や馬に乗った人々にもであった。ここは、銅の鈴を拍子をつけて鳴らして行く約一〇〇頭のらくだの阿片の隊商も通りすぎるのである。もう一つであったのは二倍も大きな隊商だった。彼らは涼州《リアンチョウ》から来るのであるが、高価な密輸品を守るため兵隊が護衛しているという有様だった。

わたしたちは、凍ったタルガン・ゴルに到着した。この河に沿うて、百霊廟《ベリミアオ》まで旅をする。百霊廟《ベリミアオ》から、内モンゴルの果てしのない草原がはじまり、それは北西の辺境の山々のあたりまでのびている。古い、こわれた国境の城壁やぽつんぽつんと立っている望楼などが、中国人の植民者たちの耕作地の境界を示している。わたしたちの眼前の低地に、とうとうわたしたちの最初の目的地、大きな僧院の町百霊廟《ベリミアオ》が見えてきた。

わたしたちは、平坦な固い土の広場を通って寺門の前に乗りつけた。ここでちょうど、タシ・ラマ麾下のチベット人、モンゴル人、中国人の親衛隊が教練をやっていた。停車するとただちに大勢のひとの群れにとりまかれた。赤い衣をまとったラマ僧、将校、兵隊のあいだに、ヨーロッパ人の小グループが見えた。旅行世話人のラルソン〝公爵〟、オリヴァー（ロイター通信）夫妻、M・ベッヒェラート（アヴァス社特派員）らである。みんな、この町での内モンゴル独立に関して行なわれている会談のニュースを取材するために来ているのであった。モンゴルの王侯や中国内政部長もこの交渉に参加していたのである。タシ・ラマも、いまこの町にいて、平和的解決のために働くことができればと願っていた。

わたしたちは、僧院から二、三キロのところに自分たちのテントを張った。ここは一九二九年一一月初め、わたしたちがテントを張った場所、ホルナー、陳《チェン》、ベリマン、ボーリン、ベクセルらに別れを告げた場所から遠くはなかった。夕方、わたしのテントでは、えんどう豆スープ、肉だんご、コーヒーなどをつくって大宴会がひらかれた。みんなで二四人あつまり、その中には二人の魅力的な婦人、ロシヤ人のオリヴァー夫人及び、ガシャトゥ伝道教会から来ているモンゴル婦人マリイ・フォードハム嬢がいた。

翌日、イェオリとセラトは、破損したガソリン缶を修理するために、わたしたちの隊商のもとに急行した。フンメル、ベリマン、ラルソン、そしてわたしはこの僧院の町にでかけた。とくにバルン・スニット王がそのはなやかなフェルトのテントを張っている寺院の庭へ向かった。このモンゴル王侯は、独立問題の精力的な代弁者なのである。彼は上品な外貌をもった堂々たる体軀の持主で、歴史も古きチンギス・ハンの民族のため、その自立と自由と名誉とのために、全力をあげ、毅然として戦っているのであった。

副官の一人によって、わたしたちは接見用テントに案内され、いろりの木のわくのまわりのじゅうたんの上に坐った。まもなくバルン・スニット王がはいってきた。彼はわたしたちをよく知っていた。スニットにある壮麗な宮殿で、わたしたちは客として招かれたことがあるからである。旅行の経過について型通りの質問がすむと、彼はモンゴルの独立要求についてくわしい報告をしてくれた。新たな協定を結ぶことが、中国にもモンゴルにも有利であることを、彼は証明しようとした。ラルソンは、彼及びその他モンゴル王侯の顧問で、平和的解決に到るよう努力していた。しかし結ばれた協定や決定は、みじかい有効期限しかもっていなかった。日本軍はすでに熱河にあり、チャハル（察哈爾）をおびやかしていた。一年後には、彼らは天津、北京、カルガン（張家口）を日本の支配下にしようとしたのである。これでモンゴルと中国との大昔からのきずなは当分断ち切られたわけであった。二、三年後、一九三六年一月末、わたしたちは北京からのニュースで、スニット王が内モンゴルの独立を宣言したことをきいた。一般には彼が王位につくことを公けにするのではないかと、期待されているということであった。

スニット王は、わたしたちの新疆《シンキャン》における計画を質問した。だがそれ以上、これに関心を抱いているようには見えなかった。多分彼は、ハミ行きのもっとも短い、最上の道は帰化《クエイホア》から出ていて、百霊廟《ベリミアオ》を通っているのだから、商業交通の条件を決定するのは、どうしても自分たちモンゴル人だと考えていたのかも知れない。

同じ日、わたしたちはさらに、タシ・ラマからその上品な僧院に招待された。ひかえの部屋で一人のラマに迎えられ、茶を出され、しばらくすると接見室に案内された。魅力ある、仁者のごとき微笑を浮かべて、タシ・ラマはわたしたちに近づき、両手をさし出した。そしてじゅうたんを敷いた長椅子に腰をおろすように言った。会話は、アジアの地勢、ヨーロッパの政治、最後の王たち、フンメル博士のテッブ旅行、わたしの二六年前のタシ・ルンポ旅行をめぐってはずんだ。わたしが、一九二六年、北京で後にもらった黄金の指輪をみせると、彼は微笑した。指輪は今度の探検に幸運をもたらすことはきわめてたしかなことであった。

わたしはタシ・ラマへの贈物として、わたしの著書『ゴビ砂漠横断』、『探検家としてのわが生涯』の中国語版の他になにも持っていなかった。彼はわたしたちに、モンゴル人がかぎ煙草入れに使うような種類の、小づくりの瑪瑙《めのう》の瓶を三つくれた。さらに彼は、中国語の献呈の辞をいれ、朱の公印を押した写真一枚と、カラシャールのトルグート族長宛ての手紙とをそえてくれた。

タシ・ラマをわたしたちが訪問してから約ひと月して、ダライ・ラマがラサにて死去した。この人はいろいろな機会に、政治の上で重要な役割を演じ、中国、ロシヤ、英領インドなどと、チベットとの関係をさだめた人物である。この宗教的な王侯たちのかたくなに和解を好まぬ態度のため、タシ・ラマは、一九二四年タシ・ルンポから北京、そして内モンゴルへと逃亡するよりほかに手はなかった。しかしダライ・ラマの死で、タシ・ラマの前途の見通しは好転してきた。一九三五年、甘粛《カンスー》できいたところによると、タシ・ラマは仏のいます彼の聖なる故国へ向かうために、アラシャンにいるということだった。そのあいだラサの権力者たち――多分、セラ、レプン、ガンデン諸寺の高僧たちであろうが――は聖都で一人の子供を見つけ出した。

その子のからだのうちに、亡きダライ・ラマの変転し代りを求める霊が、魂の輪廻転生《りんねてんせい》のきわめがたい道を経て、また生まれかわるべき人間をついに見出したというのだった。ところが法と素性からいえば、タシ・ラマはあらたに選ばれた、未成年のダライ・ラマの先生なのである。したがって推測によれば、タシ・ラマはすでにラサにあるともいわれ、またラサへの旅を急いでいるともいわれた。タシ・ラマは非常に信心深い人で、かの雪国の人民にたいへん人気があった。多分彼は高僧たちの勢力をうち破り、自ら現世的な権力をも握ることができるだろう。将来、そのときはチベットの政治的地位が、重大な変化を経験することになるのはあきらかである。というのは、タシ・ラマは、一三年間中国で客人としての礼遇をうけていたのであるから、中国接近を実行することはたしかだからである。これに反して亡きダライ・ラマとラサの高僧たちは、これまではインドにある英国の勢力との友好につとめてきたのであった。

4　ゴビ砂漠をめざして

百霊《ベリ》廟《ミアオ》での最後の晩に、バルン・スニット王とジュン・スニットとがわたしどもを答礼のため訪問した。つぎにわたしたちは、ラマ高僧やモンゴル人、チベット人の将校たちといっしょに、タシ・ラマのところに招待された。

その晩、遠くからかすかな鈴の音がきこえてきた。それは次第にはっきりとなった。そのリズムでは、らくだの規則正しい足音であることが分かった。だんだんそれは近づいてきた。先頭のらくだがわたしたちのテントのそばを通りすぎるとき、力強く、鋭いひびきとなった。そしてらくだは、順々に通りすぎて行った。ひびきが夜闇に消えて行くまでながくかかった。この昔なじみの鈴のたわむれ、隊商の旅路の、数千年来の独特のメロディーをきいているのは感動的なものである。それは心の眼にありありと、砂漠のなかの旅人、家畜を追って行く人たち、商人たちの色はなやかな絵を浮かび上がらせてくれるのである。

トラックには、一一月一八日早朝、四二トンのガソリンが積みこまれた。イェオリが百霊《ベリ》廟《ミアオ》へ、わたしたちの買物、つまり小麦、らくだの糞（燃料用）、手さげ用炊事ストーブなどの代金を払いに行ったので、出発はのばされた。寒さのためエンジンは、あたためなければならなかった。火事の危険があるので、はじめわたしはこの処置に不安だったが、まもなく慣れた。準備万端がととのった。三台のトラックが先発した。砂埃のため距離をとって走った。しんがりは、わたしの乗用車だった。運転者はフンメル博士で、同乗者は技師尤《ヨウ》とベリマンである。ベリマンは、コンパスで、最後尾のトラックに対する距離をはかっていた。わたしたちの地図係は訓練をうけていたので、仕事は非常に早くはかどった。照準点は、しっかりと土中につきさされた赤い小旗で表示され、小旗はまた抜きとられた。ベリマンは、二人の技師と陳《チェン》といっしょに働いた。

　わたしたちの背後で、百霊《ベリ》廟《ミアオ》の町が消えて行った。そして砂漠がはじまった。道は、けわしく切りとられた峡谷の端を走って行った。そしてほとんど深峡谷《キャニオン》といっていいいくつかの地溝の枝を横切った。一度、乗用車のブレーキがきかなかった。わたしたちの車は、けわしい道をはせ下り、地溝の一つにとびこんでしまった。幸いなことにとんぼ返りすることだけはまぬかれた。半時間円匙《えんび》を使って働いて、ようやくまた道にはい上がることができた。

　ときどき泉のそばを通りすぎたが、そこには隊商や遊牧民がたむろしていた。こんな泉のそばにはモンゴル兵の屯所があった。そこはダカンベルとミンガンとの境界だったのである。

　草は黒土の上に黄色な縞をつくっていた。やや大きな丘の上には、石塚がそびえていた。それらはオボと言われている。その一つは、バイン・ボグド（富の神）という名をもち、もう一つはカラ・オボ（黒石塚）といって、一九二七年春と夏の、わたしたちの本部フチェルトゥ・ゴルのそばの黒っぽい丘の一つにそびえていた。

モンゴル高原は西方へひろがり、大洋のように果てがなかった。道はよく、硬かった。草はほとんどなかった。こんなふうに走るうち、日はたって行った。道路や地形を地図としてはっきり書きこんでいくのは、なかなか時間をくう仕事だった。ベリマンは、あるいは前進して測量したり、後退して測量したり、また自動車を測量標識に使ったりした。乗用車のなかは、とくに日のあたる側は、温室のようにあたたかであった。一度パンクした。エッフェはタイヤを一つとりかえた。そうしているうち夕闇がしずかにおりてきた。わたしたちは、ヘッドライトや懐中電燈のあかりのもとで仕事をつづけた。

おそくになって〝大いなる湖〟イケ・ノール宿営地に着く。イェオリとセラトはもうテントをひろげていた。わたしの住む陽気なテントには煖炉に火が燃え、ランプがなかを照らしていた。シュラーフザックは、下に荒い帆布を敷いてその上にひろげた。わたしたちはあぐらをかいた。自動車は火事の危険を考えて風上においた。

わたしたちは坐って日記を書きながら、昼食を待った。吹雪が高原を荒れくるって吹いた。テントの布はばたばたと鳴った。支柱はきしみ、ランプはあちこちにゆれうごいた。雪はテントに吹きつけた。大きな帆布をトラックの上にしばりつけた。野原全体は真白になり、冬らしくなった。

夜は寒くなった。寒暖計は零下二四・六度にさがった。しかし薄くつもった雪は、朝になると大部分がとけてしまった。そして雲一つない青空から、太陽がわたしたちに挨拶した。わたしたちは、物騒な噂のある地方へ近づいていた。南のほう、狼山《ランシャン》山脈の向こうでは、馬賊の将軍孫《スン》がその軍隊を、包頭《パオトウ》と五原《ウーユアン》のあいだの地方に、黄河にそうて配置していたのである。彼の兵隊たちは、ダカンベルとミンガンでのモンゴル人たちのあいだで掠奪をほしいままにしていた。この野蛮な連中は、とくに羊腸《ヤンチャンツ》子溝《コウ》の谷で好んでひとを待ちうけるのがつねだったが、わたしたちは今日中にもそこを通過するはずであった。中国では、正規の兵隊を盗賊から区別することはいつも容易なことではなかった。兵隊たちが、その少ない給料に不満な場合には、しばしば武器やピストルや弾丸をもって逃亡し、盗みと掠奪とで生活するのである。また同様に大盗賊団どもが、野望に燃える将軍たちによって自分たち自身の政治に使われることがよくある。それゆえ一一月一九日、わたしたちはあらゆる火器の用意をし、射手には弾帯をわけ与えた。

イケ・ノールまで来ると、わたしたちはエツィン・ゴルまでの道のりの五分の一を来たことになる。全行程は一〇〇〇キロ以上あるのだ。だからわたしたちは、ほぼ一二月四日にエツィン・ゴルに到着できるにちがいなかった。しかしいろいろな事情で、わたしたちには邪魔がはいっていた。行軍序列や日々の仕事が摩擦なくスムーズにはこぶまでには時間がかかった。地図の書きいれは手間をとった。道は悪く、西へ進めば進むほどひどくなって行った。それに加えて、あらゆる計算をだめにしてしまう予期せざる事がおこって遅延の原因となった。はじめの四日間ほ、すべてがうまく行ったが、はやくも五日目、きらきらと太陽がかがやいてきわめてたのもしげに見えた日、わたしたちの希望はうちくだかれてしまった。

夜のあいだに凍ったエンジンのオイルをとかすには、非常に多くの時間を要した。太陽がすでに中天高くかかったころ、やっとイェオリとセラトは、二台のそのトラックをイケ・ノールから出発させたくらいだった。さらにそれからしばらくして、地図をつくる連中の車があとを追うことができた。

土の隆起、あるいは低い円錐形の丘といったものの上に生えている草むらのあいだを、わたしたちのチェン・ダ・メンに行く固土《かたつち》の平坦な道がつづいていた。この道で、イェオリは羊の群れと羊飼いたちのところをいきなり訪問し、彼らから二匹の羊を五ドル銀で買った。その羊は解体され、皮は羊飼いたちに進呈された。

ホンネン・チャガン・チョレ・ゴル谷には、小さな、ところどころ氷のはった川が流れていた。ここで一九二七年、わたしたちは宿営したことがあった。ここには中国人の入植者が数人定住していた。西方から、五九五頭のらくだの隊商が盛大な行列をつくってやってきた。彼らは、積荷の所有者である商会の名を書いた三本の旗をおしたてていたが、それは帰化《クエイホア》及び海岸地方行きの羊毛の梱《こり》であった。

わたしたちは、二番目の川六道溝《リウタオコウ》をわたった。それは西のほう、黄河の方角へ曲がっていた。わたしたちがあとにしたのは、その西側の分水線（一七二四メートル）であった。ようやく羊《ヤン》腸子《チャンツ》溝《コウ》の谷に到着したが、その小川は凍っていた。わたしたちの前には、沈んで行く太陽に向かって、イェオリとセラトの車がまるで黒いシルエットのように見えた。イェオリは川岸につくと、氷の上を渡りはじめた。前輪がほとんど向こう岸へとどいたとき、後輪が氷の被膜を破った。車は氷の泥のなかにどっしり腰をすえてしまった。みんな飛びおりて、鉄棒や円匙《えんぴ》で氷と格闘をはじめた。フンメル博士は、もっと川幅のひろいところを渡ろうとこころみた。猛スピードで、彼はわたしを氷の向こう側に渡し、エッフェとセラトがトラックで待っている東岸のほうに戻った。わたしたちがいま試してみた地点でエッフェがまず川を渡り、それからイェオリの車を氷のぬかるみから引っぱり出そうと、運転者のあいだで決定した。

エッフェは、あらんかぎりの速力で走った——ところが、今度はうまく行かなかった。車が重すぎたのだ。左の後輪が氷を破った。これで二台が立往生したのだ。荷がおろされ、それらはわたしたちの待っている西岸へ運ばれた。夕闇が迫ってきた。ランプがつけられた。テントも張られた。夜のあいだに悪評高い盗賊地帯を通過してしまおうという、わたしたちの希望はだめになってしまった。

わたしたちには、もう燃料がなかった。そこでフンメル博士は、乗用車で中国人の村ウラン・フトゥクへ向かった。ここにはほんの少数の家族が、病気と貧困と孤独のうちに居住していた。彼は二、三人のあわれな病人を診察してやったのち、燃料用のらくだの糞三袋をもらって帰ってきた。それでわたしたちは火を燃やすことができた。こうしているうちイェオリの車は氷からぬけ出し、つづいてエッフェの車を引っぱり上げた。よく見ると分かったのだが、そのうしろの車軸の外箱がこわれていた。で、わたしのテントでとった昼食のときの気分は、憂鬱でうっとうしかった。

どうしたらいいのだろう。夜おそくまでわたしたちは策を練った。まず決定したことは、二時間交代の見張りを立てるということだった。というのは、わたしたちがさし当たり羊腸子《ヤンチャンツ》溝《コウ》にしばりつけられているのはたしかだったからである。

事故にあった車は、二本の大きなドラム缶の上にジャッキで押し上げられ、後部はとりはずされた。わたしたちは、つぎの日ほとんど一日かかって、こわれたところを徹底的にしらべた。そして結局のところ、イェオリがジョムチャといっしょに、乗用車で百霊廟《ベリミアオ》、帰化《クエイホア》経由で北京、天津へ帰るという命令をもらうことになった。彼は、あたらしいうしろの車軸の外箱とトラックの新車を買ってくるのである。ジョムチャは、帰化《クエイホア》から乗用車でこわれた車のところへ帰ってくることになった。それまでそこにわたしたちは待っているつもりだった。イェオリは、あたらしいトラックその他をもって、できるだけ早くわたしたちに追いつくことになった。別れている時間を短縮するために、そのあいだわたしたちは、ゆっくりと西方へ進もうと考えた。

この冒険旅行において、わたしたちに天使のような忍耐が必要だったのは、これが最初ではなかった。そしてまた残念ながら最後でもなかった。この不安な地方においてはみんなが一つになれば、それによってこそ最大の実力を発揮できるというのに、わたしたちの場合ははじめからもうばらばらに分かれてしまったのである。そしてほかでもなくこんなところに、五日間もじっとしていなくてはならないのだった。一一月二一日朝、イェオリとジョムチャは東方へ出発した。同じ晩、ジョムチャは帰ってくるはずであった。しかし一日たっても、またさらに二日たっても、彼はあらわれないのである。いかにも彼は身分証明書こそもってはいたが、そんなものは盗賊どもにはなんの役にも立たなかった。わたしたちが、このひとり旅のジョムチヤのことを心配する理由はいくらもあったのである。セラトは、ジョムチャの運命を羊の肩胛《けんこう》骨《こつ》で占《うら》なってみようとした。それを火の上におくと、乾いて裂け、不規則なわれ目ができるのである。縦に走ったわれ目は、肩胛骨の首のつけ根まではとどいていなかった。ということは、ジョムチャは百霊廟《ベリミアオ》より先には行っていないということである。この占いは当たらなかった。彼は三日かかったのである。セラトが予言したように二日ではなかった。そして帰化《クエイホア》でイェオリと別れてから、彼はようやく帰って来た。イェオリのほうはさらに鉄道で、天津へ向かった。いよいよわたしたちは出発できるかなと思うと、今度はベリマンが、高熱を出して病気になってしまい、わたしたちの主治医は彼に数日の安静を命じた。尤《ヨウ》は、エッフェの車が立往生したとき、鼻をうって怪我をし気分がわるかった。わたしたちの宿営地は病院とかわった。

その日、ガソリンの隊商がわたしたちのテントのそばを通りすぎた。二三頭のらくだが二五トンのガソリンを積んでいた。つまり五七〇〇リットルの燃料が、エツィン・ゴルへ向かっていたのである。ほかの一四頭のらくだは、一行の装備とわたしたちの食糧の一部をはこんでいた。

一一月二五日になってやっと、フンメル博士は二人の患者に起きることを許した。小人数になった部隊は、すぐ西方へ出発した。羊腸子《ヤンチャンツ》溝《コウ》で、ジョムチャとモンゴル人チョクドゥンの二人が残された。このモンゴル人は、アラシュのところでやといいれた男である。二人はテントと食料をもって、二五個のガソリンの大缶、約三五〇〇リットルを見張ることになった。わたしたちの二台のトラックのそれぞれは、六個の大缶、二五個の小缶、総計約二八〇〇リットルを運ぶことにした。

道は、〝くねくねと蛇行する谷〟（羊腸子溝）を下って行き、わたしたちはたえず凍った川、あるいは氷結していない川を横断した。谷は、低い丘のあいだに果てしなく伸びていた。その川は黄河にいたるまえに、やがて砂地になって水が尽きてしまった。するとひろやかな地方に出た。この平野で、わたしたちはまっすぐに石を立てた墓のそばを通りすぎた。南の方には、鋸の歯のような狼山《ランシャン》の峰が浮き上がってみえた。ときどき倒れ死んだらくだの白くさらされた骸骨を見た。この地方一帯は、おおかみのよく出るところだった。土地は溶岩で黒かった。元気のいい馬の群れが、砂利石の原を逃げて行きながら、わたしたちと歩調をあわせようとした。ここはまだほんとうの砂漠ではないのである。ここには人間が住んでいるのだ。すこし離れて、二つ三つ小さなラマ寺が見えた。ときどき、らくだや馬に乗ったモンゴル人に出会った。かもしかの大群が、わたしたちの注意をひきつけたこともあった。

しばらくして、わたしたちは自分たちのガソリン隊商を追いこした。らくだどもは少々おじけづいていたが、自制力は失わなかった。ある丘の頂上では、はげたかが二羽、堂々たる姿を見せながら、らくだの肉を待ちうけてていた。今日の宿営地はハイレオタイン・ゴルの左岸に設けることにする。ガソリン隊が夕方わたしたちに追いつく。そして彼らは今度はわたしたちを助けて、荷の大部分を河の向こうに運ばなければならなかった。

わたしたちは、低地に到着した。ここは海抜一二〇〇メートルにすぎない。寒暖計は上昇した。夜で零下九度になった程度である。朝食はオートミール、パン菓子、それにココアである。

それから乗用車で、約二〇〇メートルの河床を渡った。やわらかな、実にいやな道を前進した。らくだの糞がたくさんあるところで、セラトは車をとめて、晩の宿営地の焚火用に二、三袋あつめた。

わたしたちはオボ（石塚）のあるホンゲリン・ゴルのそばで夜をあかした。宿営地のすぐ上手から、ガゼル〔かもしかの一種〕の大群が河岸におりて来て水を飲んでいた。ベリマンがその一匹を射った。しかしそれは重傷のままで、草原のしげみの中へ姿を消した。だんだん暗くなってくるので、逃げて行くそいつのあとをつけるのは容易でなかった。しかし、わたしたちの新しいモンゴル犬ペレが追跡した。わたしたちが駆けつけたときには、そいつは土のうえに横たわって悲鳴をあげていた。エッフェがナイフで、その苦しみにけりをつけてやった。

5 待つ間

その晩は零下二三・九度になった。一一月二七日、わたしたちは日の出の一時間前にもう起こされた。ランプはまだ燃えていた。らくだの糞の貯えが尽きたとき、気温をきびしい寒さとして意識した。空気は冴えていた。夜が明けた。西方では、黒い大地が地平線上に暗青色の弧を画いていた。太陽が空にのぼって荒野に色と起伏をあたえると、弧は沈み、無限の空間のなかに消えさって行った。わたしは、テントの布の裾をまき上げ、陽の光がのぞきこむようにしたが、太陽はあたたかくしてはくれなかった。冬の朝おしげもなく熱を放出する煖炉もないとき、シュラーフザックから這い出して着がえるのは、つらいものである。しかしもっと厄介なのは、自動車の凍りついたエンジンを、火であたためないで、回転させることであった。結局トラックの一台が動きだしたので、それにほかのを引かせてエンジンを始動させた。

犬のペレは、近くにいたモンゴル人の宿営地の雌の小犬に参ってしまった。二匹とも姿を消してしまっていた。わたしたちの出発準備がちょうど終わったとき、その雌犬が消えた焚火のそばに食物をもとめてあらわれた。彼女の崇拝者ペレも、すぐそのうしろにくっついていた。そこでさっそくペレはつながれ、乗用車の自分の席に積みこまれてしまった。それでこの恋物語も終わりになった。

　わたしたちのまわりには、草原がひろがっていた。わたしたちは凍った河や小砂利や砂でできている沖積層の谷をこえた。この地方では、いくつかの隊商路が交差していた。その二、三は意味のないものにすぎず、小さな寺に通じているだけだった。いろいろな場所に、中国人商人もフェルトの丸屋根のテントや普通のテントを張って店をひろげている。遊牧民のテントを見ることはきわめて稀であった。あってもそれらの大部分は、道路からそれた小さな山々のあいだに隠れていた。

　くねくねと曲がるでこぼこ道を通って、ガシャトゥへ進む。ここには新疆《シンキャン》行の商品が貯えられてあり、事態が平穏になる時期を待っていた。土地はまた一段と高くなり、一七三八メートルである。かもしかが、道のわきで草をくっていたり、丘の頂上に、きゃしゃなシルエットをつくって浮かび上がったりした。連中は特異な性癖をもっていて、逃げる際には疾駆する自動車のすぐ前を横切るのである。

　小さな、ゆるやかな傾斜の峠をこえると、その頂上に積石《ケルン》が立っていた。それからわたしたちは、一九二八年夏、モルグチクへ行ったときとった道をやめることにした。モルグチクの黒い丘は、すこし離れて南のほうに見えた。この道は〝羊腸路〟という名だった。オーウェン・ラティモアが、一九二六年この道を辿ったことがあった。わたしたちがとった道は、一八八九年、サー・フランシス・ヤングハズバンドがえらんだ道である。もう一本別の道が、はるか北方に通じていた。だが、いまは部分的に外モンゴルを通過しているので、もはや使われてはいなかった。

景色は荒涼、単調をきわめた。灰青色の雲が、西のほうにもくもくと群がっていた。風はすがすがしかった。風は、草原の粗くまばらに生えている草のなかを吹いてくるのだが、風下のほうに、小さな砂丘ができていた。ウニエン・ウス（雌牛の水）という川のほとりで、わたしたちはテントを張った。わたしたちのすぐうしろに、一一人の男と一人の婦人を乗せたよその自動車がついた。彼らはテントも食糧も持っていないばかりか、自分たちの旅行先寧夏《ニンシア》へ行く道さえ御存知なかった。商人や遊牧者のもとで夜をあかしながら、たずねたずねて旅をしているという。出発点は帰化《クエイホア》で、王爺府《ワンイエフ》を経て、アラシャンに行こうとしていた。その自動車は、天津で、馬鴻賓《マフンピン》の出した金で買ったものだという。この人は、孫《スン》軍の侵入に対する防衛指揮官なのである。彼の従兄馬鴻逵《マフンクエイ》は、寧夏《ニンシア》省の総督であって、有名な馬福祥《マフシャン》の養子である。いま馬歩芳《マブファン》は、ココ・ノール（青海）の省主席で、西寧《シーニン》に省政府をおいている。この二人の馬《マ》氏は、一家族に属し、東干《トゥンガン》族であって、イスラム教に帰依している。マというのはマホメッドを意味するが、また〝馬〟という意味もある。〝五大馬氏〟のことがひとの口端にのぼっているが、この一家のもう一人の馬《マ》大人と、わたしたちはその後二、三か月して、知りあいになることになった——つまり〝大馬〟と。

わたしたちと同じ晩、隊商の一隊がウニエン・ウス川のほとりに到着した。三二頭のらくだをつれて、彼らは皮革、毛皮をエツィン・ゴルから包頭《パオトウ》へ輸送しているのであった。ハイレオタイン・ゴルで、包頭《パオトウ》から一人の男が来て、その後旅を続けることが可能かどうか知らせてく

羊毛運搬のキャラバン。ウニエン・ウスにて

れるはずだという。というのは包頭《パオトウ》には、孫《スン》将軍がその盗賊の兵隊をつれてがんばっているからである。万一旅が不可能ならば、その隊商は帰化《クエイホア》に向かい、そこでその荷を売るつもりだという。それから壺、平鍋、缶、その他鉄や銅製の品物を買って、彼らはエツィン・ゴルへ帰るつもりでいた。隊商の所有者は二、三人の商人で、年に二回、この商用旅行をやるのであった。彼らは、外モンゴルの盗賊団がエツィン・ゴルの西方、七日の旅のところにたむろしているというニュースを教えてくれて、わたしたちをよろこばせた。そこからハミへの道も、また絶対安全とはいえないということだった。

わたしたちは、一日休養することが必要だと思った。ベリマンはふたたび病気にかかったような気分だったし、ボーイの二人も頭痛と発熱を訴えた。それに自動車は油をさしたり、精密検査をしなくてはならなかった。

気温はふたたび昇った。一一月三〇日の夜は、零下一〇・五度だった。カール一二世陛下の誕生記念日には、わたしたちは国旗掲揚をした。朝方は陰気だったが、その後晴れてきた。わたしは備忘録の整理をはじめた。フンメル博士は、乗用車のなかに快適な仕事室をつくってくれた。太陽が照り、あたたかく、気持がよかった。わたしの眼の前にはテントが見え、その背後にはいつでもおろすことのできる荷をつけたわれわれのガソリン隊商が休息していた。

一二月一日、空はトルコ玉の青色にかがやいていた。夜、零下六・三度というのは、この季節としては異常なあたたかさなのである。ベリマンは、シュラーフザックにはいって寝ていなくてはならなかった――黄疸《おうだん》はながびくことがあるのだ。わたしたちの出発は、まったく厄介な問題に乗り上げてしまったわけであるが、辛抱するよりほかはなかった――時がたてば、たぶん事態は好転するだろう。

四人の隊商の連中は、わたしたちのガソリンを二〇日内にエツィン・ゴルへ運搬する予定であった。彼らは、ヴァジン・トレイに宿営して、そこでわれわれの到着を待つようにという命令をうけた。エツィン・ゴルの手前で、彼らに再会することなどたしかに不可能であろうと思う。

トルグート族の巡礼の一隊が、五三頭のらくだで、わたしたちの宿営地のそばに到着した。彼らには、百霊廟《ベリミアオ》ですでに会ったことがあった。約二〇人の人たちから成り、青と赤に染めた毛皮を着ていた。衣裳が実に絢爛《けんらん》としているので、ほんとうに絵のように見えた。一人の日焼けした、生き生きした若者が、わたしがなかで坐って書きものをしていた自動車に近づいて来た。彼はまったく天真爛漫に車に乗りこみ、運転席に腰をおろし、その父親がやって来て出かけるぞと呼ぶまでじっと坐りつづけていた。まもなくこの一団も、西のかた、丘の背後に姿を消した。

　わたしたちの隣人である二人の中国人から、わたしたちの医者は大きな毛皮のテントを借りうけ、それでベリマンの病室をこしらえた。一二月二日の夜はわずか四・九度の寒さだった。イェオリはどうなっただろうと、わたしたちは自問し推測した。いまどこにいるのだろう？　いつ帰ってくるのだろう？　満月は、静かな草原の上を荘厳に照らしていた。もの音はきこえず、隊商も通らなかった。東からも西からもなにひとつニュースははいらなかった。アドベント〔クリスマス前の四週間のこと。降臨節ともいう〕の第一日曜は、晴れあがった澄んだ朝ではじまった。地平線に、軽い白雲がうごいているだけだった。

　エッフェは陳《チエン》を、南のほう、一九二七年に通った道へつれて行き、ノリンの地形測量の三角点と連絡をとろうとした。自動車はまもなく戻ってきた。陳《チエン》は、地形図作製のため徒歩ででかけた。

　セラトは羊の肩胛骨《けんこうこつ》を使って占いをやり、イェオリが一二月一六日に帰ってくるだろうと予言した。イェオリはもう出かけて二週間になるのである。あてもなく待つのは、たいていの場合ひとを消耗させるものである。しかしわたしたちの仲間には、面白からざる徴候はみとめられなかった。これはわたしたちの三人の中国人の仲間陳《チエン》、尤《ヨウ》、龔《クン》のびくともしない落ちつきにおうていたのである。三人は哲学者であり楽天主義者であり、中央アジアに向かう自動車旅行が、はじめからいろいろな種類の困難、難儀にであうであろうことは当然のことだと思っていた。

エッフェは羊を三匹買って、これを解体した。彼とセラトは、同じように多くのかもしかを射った。それでわたしたちは、肉をふんだんにもつことになり、遊牧民族をたよりにせずに西方への旅をつづけた。

ある一日を費して、わたしたちはテントを徹底的に清掃した。シュラーフザックをひっぱり出し、トラックとトラックの間に綱を張りわたし、虫干しをした。そして毛布や枕からもおなじく十分埃を叩き出した。こんなふうに風を通したあと、快適な感じで、わたしたちはふたたび自分の住居《すまい》を手にしたのである。

一二月四日夕、風が凪《な》ぐと白い雪片がテントのまわりを舞っていた。雪にとじこめられるのであろうか？　イェオリは、ひょっとするとこの意地悪い吹雪のなかで立往生するのであろうか？　美しい冬のはじめの日々、あかるい満月の夜々を、わたしたちは無為にすごしてしまったのである。そしていまやって来たのは、雪なのである。辛抱だ！　わたしたちは前進しなければならないのである。中国政府の負託にこたえることが大切なのである。

一晩中、雪片はまるで小さな落下傘のように、テントの上におりてきた。それは絶えることのない、さらさらというかすかな音であった。だんだんとテントの布には重さが加わってきた。空気抜きの穴がとじられたので、内部はかえってふだんよりもあたたかであった。夜があけても降っていたが、昼頃に太陽が顔を出した。そしてつもった雪は、まもなく次第にうすくなった。

わたしたちのお医者は、料理の方面でも才能ゆたかであった。彼は昼食に豚のあばら肉料理をつくってくれた。北京を出るとき、わたしたちはトランプを持ってくるのを忘れてしまったが、尤《ヨウ》が器用な手で、わたしの名刺で二組のトランプをこしらえた。だいたいこの名刺は、まったく別の目的のために用意しておいたものなのである。中国では、どこでも税関や衛兵所では、かならず名刺を出さなければならないのである――新疆《シンキャン》のずっと上級の高官のところでももちろんである。しかしさいわいなことに、わたしにはかなりのストックがあった。で、わたしは名刺を、よろこんでブリッジ遊びのために提供した。みんなはすぐ勝負をはじめ、ベリマンの暖房した皮製テントのなかで、その晩二時半までたたかいつづけた。

夜中、はげしい南西風のためにわたしは起こされた。嵐は、テントを吹きたおそうとする勢いであった。総員起床の命令がでた。テントの杭はみな、凍てついた土のなかに前よりもしっかりと打ちこまれた。ガソリン缶をテントの裾の重しに使い、ばたばた飛びそうなわたしたちのテントが嵐にもちこたえるようにした。風は唸り、ひゅうひゅうと泣き、ばたばたと猛りたち、ひきむしり、ひきずりまわし、熱っぽい声、警告する叫びのようなものを発した。しかし、まもなくまた静かになった。そして風の嘆きの歌だけが闇のなかをひびいていた。

翌朝、寒い、いやな、うっとうしく暗い天気だった。みんな、あたたかなシュラーフザックから這いでる元気がなかった。わたしはエッフェに、朝の焚火の火の粉がガソリンに点火するかも知れないから、自動車を風上のほうにうつすように命じた。それから安心して焚火をおこし、起床し、着がえをしたり、〝病室〟へ朝食に行ったりした。フンメル博士が昨晩わたしのベッドをととのえたとき、野ねずみが一匹とび出した。いたるところに、この小さな可愛い動物は姿を見せた。彼らの冬眠の邪魔をしたのは、わたしたちなのである。察するところ彼らは、わたしたちの宿営地の焚火のために、もう春が来たと思い、今年の冬はいつもより短かったのだと錯覚したらしかった。

七日の朝、エッフェとセラトとはその空《から》のトラックで、羊腸《ヤンチャンツ》子溝《コウ》の宿営地に行った。そこにはジョムチャとチョクドゥンが、故障した車のそばに泊まりこんでイェオリを待っていたのである。エッフェとセラトは三日間そこにいて、ガソリンといっしょにわたしたちのところに来るはずであった。そうして、わたしたちはイェオリの荷物の運搬日数を、二、三日短くしてやるつもりだったのである。一二頭のらくだの隊商が近づいてきた。彼らは、エッツィン・ゴルから包頭《パオトウ》へ行くところだった。その中国人の道案内者にわたしたちは手紙を託し、包頭《パオトウ》の郵便局にいれてくれるようにたのんだ。わたしたちのクリスマスカードは、当日につくように、もうずっと前に出しておいた。この果てしのない荒野では、たまたま出あう隊商が、そとの世界へ便りを伝えてくれるたった一つの手だてなのである。

一一日の晩、一台の自動車がヘッドライトを、まるで野獣の眼のように闇のなかにかがやかせてやってきた。エッフェとセラトが帰ってきたのだ。一六個のガソリンの大きな缶をはこんできた。二人の話によると、ジョムチャとチョクドゥンの二人のモンゴル人に会ったとき、二人はかなり参っていて、いらいらしていたそうである。そのすこしあとに、韻律も美しく、荘重な鈴の音が西のほうからきこえて、あらたな隊商の到着を知らせた。わたしたちの〝郵便班長〟龔《クン》はみんなに、自分の手紙を時間通りに書きおえているように勧告した。翌日この隊商は、包頭《パオトウ》に向かって、その旅をつづけるというのである。隊商は羊毛をつんだ一六七頭のらくだと、二五人の人員、そして妻と子供をつれた一人の商人とから成っていた。彼らは二か月前安西《アンシー》を出て、北山《ペイシャン》の南麓にそった砂漠道を、エツィン・ゴル河畔のバイン・ボグドに向かって進んできたのである。この河はまだ氷結していず、二メートルの深さの一本の水流にまとまっているということであった。らくだは、そこを渡るのにとにかく苦労したそうである。そこを過ぎて、マムに向かい、エツィン・ゴル河に沿うて進み、砂漠を横切ってウニエン・ウスまでやって来たが、二か所で、一三〇〇銀ドルを国内関税として支払わなければならなかったという。包頭《パオトウ》に着くまでには、第三番目の税金搾取の関門を通らねばならないそうだ。安西《アンシー》で、羊毛を一〇〇斤（六〇・五キロ）について四ドルで買ったが、包頭《パオトウ》では一一ドルで売るのだという。一年に二度こういう商売が計画されるが、こんな高い税金がなければ、非常に儲かる商売だということだった。

　この羊毛の隊商のなかに料理人がいて、たちまちこまぎれ肉入りの、すばらしい中華そば汁を旅の全員に提供してくれた。彼はこの旅の一行のなかで、昔からの隊商の習慣に従って、ある種の特権を享受していた。つまり自分の財産やすべての料理の材料の貯え、料理道具を〝先頭の列のらくだ〟ではこんでよかったのだ。だから彼は、ほかのものが荷をおろして、テントをひろげたりしているあいだに、ちゃんと時間通りに料理をしおえることができたのである。

また彼は、旅のあいだに殺されたすべての羊の皮を所有することも許されていた。

商人の話によると、安西《アンシー》の治安は保たれているということである。このオアシスは、古代の皇帝道路、すなわちシルクロードに沿う粛州《スーチョウ》や甘州《カンチョウ》と同じように、馬歩芳《マブファン》将軍治下にある。将軍はいま、甘粛《カンスー》から新疆《シンキャン》への道を閉鎖してしまったそうである。《大馬》、すなわち馬仲英《マチュンイン》将軍は、その総司令部をトルファンにおいたといわれる。彼の麾下は三〇〇〇。ハミにも小部隊をもっているという。そしてもし馬《マ》将軍自身の証明書をもっていないなら、決してハミには行かないほうがいいと、わたしたちは切にいましめられた。また、エツィン・ゴル西方の山地にも近づかぬよう警告された。そこでは、キルギス族の盗賊団が悪行を働いているという。しかし、連中がわたしたちに、あえて近づかないこともありうるということであった。

わたしたちは、マム経由の道をえらぶべきかどうかについて相談した。しかし、まだなんらかの決断を下すのは早すぎだ。あとでもっとたしかな情報を手にいれようと思った。もっともわたしたちの興味をひいたのは、北山《ベイシャン》の南麓に沿って走っている、安西《アンシー》からマム行の砂漠道があるということであった。

ウニエン・ウスは、これでもうあきあきだった！　ベリマンはもう、エツィン・ゴルまで行けるくらい回復していた。そこで一二月一三日、命令を出して、明日出発のすべての準備をととのえるということになった。これでいよいよ、わたしたちの探検旅行の新しい一章がはじまるのである！　わたしたちは、わたしたちの夢の国、新疆《シンキャン》省に近づいたのであり、そこでは未知の運命が、わたしたちを待っているのであった。

6　イェオリの帰還

大地の影が、暗青色の弧をえがいて西のほうにあらわれた。その上の端《はし》は、明方の赤光の照り返しによってふちどられていた。わたしたちが、一二月一四日テントを出ると、うす青く晴れあがった空が、大地の上にたかだかとひろがっていた。軽い朝食をとっているあいだに、テントや荷がつみこまれた。それから乗車。隊列は南南西へ進発する。北寄りの道を南へ、すなわちモルグチクからの道を継続することになる。南側の道への距離は一五キロにすぎない。

わたしたちは、小さな花崗岩の丘のあいだを進む。右手に、約三〇個の石が五〇メートルぐらい一列にならんでいるのが見える。ベリマンが、これらは昔大汗の宮廷を訪問した旅人たちの一人が書いた報告と関係があるという。それに従えば、トルコ人たちはこういう石で、戦闘でなん人の敵を殺したかを報告したのだそうだ。トルコ人は、東モンゴルではそんなに珍しくはない。

地形は、こぶがあったり草むらが盛り上がっていたりして疲労させることははなはだしい。自動車は、その上でとび上がったりつまずいたりして進んで行く。馬の群れがのんびりとかもしかのあいだで草をはんでいたが、わたしたちの車がごとごとやってくると、突然大いそぎで逃げてしまった。南の山々は狼山《ランシャン》の一部である。そこから水の涸れた水源が、北西に向かって走っている。その土はやわらかな砂でできていて、おそらく夏はもっと渡りにくいと思われる。わたしたちも、五キロすすむのにしばしば一時間を要した。

わたしたちが南の道にはいると、二人の巡礼者にであった。男と女で、ちょうど道の端で休んでいた。彼らは、荷をはこぶ牛馬も乗る車もなく、歩いているのであった。そしてびっくりするような大きな荷をかついでいた。その一種の財布のようなもののなかに、しっかりくるまった子供が寝ており、ほかのつつみにはテントと、衣類と食料がいれてあった。手には巡礼の杖をもっている。

いよいよわたしたちは、漂石がいっぱいある老虎谷《ラオスーコウ》を迂回した。ここは腰高の二輪車ですら前進することはできないのである。わたしたちの進んだ道は、むきだしの、ひどく風化した山のあいだの峡道へ通じていた。ベリマンが一九二九年一二月二〇日、この地方を通ったとき、三〇センチの深さの雪がつもり、零下三〇度の寒さだったという。昨夜は、わずか零下一五・七度にすぎなかった。

ゼレボンの谷で、涼州《リアンチョウ》から東方へ向かって旅をしている隊商が休んでいた。わたしたちはこの谷でも、いろいろな、厄介で不愉快なところをこえなければならなかった。とうとうそれでもまた、ひらけた地形のところに出てほっとため息をついた。ところどころに長い草が生えている。わたしたちはまた涼州《リアンチョウ》からの羊毛の隊商に出あった。指揮しているのは、色はなやかな衣裳をつけた中国人たちで、それぞれの高いらくだの背の上に心地よさそうに腰をおろしていた。

難渋する個所、侵蝕された段丘、やわらかい土のために、わたしたちはゆっくりと前進するのがせいぜいだった。大きな隊商を追いこしたが、彼らには、衣料、ろうそく、茶、煙草、その他の品物が満載されてあった。彼らは、エツィン・ゴルを経て粛州《スーチョウ》へ行くのだ。そちらへ馬やろばに乗った人々も行こうとしていた。ここには二組の皮テントが立っていて、なかに中国商人がいた。彼は通りすぎる隊商に、小麦粉などを売っていた。寧夏《ニンシア》から大きな隊商がやって来たが、あきらかに阿片密輸の連中である。それは小さな箱に梱包され、箱は羊の毛のなかにまきこまれ隠されているのである。

左側の地平線に、狼山《ランシャン》山脈が見えてきた。その前面の黒々とした、テーブルの形の小さい山はテブチュである。そこでわたしたちは前の探検のとき、おびただしい化石層、なかんずく沼や湖に棲息していた大とかげ（ギガントザウルス）の化石となった遺骸を発見したことがある。

六時半、カラ・トロゴイに停止する。ここにも盛り上がっている黒い丘は〝黒い頭〟という名前である。夜の寒さは零下一九・一度。太陽がきらめくダイヤモンドのように、地平線に昇る。九時にはすでに、車のなかはあたたかくなる。そとはしかしきびしい寒さである。とくに金属類をあつかう隊員には。平坦な地形の起伏上に視線をさまよわせる。地形はくっきりと、それとわかるほど明瞭である。わたしたちは、大きな河床をこえる。これは夏だけ水が流れるのである。そしてまたわたしたちは、小さな丘のあいだをゆれたり、躍り上がったりしながら前進する。宿営している隊商を追いこす。丘の頂上に、草をはんでいるかもしかが、きわめてはっきりしたシルエットを描いて浮かんでいたが、西のほうへ姿を消してしまう。東のほうは、ひろびろとした外海のように、無限に視線をさまよわせることができる。ここからわずか二日の行程で、大きな僧院の町三徳《シャンデ》廟《ミアオ》へ達する。一九二七年、わたしたちはこの町でしばらく停止したことがあった。

　山の端で休憩し、パンクしたセラトの車を待つ。ここに一〇〇頭以上のらくだをしたがえた一二人の隊商が宿営している。彼らはひと月前粛州《スーチョウ》を出発し、薬草の茎や根を帰化《クエイホア》へ運ぶのである。商品の値段は一〇〇斤（約六〇キロ）について二〇ドルだという。らくだの所有主は二人の中国人で、借り主も二人の中国商人だという話だ。彼らはわたしに、その油煙ですすけた大きなテントにはいるようにすすめた。火の上の、鉄製の輪に二つの深鍋がかかっている。わたしたちは、陶器の茶碗で茶をのみ、小麦粉と肉とのスープをごちそうになった。

　中国人の隊商のテントは、なかがすすけて油煙くさいものだ。しかしそこに立寄って話をするのは、いつも心たのしいものである。歓迎されているという感じがするし、相手もこの訪問を名誉と感じているという気がする。はてしない隊商路の生活、隊員のテントでのいとなみ――これらは絵のように美しく多彩であると同時に、たのしい空想をそそるものである。こんなふうにこれらの商人は、数世紀以来、生活し働いてきたのである。伝説的な古代において、鈴の音をひびかせながら大きなアジア大陸を旅した隊商たちもそうだったのである。いろいろな条件はわたしたちの時代と同じなのであって、人々もらくだも、土地も気候もとりたてて変わってはいないのである。中国人の隊商たちは、自分たちだけの同業組合《ツンフト》をつくっている。彼らは法律にしばられ、古代からの伝統・風習をもち、〝自分の面子《めんつ》〟をいつまでも失いたくないならば、それにさからうことは誰にもゆるされないのである。中国人のらくだの御者は誰でも、気分がいつも少しもかわらぬ連中である。その生活はつらく、苦労が多いのであるが、いつもたのしげで満足している。月給は約二マルク、そしてきわめて簡単な食事をとって満足しているなんて、どうしてできるのであろう？　彼らは徒歩で、何万キロと旅をし、歌いながららくだの手綱をとっている。その辛抱強さが失われたことは一度もない。冬でも、夜闇のなかを進んで行く。らくだには、食料となるかたい、枯れた、とげのある草むらを見つけるために昼の明るさが必要だから、昼は動けないことが多いからである。そしてようやくつぎの泉のところに到達する。らくだの引綱は、規則的に順序よくとかれる。そしてたちまち、うずくまっているらくだの荷鞍から荷物がおろされる。夜があけると、らくだは草っ原へつれて行かれる。つぎに泉に。水は、編んだ籠でくみ出され、たらいや桶《おけ》にそそぎこまれる。だんだんと、人々はテントのなかに集まってくる。そこでは鍋が煮えたぎり、茶をわかす薬缶がちんちん言っている。みな、白い雁首のついた長い煙管をもっており、人生を生きるに値いするものだと感じているのである。もう歌は歌わない。飲んだり、たべたり、煙草をふかしたり、あるいは物語をし、日々のできごとについて語りあうのである。そしてつぎつぎに毛布が大地にひろげられ、ねむりこむのであるが、一方しらみのほうも彼らの血を吸って大いにたのしみを尽くすのである。

それから出発の合図がひびきわたる。ねぼけ眼《まなこ》で、髪をもしゃもしゃにしたまま、いまだかつて顔を洗ったことがないといった恰好で、旅の人々はとびおきる。彼らは、らくだを野原から引っぱって来て、巧みに、すばやく荷物のところに追って行く。鼻綱をぐいと引っぱると、らくだは膝をついて荷のそばにしゃがみこむ。適当な高さにしゃがむので、二人の男が少し手を動かせば、荷はらくに鞍にもちあげられ、二本の紐と一本の木で固定することができる。

ヨーロッパから来たものには、数百頭のらくだの隊商がたちまち出発準備を完了するさまを見ると、まるで手品のように思える。数分間でテントはとりはらわれ巻かれる。それらは宿営に必要なすべてをはこぶらくだにつけられる。引綱がつぎつぎに行進をおこす。鈴がその音楽を奏しはじめる。そして長い、曲がりくねった行列が、荒涼とした丘のあいだを通ってしずかな道を進んで行く。

わたしたちの道は、いまは涸れた、巨大な河床ツァガン・ゴル――〝白河〟のそばを通っている。河床は北方へ、そして北西へと進路をかえている。それから平野がはろばろとひろがっている。道は、草むらをくねくねと曲がる。地形は厄介になってくる。わたしたちは、三つの深い、ぶっそうな亀裂をこえる。

狼山《ランシャン》の黒い支脈を左に見て過ぎる。遠く北のほうに、淡青色の山々が見える。その上方に、巨大な山塊がその頂上をそびえさせている。おそらくそれはすでにモンゴル共和国内にあるのだろう。ようやくわたしたちは、ツォンドルの第一一宿営地に到着する。ここで中国商人が羊の肉を売っている。わたしたちには、まだ肉の貯えは二〇日分あったので、ただ乾燥した薪だけを購入する。それはかなり遠いところから集められてきたものである。

翌朝、わたしたちを迎えたのは暗い、陰うつな天気だった。お昼ごろ晴れてくる。女や子供づれの約二〇人のモンゴル人の一隊が、わたしたちのそばを通りすぎて行く。彼らは霊場まいりの帰り途だという。午後四時、西のほうからエンジンのひびきがきこえてくる。三台のトラックが、平坦でない道をとび上がったりよろめいたりしながら、こちらへやってくるのである。埃につつまれて、それらはわたしたちのテントのそばを、がたがたいいながら通りすぎた。帰化《クエイホア》のバス会社のものであった。彼らは、ハミで二か月抑留されたが、ウルムチに行く許可はもらえなかったという。馬仲英《マチュンイン》将軍が彼らを釈放したので、逃げだしたのである。ハミからツォンドルまでを八日、エツィン・ゴルからここまで三日でぶっ飛ばしてきたという。

彼らはたくさん荷をもっていなかったが、一九人の乗客がおり、そのなかにバス会社の社長莫《モ》氏もいた。わたしたちは、氏および他の二、三人の乗客に、しばらく休息して、茶の一杯もわたしたちと飲んで行くようにお願いした。しかし彼らは、これまでと同じいそぎ方で東へ飛ばしたがっていた。そのためわたしたちが、彼らから聞き知ったことは多くはなかった。ハミから、彼らは北山《ペイシャン》の南を走ったのだが、盗賊どもには会わなかったという。莫《モ》氏は自動車でトルファンの馬《マ》将軍のところに行ったことがあるという。将軍は友好的に歓迎してくれ、バス会社の路線が軌道に乗ったことに関心を示していたということである。莫《モ》氏によれば、わたしたちは馬仲英《マチュンイン》将軍をおそれる必要はないという。新疆《シンキャン》には平和が支配し、好戦的な動きはすべて中止されているという。盛世才《シェンシーツァイ》将軍は北方の国境を、そして馬《マ》将軍は天山《ティエンシャン》の南方の国境を監視しているという。わたしたちは莫《モ》氏から、安心していい吉報をえたのである。これで万事はすらすらと行くことだろうと思った。残念ながら莫《モ》氏は本当のことを言わなかったのであり、その理由も容易に納得がいったのである。

莫《モ》氏とその旅の一行は、またバスに飛び乗り、がたがたと曲がりながら去った。そして二、三分もたつと、凹んだ地形の陰にその姿は見えなくなった。

一七日朝、五時半に起こされる。エンジンがあたたまるまで長い時間がかかる。そのためわたしたちは、自分たちの巣から這い出し、着がえをし、朝食をとるのにたっぷり時間をもつことができた。わたしの準備がおわり、テントが片づけられると、わたしは乗用車の自分の座席を占めた。わたしたちは、砂と砂礫の道を、あるいは谷あいと草むらのあいだを進み、昨日のバスの去ったあとについて走った。これらの谷の一つが、するどい形の砂地の段丘のあいだにあって、その一方の側に遠くからも見える積石《ケルン》があった。わたしたちは車を第三ギアにしたり、第二にしたり、ローで走ったり、地形に応じてたえず調節しなければならなかった。

かもしかが数知れぬほどあらわれるので、もうわたしたちは注意を払うこともなくなってしまった。わたしたちの眼前に、くっきりした輪郭の二つの山、バイン・ウントゥル、つまり〝富めるものと高いもの〟がそびえている。峡谷のような枝谷をもった、気味のわるい山峡は迂回せざるを得なかった。わたしたちの左手に見える低い山々の南に、僧院の町三《シャンデ》徳廟《ミアオ》がある。はいったときと同じ側からわたしたちはバイン・ウントゥルをあとにする。右手に木が一本、ぽつんと立っている。低い丘の腰部を横断する。すると眼のまえは、ふたたび果てしの

バイン・ウントゥル山からホイェル・アマトゥへの道路

ない平原である。大地はやわらかい砂質である。そのため一時間に五キロ以上進むことができない。ところどころに〃ヤグー〃、つまり、サクサウルの木が生えているのが見える。すこし離れたところ、北のほうに、むき出しの流砂の丘がくっきりときわ立っている。

太陽は、赤黄色に燃えながら沈んで行く。グン・フトゥクで宿営したときはほとんど暗くなっている。これは〃深い泉〃という意味である。夜、零下一三・五度になる。翌朝目がさめると、空は雲にふかくとざされ、静かな朝の大気のなかを、わずかに雪片が舞いおちている。しかし、わたしたちはふるえる必要はなかった。わたしたちの宿営している、著しい特徴をもった小さな谷のなかにはたくさんの灌木が生い茂っていたのである。ほんとうの砂漠とはわたしたちはまだ接触していなかった。エツィン・ゴルまでのコースのいたるところで、旅人に出あう。泉のそばには、きまって中国商人のテント、モンゴル人の皮テントが見られ、その近くに堂々としたらくだや元気のいい馬が草をはんでいる。右手に、あちこちでかたい砂利土にであうが、それはところどころ砂地の縞によって切れている。砂丘がその美しい、黄色いいるかの背のような隆起をみせている。

まだ大して行かないうちに、北風が雪嵐をともなって吹いてきた。あたりの風景は、急にかき消されたように見えなくなる。わたしたちの唯一の標識は、北西の山であったが、それも姿を消してしまう。地形はさらに下りになる——昨日は、すでに三六〇メートルだった。低地にはタマリスクが生えている。先を走っていたセラトが停車して、それを腕にひとかかえ折りとってくる。そうでもしなければ、晩の燃料を手にいれることができるかどうかわからないからである。ときどき、かなり古いタイヤのあとに行きあう。一九三二年の宣教師ハンターとフィッシュバッヘル、一九三〇年のヨースタ・モンテルとイェオリ・ゼーデルボームの通った道である。

あたりはすべて白一色である。雪のなかで二本の孤独なかえでの木が、その裸の幹をさらしている。道はすばらしい。今度は北方の山麓にそうて走っている。ツァガン・フトゥク、つまり〝白い泉〟のそばに数本の木が生えている。幹はくりぬいてあって、これはらくだや馬が水を飲むために使われていた。堅固な岩壁のあいだの河床は、ここではすばらしい道となっている。ここにも数本のかえでが生えている——この樹木の乏しい砂漠では魅力あるながめである。ホイェル・アマトゥの近くで、ふたたびひろびろとした地形のところにでる。ここには約一〇の皮のテントと二つ三つの普通のテントがあって、それで一つの村ができている。二人の商人

ゴビ砂漠に立つにれの木。ホイェル・アマトゥ付近

が住んでいた。バス会社もここにガソリン倉庫をもっている。それからしばらくすると、わたしたちはちょっとだけゴビ砂漠を通る。まったく不毛の荒原である！　右手に、まえと同じように砂丘の腰部が見えるが、黄色いその背はいま雪で真白である。その高い、光っている頂上に草が生えている。二つの小さな森はわたしたちの眼の保養になる。ほとんど八〇キロ以上も走らないうちに、わたしたちは、荒野の真只中に第一三号宿営地をつくることにする。

夜、零下二〇度。一二月一九日朝、大気はすばらしく晴れわたり、山々は西のはるか地平線上に、くっきりした輪郭を見せて浮かび上がっていた。わたしたちは、らくだの硬い足によってふみかためられ光っている小さな路のあとをたどって行く。土は最上のコンクリート道路のようにかたく堅固である。場所によっては、時速五〇キロで進むことができる。あたりははじめ不毛だったが、まもなくまた緑がかった草地があらわれてくる。新疆《シンキャン》までのコースがすべてこんなふうだったら、もう道などつくる必要はないだろうと思われた。

アブデル山、つまり〝箱の山〟が、こわれたピラミッド型の山を地平の彼方にそびえさせている。その南、鎖状に、二つこぶのらくだに似た二つの山頂が浮き出ている。ここには真水の湧く泉がある。その場所は、わたしたちの以前の大探検によってよく知られていた。その探検隊の数人の隊員は、当時ここで、後期石器時代の出土品を集めたものである。道は氷と風によって侵蝕されて、奇妙な形となった赤い段丘のある、巨大な峡谷のなかへと通じている。風で磨滅した石がいたるところに見られる。草一本、ここには生えていない。風景は、その荒涼たる広大さによって圧倒的な感じをあたえる。わたしたちは赤や黒い色の段丘の迷路のなかに迷いこむ。そしてだんだんとこの特異な曲がり方をしている回廊から脱出する。ふたたび平坦な、かたい砂利の荒地にでる。南のほうでは、この荒地を砂丘の帯がとりまいている。つい今しがた、わたしたちは外モンゴル共和国の国境をこえたのである。共和国の領域にインゲンの泉があり、そこがわたしたちの今日の旅程の終点なのである。とくに道のことにくわしいセラトは、一行をひとつぽつんとそびえている山の頂上へつれて行く。彼の車と乗用車は砂のいっぱいつまったみぞをらくに越えたが、エッフェの車は立往生してしまう。三〇センチ幅の長い布の帯がひっぱり出され、レールのように車の前に敷かれる。車はまた動きはじめる。

ちょっと進むと、またこの冒険がくりかえされるが、今度は風向きが変わったので、さらに厄介で、時間のかかる冒険となる。そこはひろい低地で、砂地にはサクサウルが生えていた。エッフェの車の音がきこえず、姿も見えないので、わたしたちはひきかえしてみた。すると果

砂穴に落ちたトラックを布を敷いて引き出す

たせるかな、彼の車は草むらに立往生していた。彼は、砂の中の、わたしたちの車によってもろくなった跡をつけて走っていたのだという。今度は布の帯も役に立たなかった。板はガラスのようにばりばりと割れてしまった。セラトは、この運のわるい車を引綱で引っぱろうと試みたが、綱は麻の撚《よ》り糸のように切れてしまう。こうなれば、また荷をおろせ！である。おろしてからセラトは、自分の車を引っぱって、エッフェの車を動かす。みんな押さなければならなかった。そしてようやく車を堅い土の上に引っぱり上げることができる。また荷をつまなければならない。そうしているうち、仲間の二、三人は、宿営地の焚火用の枯れた木をあつめてきた。やっとわたしたちは前進を開始する。風はそよとも吹いていない。空は青く、雲もない。生きものの姿も見えず、もの音ひとつきこえない。ここはゴビなのだ。砂漠なのだ。沈黙と死との棲家なのである。西北西の方向の地平線に、低い山なみが黒い真珠のくさりのように、大地とふれあっているふうもなく、蜃気楼めいて浮かんでいた。

インゲン（雌のらくだ）の泉のそばで、わたしたちは砂地の上にテントをはった。北の泉は外モンゴルにあり、南の泉は内モンゴルにある。わたしたちは少々外モンゴルの領域にはいりこんだが、ここでは国境は二つの泉の間を走っているのである。

大地はひどい砂地であるが、砂はいつも清潔な感触をあたえた。ここには無数のサクサウルが生えている。暗くなって、若く快活なエッフェは、泉の近くを巡察していると推察されるモンゴルの国境騎馬兵に挑戦するかのように、大きな薪の山に火を点じた。この騎馬巡察隊はけっこう強力な部隊で、その手におちると厄介なことにならないともかぎらぬのである。むりやりウラン・バートル・ホト（赤い戦士の町）につれて行かれるのだ。ウルガは、いま赤旗（共産主義）の支配下にあるのでそう呼ばれていた。そしてそこで尋問され、無期限にわたって自由を奪われる危険にさらされるのである。

しかしわたしたちは、国境警備隊の姿も、またとにかく人間らしいものの姿を一人も見かけなかった。わたしたちは一日ここにとどまる決心さえした。陳《チエン》は、天体観測をやって位置をたしかめたかったし、尤《ヨウ》や龔《クン》は、運転手のセラトといっしょに、南のほうの道を発見しようとこころみた。しかし、外モンゴルのとがった尖端をかすめるような中国の自動車道路の建設を提案することは、いささか軽率のそしりをまぬかれなかったであろう。

夕食後、深い静寂が〝雌のらくだ〟と呼ばれるこの泉の上におりてきた。エッフェの焚いた薪の火もおとろえ、煙は青く灰色の輪をえがきながら、星空に向かってのぼっていた。一二月

インゲン・フトゥク宿営地での焚き火

二〇日夜、温度は零下二二・三度まで下がった。つぎの休日はいろいろな仕事に費された。機械屋さんはタイヤの修理。技術屋さんは南のほうに適当な道を見つけに行き、ベリマンは、後期石器時代の遺物をいろいろと集めた。

翌晩は零下二三・三度。エッフェはさっそくぱちぱちと火をおこす。これでみな思い思いの恰好であたたまることができる。わたしは焚火に背をむけて坐り、西のほう、地表の影の最後の微光が消えて行くのをながめている。太陽は、まさに巨大なダイヤモンドのように砂丘の上にのぼってくる。薪の山も燃えつき、炎はくずれおちる。サクサウルの木々の影はみじかくなる。わたしたちは、もともともっと早く出発しようと思っていたのだが、エンジンが故障していた。ベリマンが故障個所を発見する。発電部品がぐらぐらし、電気の配線がこわれていたのである。ようやく車は動きはじめる。わたしたちは砂地を出て、かたい土のあるところに辿りつく。南のほうに、平ったい、うすい黄灰色の低地があり、それがエツィン・ゴルの近くまでのびている。その周辺に三本の、黒い平行線が見えてくる。多分むかしの河岸段丘であろう。

あたりはすべて不毛の土地である。赤い丘、積石《ケルン》、点在するらくだの骸骨などが道しるべになってくれる。ときどきらくだの頭蓋骨が積石《ケルン》の頂上をかざっていることがある。頁岩《けつがん》を二つ立てたものは、北欧の自然石の記念碑に似ている。なんらかの形をした生あるものは一つもない。完全な砂漠である。インゲンは、海抜わずか六五〇メートルであった。それからゆっくりと登りになり、二〇キロ行くと、海抜七一〇メートルとなった。ホルン・ボスクの井戸のそばで小さな隊商が休んでいた。それから迷路のような小さな山々となる。道はすばらしかった。積石《ケルン》が泉へ到る小道を示していたが、その泉にはすべて名がつけられていた。そしてそれらは隊商のひとたちによく知られているが、雪嵐や砂嵐のときは、見つけるのがむつかしかった。

砂漠での道標、ラクダの骸骨

小さな、黒い砂礫の丘や、ひどく風化した、暗緑色の頁《けつ》岩があらたな迷路をつくっていた。それから土地はまた平坦になる。

わたしたちはしばらく、バンティ・トロゴイ、〃禿頭〃で休息する。ここには一四の皮テントと、ある商人のもちものである簡素な家が一軒立っている。彼の商品は茶、皮革類、羊毛などであったが、漂砂からまもるために、木の足場をつくってその上につみあげてあった。わたしたちは、枯枝や枯死した木の幹のたくさんある砂礫地帯を迂回する。そして南のほうに鋭角に曲がる。セラトはサクサウルのたくさん生えている砂床に立往生している。そこで、ここで野営することにし、大きな焚火をおこす。水はいつものように持ってきている。昼食は今日は簡単である。スープと牛の舌と茶。バンティ・トロゴイでの例の商人は、わたしたちにすばらしく上等の〝ピルメン〟、つまり小麦粉でつつんだ一種のだんごを出してくれたのであった。そして料理人賈逵《チアクウェイ》も、そのうまいアジアのごちそうを巧妙に料理するすべをこころえていた。

ゴビの自動車旅行は、ある点まで単調だといえるが、また言うに言われぬ魅力ももっている。果てしのない砂漠には、小さな、ぎざぎざのある山の背、丘などがあり、その上には積石《ケルン》が、魔法で石に変えられた北欧の妖魔のように君臨している。途方もなく広い平原には、無数の、水の涸れた、浅い河床の支流が縦横にいりみだれ、風のために規則正しくできた漂砂丘の波状の帯が、いれ替り立ち替りあらわれてくるのである。毎晩、泉のほとりか、燃えやすいもののあるところに野営する。平たい大地にシュラーフザックをおき、すばらしい夢を見、毎日毎晩、新鮮な空気を呼吸する。生活は簡単で、日に二度食事をするだけである。野営地から野営地のあいだでは、砂漠や草原は、毎日その平たい、荒涼とした風景を見せてくれる。にもかかわらず、それらにあきてしまうということがない。もうたくさんということはない。たえずすぎてきた砂漠をなつかしく思わずにはいられない。このかぎりのない広さはすでに、その荘厳な大きさのために大洋と同じように魅力にみちているのである。遠くには、青い、壮麗な山なみ。

そして平らな地形が、大洋の波濤のようにつぎつぎにおしよせてくる。だから自動車のなかでとろとろ眠りこむとすれば、それは非常に疲れている場合にかぎるのである。しかし、うとうとするのもわずか数分間で、すぐ衝撃で目がさめる。あるいは侵蝕された出っ張りによって、あるいは草むらによって、あるいは隊商の鈴のひびきによって。印象はたえず変化する。あるいは脚の軽いかもしかにであったり、あるいはたかにであったり、野うさぎにであったり、ときにはおおかみにであったりする。しかし、道路の地形測量は忍耐心の試練である。しかもそれは必要な仕事なのである。たとえ旅を手間どらせるとはいえ、まもなくこの仕事と妥協してしまうのである。

　毎日の単調さをやぶる事件や突発事故はまれであるが、パンクや立往生による遅延は残念ながらあまりにも頻繁だった。こういう小さな災難にもわたしたちは慣れっこになり、哲学者の冷静さをもってうけいれるようになった。しかし一二月二二日の夜、これまでの慣例のわくをはずれた事件がおこった。八時にみな出発の用意ができた。巻かれたテントとその柱とがまさに二台のトラックにつみこまれ、固くしばりつけられようとしていた。ベリマンとわたしが、朝の焚火のそばで体をあたためながらおしゃべりしていた。突然、ベリマンがふりむいて、この荒野の東のほうからきこえるひびきに、注意ぶかく耳をすませている様子だった。

「どうかしたか？」とわたしはたずねた。

「わたしには自動車のエンジンのような音がきこえますが……。ちょっと待って！　いまはっきりきこえます！」

「ほんとうだ！　まったくはっきりきこえる」そして数秒すると、トラックの運転席の屋根の端が、一番近い段丘の上にあらわれた。

「あれはイェオリだ！」とベリマンが叫んだ。

「イェオリには一台しか自動車はなかったと思うが？」

「いえ、そら、もう一台来ます！」

彼らは、わたしたちの進路のほうに方向を変え、つぎの瞬間にわたしたちの焚火のそばにぴたりと停車した。わたしたち一同は、大急ぎでかけあつまり、ながく消息不明だった二人を歓迎した。イェオリとジョムチャが、わたしたちと別れたのは一一月二一日の朝だった。それ以来、わたしたちは空しく待ちに待ったのである。ジョムチャはすぐ戻って来たが、イェオリは去ったきりであった。とうとうわたしたちは、彼のことを念頭から追い払うことにしたのである。彼が帰ってこない理由をあれこれ詮索することはやめにした。彼のことを語っても仕方がなかったのだ。北京、あるいは天津で病気になっているかもしれなかったし、帰り道、盗賊の手に落ちたのかも知れなかった。いずれにしても彼は、自分の運命について報告することはできない境遇にあるのだと思われた。

そしていま、一二月二二日、イェオリは突然、思いがけなく、沈黙せる砂漠から姿をあらわしたのである！　彼は自動車を二台もってきていた。つまり、もう一台買ってこいというわたしの命令を果たしたのである。しかしとにかく彼は停車し、とびおりてきた。

「待ってたぞ、イェオリ！」という声が四方八方からかかった。

「なにかあったのか？　なぜこんなに長く音沙汰なしだったのだ？」

わたしたちは火のそばに腰をおろした。イェオリは語りはじめた。それによると、彼は帰《クエイ》化《ホア》から天津へ急行し、そこで必要なものをすべて購入した。自動車代理店からきいたところによれば、帰《クエイ》化《ホア》をわたしたちが出立してから、エズル・フォードからのわたし宛ての電報がとどいたという。フォード会社が、八シリンダーの一九三三年型のトラックをわたしたちの道路調査隊に寄贈したいと申しでているというのである。わたしたちみんながこの大きな贈物にどんなに感謝したか、言うを要しないであろう。

「手紙はあるかい？」

「もちろんです。手紙と新聞の大きな一束をもってきました」

てみじかにイェオリは、なお自分の旅について報告しなければならなかった——くわしいことはあとでゆっくりききくことができた。一一月二二日晩、彼とジョムチャは帰《クエイホア》化に到着。そこからジョムチャはわたしたちの野営地にもどった。二四日、イェオリは天津着。フォード会社代理人と会い、エズル・フォードの贈物のことをきいた。しかし車はまだ未完成だった。運転席と荷台がなお作られなければならなかった。できるまで、イェオリは待たなくてはならなかった。一二月四日、彼は新しい車を運転して北京に向かった。彼は約二三〇〇リットルのガソリンを運んでいたが、それは一部は大きなドラム缶と、一部は角缶にいれてあった。北京に彼は四日滞在した。やっと貨車を一台手にいれ、そのトラックを汽車で運ぶことができた。彼が帰《クエイ》化《ホア》についたのが一〇日で、補充部分品、綱、円匙《えんび》、水圧式ウインチなどもいっしょについた。自分の車には荷を満載して、一二日彼は出発し、峠道《パス》をこえ、わたしたちの昔からの助手のモンゴル人ナイダンをつれてきた。一四日、彼はジョムチャとチョクドゥンのもとに到着したが、二人は長く待ちくたびれてひどくいらいらしていたという。最初の日、彼らは災難に見舞われた車のまわりにダムをつくったという。災難というのは、河が増水して、復旧するまでその場から車を動かせなかったのである。イエオリと三人のモンゴル人は、全力をつくして働き、一七日朝、出発することができた。一九日、ツォンドル着。翌日、夜おそくホイエル・アマトゥ着。一二月二一日、日の出前に出発。一日中走りつづけ、暗くなってバンティ・トロゴイ着。ここで、わたしたちが一日前に通過したことを聞き知った。それに元気づけられ、またも夜のあける前に出発。わたしたちのタイヤのあとをつけながら、はやくも二二日午前八時、わたしたちに追いついたというわけであった。

イエオリは、ほとんど一時間ばかりしゃべった。口でいえないほど元気さかんだった。みんな明るく上機嫌だった。われわれの隊はこれで強化されたのである。いまや、四台のトラック、一台の乗用車、それに一五人の人員を駆使できるわけである。エツィン・ゴルまで、まだ二二〇キロもあった。以前行ったあの砂漠の河エツィン・ゴルに、クリスマスの前夜までにはどうしてもつきたいものだった！

7　エッツィン・ゴルでの聖夜

五台の自動車をつらねていると、わたしたち探検隊も威風堂々たる一隊に見えるのである。しかし大地は小さく平らな波をうっていて、座席でのゆれがひどく、のろのろと進まなければならなかった。それから浅い、水の涸れた、砂でいっぱいの地溝におりて行ったが、そこには草やぶが生い茂っていた。イェオリは隊の先頭に立っていた。しかし彼は立往生してしまう。わたしたちは彼のそばを通りすぎる。道は車のわだちでかなりいたんでいた。わたしたちは、自分たちより前にここを通った自動車のタイヤのあとを、はっきり見わけることができた。カラ・ムク・シャンダイの泉は、まったく不毛の地域にある。左のほう南のほうに、段丘がもり上がっている。そのうしろに、昨日見た低地が長くのびて横たわっていた。黒い丘のあいだに、平地がひろがっている。倒れてまもないと思われるらくだに、はげたかがむらがって舌つづみをうっていた。円錐形の丘と塚山とのあいだを通り、黒い溶岩の河床をこえて、けわしい斜面をよじのぼって行く。ちょっとした山の背の上で、わたしたちは緊張しながらほかのものを待っていた。そこへセラトが、がたがた、騒々しい音をたててやって来た。そのうしろにジョムチャとエッフェがつづいた。イェオリは、わたしたちが《エズル》と名づけた新しい車に乗っているくせに、一番びりになってしまった。

山の背の向こう側に、広大な平原がひろがっていた。それから大きな河床を横切ったが、その河底はいまは水がなく、砂礫でおおわれていた。河床は、南のほうの長い低地に向かって走っていた。一本の植物さえ見えなかった。道標として、小さな丘につくられている積石《ケルン》がその役目を果たしていた。ときには積石《ケルン》に、らくだの頭骸骨がかざられてあった。ノゴ・オロボクの泉は砂礫地帯にあった。ここに来ると、また円錐状の丘には草やぶが生えているのが見えた。わたしたちが越えている平原は、北方に見える山脈ツァガン・ウル（白山）のふもとまで伸びていた。ビルチェルの泉で、わたしたちは晩のための水をくんできた。道は低く黒い丘のつらなりと、頁岩《けつがん》でできているするどい背のあいだを走っていた。しばしばそれらは、絵のように美しく黒いピラミッド型をなしてもり上がり、そのふもとは黄色い砂でおおわれていた。日がかたむいた。影は、この荒涼たる月明りの風景の上にひろがっていた。

デリズン・フトゥクで、バス会社の乗客バスが一台、見すてられ、ところどころこわれたままおかれていた。ここにはまた、新疆《シンキャン》からの皮革と帰化《クエイホア》からのガソリンの倉庫があった。三つの皮テントを一人の商人がもっていた。モンゴル人が数人買物のためにやってきていた。沈み行く太陽は、溶かした黄金のように、燃えるように赤かった。北のほうに、あかるい、紫色の色調につつまれて、ツァガン・ウルの峰がそびえていた。ちょうど一〇〇キロ走ったところで、暗くなって野営にはいった。まる一日かかって、これ以上走れなかったといえばおかしい感じがするだろうと思う。そのくせこれが、いままでやったわたしたちの一番長い旅程なのである。わたしたちは、一年中でもっとも日のみじかい日にそれをやってのけたのである！　なんならどうか、内モンゴルの道を走ってみてほしいものだ！

　テントがひらかれるかひらかれないかに、わが旅の一行はみんな、家郷からの便りをとりに走り出した。その晩は、わたしたちの陽気な宿舎はしんと静まっていた。みんな手紙を読んでいた。しかし賈逵《チァクウェイ》が料理の準備をおえると、読むのは中断された。一同の気分は生き生きとして、はじけんばかりの勢いだった。みんな故郷からいい便りをもらったのである。一二月二三日朝、空は晴れ上がって上天気だった。雲のひとかけらもなく、風のそよぎさえもなかった。前夜の温度は、零下二〇・三度だった。

　オルドス族のモンゴル人の居住地は、むかしツァガン・ウル地方だったという。一九二八年、ハルハ・モンゴル人がやってきて、オルドス族に言った。

「お前たちは、今度からウラン・バートル・ホトに服従しなければならぬ」

　オルドスの首長であるラマは答えた。

「そうなら自分たちはここを去る。そして兵をさし向けよう。兵隊は、われわれの家族、ラマ僧、らくだ、われわれの財産をつれていってくれる」と。

　オルドス族は南の地にうつった。そしてその代りに、ハルハ族がはいってきた。しかし土地は荒れていた。ただらくだだけが、自分たちの食べものを発見することができた。そこでハルハ族は、ふたたび五〇ないし一〇〇キロ北方へひきさがってしまった。そのためオルドス族は、自分たちの昔の居住地へもどることができたのである。彼らの指導者は、ニーマ・ゲシクウエイという名のツァガン・ウルの寺にいる、非常に金持の高貴のラマである。彼はその部族の利害を代表して、大いに権勢をふるっている実力者である。ハルハ族の得た利益は一つしかなかった。つまり中国商人は、間道を通って彼らのところにやってきて商売するということなのである。この商売は、現在の政治情勢下では禁止されていた。

　わたしたちの眼の前に、ツァガン・ケルカン山が、その神聖な頂上をそびえさせていた。モンゴルでは、聖山の名を呼ぶことはゆるされない。不幸をもたらすのだ。ケルカンは〝聖山〟という意味なのだが、名前そのものではない。名前そのものを呼ぶと、らくだや馬を失い、道に迷ったり頭痛がしたり、天気が嵐になったりする。山麓には、カラ・ブルガスという灌木が生えている。その枝をモンゴル人や中国人は切りとって、らくだの鼻の穴にさしこむ〝鼻ぐい〟をつくる。隊商たちはここで好んで停止し、この枝を予備のために切って持って行く。ツァガン・ケルカンの山の麓の泉はツァガン・ウスという名をもっている。

　道はあるいは堅土《かたつち》だったり、砂や砂礫のなかを通っていたりする。つぎの泉に、煙草や茶、小麦粉その他をエツィン・ゴルに運んで行く隊商が休憩している。しばらくすると、低い黒い山の背のために進みづらくなる。これは砂にうずもれた峠道《パス》のほうへ急なのぼり道となっている。それらをこえると、広闊な平原がひろがり、そこのサクサウルの木を切ってわたしたちは晩の野営の焚火用の薪をあつめる。クク・トロゴイで宿営する。

　クリスマス聖夜《イヴ》の朝、いつもより早くフンメル博士におこされた。博士は乗用車に乗り、セラトはトラックで、クリスマスを祝う快適な場所をさがしに先発するのである。イェオリやエッフェと朝食をすませると、わたしは運転席のイェオリのそばに坐る。ヒーターを開いてあったので、あたたかく気持がよかった。太陽がのぼってくる。砂漠はあるいは暗灰色に、あるいは黄色にそまる。わたしたちの野営は、この沈黙と死の国に一晩だけ生気を贈ったことを意味するのである。いよいよ出発である。そのあと静寂がふたたびこの地を領するであろう。そして自動車の轟音は時の風と嵐によって吹き消されるだろう。

はじめのうち旅はうまく行ったが、まもなく地面がやわらかくなってきた。四台のトラックのそれぞれが、最少限二トン半の荷をつんでいるのである。二台が、土砂のなかで立往生する。布の帯がまたもやその威力を発揮する。ナイダンはわたしたちに欠くことのできぬ人物である。彼はすべての道に通じている。彼の案内でわたしたちは砂礫地帯から堅土《かたつち》のところに出たが、そこですぐ彼はふみかためられた古いらくだの道をまた発見するのである。砂はエツィン・ゴルへ行く自動車道路にとってもっとも厄介な障害物である。砂によって交通がたえず邪魔されないように、まずこれが征服されなくてはならない。

月明りの風景。黒い山の背。昼よりも明るい円錐状の砂礫の山のあるするどい岩。丘と丘とのあいだには黒い砂礫の原がひろがり、そこを隊商路が灰黄色のリボンのように、うねりながらのびている。バガ・ホンゴルチ地方で、黒い円錐型の砂丘とピラミッド型の砂丘のあいだの淡紅色の砂礫の原を通る。ここには一本の草も生えていない。丘の高さといっても、一〇メートル、二〇メートルをこえるのはまれである。それぞれの距離は一〇〇メートルあるかなしである。正午すぎ、わたしたちはアラシャンと、トルグート族の国エツィン・ゴルのあいだの国境をこえる。国境は積石《ケルン》によってしるしがつけられている。ところどころに黒あるいは赤の岩の背をもった、風化のはげしい石英岩がはっきりと浮き上がっている。白い石灰岩もあらわれる。トルグート族は、これを一種のセメントとして、お寺の建築に使っている。わたしたちが迷路のような丘のあいだを走っていると、ようやくエツィン・ゴルの森が見えてくる——すばらしい、気持をすっきりとさせる眺めである。わたしたちにとってこの上なく美しいクリスマス・プレゼントでもある。

わたしたちは、一路ヴァジン・トレイへ飛ばす。ここでセラトが車をとめて待っている。乗用車の姿は見えなかった。あきらかに場所をさがしに行っているのである。地形はエツィン・ゴルのどこにでもあるようなもので、砂質の大地、むき出しの砂丘、あるいはタマリスクの生えている砂丘、小さなポプラ林などだ。わたしたちは、ふたたび木や草むらを見るのがうれしく、それらのそばにテントを張ることにした。いつものように荷がテントのそばにおろされる。それがすむと自動車は安全な距離に行って一列に駐車する。

わたしたちは、クリスマスの祝いの用意万端をととのえる。イェオリは乗用車で水をくみに出かける。バケツに二杯と、さらにきじを二羽つかまえてくる。そのあいだわたしは、新しいトラックの運転席に坐って書きものをしている。

わたしたちのガソリン輸送隊は、前の晩、ヴァジン・トレイからノゴン・デリ基地へ進んでいた。わたしたちはここに二日滞在する決心をした。それからソホ・ノールをまわって、オボエン・ゴルへ行こうと思った。そこを渡らなければならないのである。ほんとうはイェオリが、トラックで粛州《スーチョウ》に行って、わたしたちの郵便をとってくるはずであった。しかしいまはクリスマス聖夜《イヴ》だった。その計画は当分おあずけにしなければならなかった。帰化《クエイホア》から、わたしたちは一〇五〇キロ走破してきたのである。ヴァジン・トレイは、わたしたちの第一八号宿営地である。

暗くなってきたので、わたしが尤《ヨウ》のテントに行ってみると、そこでイェオリとエッフェとに会った。ここで火をどんどんたいてあたりながら、気持のよいおしゃべりをした。そしてフンメル博士とベリマンが、どんなふうに自分たちをおどろかしてくれるか待っていた。九時になってようやく、わたしたちはクリスマスの飾りつけのあるテントへはいることになった。ランプを一つもってそのテントへ行進して行った。入口には儀仗兵が立っている。スウェーデン人たちは「ゴット・ユール！」（メリー・クリスマス）と叫び、「万歳《ウラー》」といった。なかで蓄音器が祭りの行進曲を奏しはじめた。工夫《アイデア》に富むフンメル博士は、二つのテントを一つにつなぎあわせたのである。そしてこの二倍の大きさのテントのなかに、長いテーブルをこしらえた。それはわたしたちが、沼地でタイヤの下にあてがった厚い、幅広い板でできていた。それを支えているのは、ガソリン缶である。テントの中はスウェーデンと中国の国旗ではなやかに飾られていた。

テーブルの中央に、堂々たるクリスマス・ツリーがみごとに飾られてあった。その先のほうに小さなボール紙がとりつけられ、それに「見よ、われは汝らに、大いなるよろこびを告げん……」という言葉が読みとられた。わたしの父は、ずっと昔、この言葉を飾り文字で書いたものであった。わたしはそれを故郷からの挨拶として、また、昔のクリスマスの想い出として持ってきていた。もみの枝や、ほんとうのタマリスクの枝には銀紙がかざられていた。小さな赤ろうそくが、クリスマスの小人形や金紙銀紙でできたものを照らしていた。クリスマス・ツリーの下に、わたしたちの家族の写真が立てかけられていた。机には細長いテーブル掛けをかけ、その上には紙でつくったクリスマスの人形、子供、豚などがひしめいていた。テントにはいっていくと、ほんとうに、わたしたちはたくさんのろうそく、きらきら光っている銀紙、さまざまの色彩のためにまぶしい感がした。紙の皿にお菓子、チョコレート、クリスマスケーキなどが山とつんであった。

　フンメル博士は、料理人としても腕のたしかなところを見せた。メニューは豊富で、たいへんなごちそうだった。かもしかスープ（一九二七年のセビスティ泉で祝ったクリスマスのときとまったくおなじもの）、魚肉だんご、さけ、ストックホルムのクリスマス・ハムに青えんどう、その他の野菜をそえたもの。肉だんごとえんどう、さや豆。砂糖漬の果物。あんず。もも。最後に黒パン、バター、チーズ。それにリキュール、レモナード、コーヒー――ゴビ砂漠で、これ以上のものをどうしてのぞむことができよう。故郷のわたしたちの愛するものの生活について話がはずんだ。わたしたちはスウェーデン、中国、モンゴルに住む自分たちの近親のものすべてに、こころからなる挨拶の言葉をおくった。モンゴル人の運転手や中国人のボーイも呼びあつめられ、テーブルの長いほうの側に席を占めた。彼らには特別の演説がなされ、それを尤《ヨウ》が中国語に、イェオリがモンゴル語に翻訳した。セラトは、みんなを代表してすばらしい答辞をのべた。みんなは、わたしたちの旅行の意味をよく理解しているという。これに参加できるのは、一同の誇りである。各自はその義務を尽くすだろうということを確信して下さいとわたしたちにいうのである。

それからエッフェと賈 逵《チアクウェイ》とが、キリスト讃歌を中国語で歌った。その単純素朴さは感動的であった。蓄音器が『朝の星のいかに美しくかがやくことか』とベートーヴェンの『諸天はことほぐ』、ヘンデルの『ラルゴ』、最後に宗教曲でない、愉快な曲をきいた。ボーイたちには茶、ケーキ、甘い菓子、煙草を進呈した。それは、ほんとうにクリスマスの気分にあふれた、成功裡におわった祭であった。わたしたちは西のほうに危険が迫っていることを忘れていた。

〝もみの木〟の赤いろうそくは燃えて小さくなった。それで白い硬脂のろうそくが立てられた。いや、まったくクリスマス前夜に、時期よくわたしたちは、昔なじみの河エツィン・ゴルに到達したのである。これで探検旅行の第一段階は完成したのである。わたしたちは、つぎの段階もおなじようにうまく行くであろうという希望にひたっていた。帰 化《クエイホア》を出発したときは四台の自動車であったが、エツィン・ゴルには五台で到着していた――こんなふしぎな記録《レコード》はない。真夜中になって尤《ヨウ》、龔《クン》、陳《チエン》らが引き上げた。ボーイたちはもうそのまえに姿を消していた。わたしたち五人のスウェーデン人が、なおクリスマス・テーブルに坐って、詩を読んだり蓄音機に耳をかたむけたりしていた。そして祭りと喜びをあじわいつくしたのち、わたしたちも寝《しん》についたのである。

8　エツィン・ゴル河畔の休日

クリスマスの休日の第一日目の朝、わたしたちが目をさますと、南東の嵐であった。大気には飛砂が充満していて、うすぐらい空気がわたしたちをとりまいていた。木々、草むら、砂丘、テント、自動車などは砂ぼこりのなかでまるで妖怪のように見えた。わたしは《エズル》号のなかで新聞を読んでいた。イェオリは乗用車を駆って、アルブダンにいる自分の母親のところへ出かけた。この人は一九二七年秋、毎日野営地にやってきて、わたしに一杯の牛乳をもってきたものである。

今度の嵐は、わたしたちが帰化《クエイホア》を出てからはじめての本格的な砂漠の嵐だった。風はそんなに強くはないのだが、暗さがわたしたちを憂うつにした。すばらしいらくだに乗ったトルグート族のものが数人、砂ぼこりの霧のなかからあらわれた。彼らは、わたしたちのテントを訪問に来たのである。イェオリがもってきた『北京・クロニクル』には、馬仲英《マチュンイン》将軍がウルムチを征服したと出ていた。わたしたちは、この出来事がわたしたちにとって有利なのかどうかを問題にした。ポプラの枝々の中で、嵐はほえ叫んでいる。スウェーデンの習慣に従って、わたしたちは、クリスマス・スープを飲んだ。そのあとクリスマス・ハム、デコレーション・ケーキ、コーヒーをとった。

わたしたちの第一八号野営地はオッセイン・ゴル河畔にあった。この河は、春になってやっと水が流れるのである。休みの二日目、イェオリはわたしたちの近くにらくだとともに野営していた数人の中国人と語りあった。彼らは、そのらくだでわたしたちの大きな荷物を――それはほとんど一〇トンあったが、――まっすぐ――三五キロ離れている――オボエン・ゴルへはこぼうとしていた。そこでわたしたちは第一九号野営地を設営するつもりだった。わたしたち隊員の二、三人も、この荷物のおともをしてそこに行くはずであった。わたしたちはほとんどからになった車で、ソホ・ノール湖をまわって行くつもりであった。このまわり道は約八五キロあって、荷物をつんだ車では通れない、やわらかい地方を走っているのである。ただちに荷のつみ替えが、行なわれる。

わたしたちの自動車隊は、植物地帯と、たがいにつながっていたり離れていたりしている砂丘地帯とをすぐ立ち去った。隊は平坦でやわらかい砂地にでる。濃い灰色の野原に、深い淡黄色のタイヤのあとを残しながら。旅は北へ向かっていた。わたしたちは一九三一年のクリスマスにホルナー、ハウデ、陳《チェン》らが宿営したところ、そして欧亜航空の飛行機が一機着陸した場所を通りすぎた。左手に、不毛の大きな砂丘地帯があった。河はここで消えていたが、まもなくまた姿をあらわした。有名な町ハラ・ホトの廃墟は、ここから南西の方角三〇キロのところである。点在する砂丘をこえる。それらは規則正しく出来ていて、形は半月か三日月に似ている。ここで昨年ホルナーと陳《チェン》が砂丘の法則を研究したが、それによると、砂丘はするどい風が吹きすぎるとその形を変えるという。わたしたちは、二、三の砂丘の上に比較的古い自動車のタイヤの跡がついているのを観察することができた。多分それは、伝道教会のハンターとフイッシュバッヘルのつけたものらしかった。二人はここを通過したのである。わたしたちの以前の探検（一九二七—三三年）の隊員のところに、ときどき死がおとずれていた。あれから七人がすでに死の手に拉致されたのである。奇妙なことは、これらのうち六人が、ほかでもなくこのエツィン・ゴルで死んでいる。さらに奇妙なことは、幹部の二人は、二つの互いに近接した森林地帯で自殺しているのである。いろいろな煩悶にとらわれ、ひどい憂うつ症が昂じて、若い中国人学生馬《マ》はその中国人のボーイを殺し、そのあと斧で自分を傷つけ、それが致命傷となった。もう一人はバルト人バイクで、彼の墓は、わたしたちがいま通りすぎたところからちょっと離れたところにある。

　ある中国人のボーイは病気で死んだし、もう一人は、いつもらくだに水をのませるエツィン・ゴル河の岸で行方不明になった。彼は浅瀬で溺死したのである。おしまいは、イェオリの兄のヨーゼフ・ゼーデルボームで、彼はただ粛州《スーチョウ》から河岸の基地に輸送する仕事だけをわたしたちのためにしていた。彼は長く病気だったが、毅然としてもちこたえていた。河を下って行く途中その病状は悪化した。ある晩、彼は死が近づいてくるのを予感した。彼は自分のボーイたちを呼んで言った。「自分は今日死ぬだろう。死体のことで心配しないでくれ。死体を故郷にはこんだり、埋葬したりしないで、あっさり河に投げこんでくれ！」それからまもなく彼は死に、そのボーイたちの手で仮埋葬がなされた。

漂泊者がその旅の途中で死ぬことは珍しいことではない。しかし、教養もあり、学識もゆたかな二人の男たちが自ら自分の生涯にけりをつける、しかも同じところで自殺するなどということはどう説明されるであろうか？　特異な偶然だろうか？　迷信深いモンゴル人や中国人の考え方では、若いトルグートの少女が、馬《マ》の悲しむべき死の一年後に転落死したのも、決して偶然ではないというのである。彼女は、馬《マ》が最後にテントを張り、またボーイと自分の生命をうばった場所をちょうど通りかかったという。わたしたちはこんな悲劇をいくらか冷静、無感動にながめていたが、この謎めいた惨死事件をまのあたりにすると異様な感動にとらえられるのである。しかしわたしたちの空想は、ここの土地の人たちと似たような考えかたに助けをもとめはしなかった。土地の人たちが思い出しうるかぎり、これまで多くのひとがエツィン・ゴルで死んだのである。彼らの死んだ場所には悪霊や精霊が徘徊しているというのだ。成仏できない魂たちはそこをうろつきまわりながら、たそがれ時や暗闇のなかでそのいたずらをやらかすのである。そして生きているものを、絶望的なまがまがしき行為へと誘惑することができるというのである。

一九二七年と三一年の二つの別の事件のとき、わたしは数週間エツィン・ゴル下流ですごしていた。わたしは、このあたりを魅力のある、すばらしいところだと思った。ゴビの東部を長いあいだ旅行したあとでは、ここは地上の楽園であった。ポプラの老樹をながめると魅せられるような感じがした。夏にはこんもりした葉蔭を存分にたのしむことができたし、冬には葉の落ちた梢をわたる風のざわめきに、われを忘れて耳をすませることができる。砂丘は巨大ないるかのように、その背をまるめている。そしてそれらは、背をまったくむき出して、風とともに移動した。あるいはそこにはタマリスクが生えていて、その高貴な紫色の花房は春になると咲き出した。通り抜けることがむつかしいそれらの藪は、コケットで優雅なきじのかくれ家となっている。この特異な、いかにもアジア的な自然のなかで、河はまるで槍のようにこの地球最大の砂漠ゴビを貫流しているのである。休息してのんきな時間をもったあと、ひとびとは水と牧草と燃料の無限の宝庫であるこの地方を去って行く。黒ゴビの豊沃な平原を通って西のほうへ進む。すると南海の豊饒な島から、ふたたび大洋の無限の水面にのり出した船の甲板にいるような感じをもつのである。

にもかかわらず、アジアの人々が、木々や草むらや丘などのあいだに精霊や悪霊がひそんでいると信じている気持は、わたしには分かる。わたしだってたった一人で、月夜の晩、こんな森のなかを歩きたくはないし、砂嵐のときなどは一層ごめんである。いたるところに黒々とした妖怪変化が手足を組んで立っているのが見える。それらはわたしたちのほうに両手をのばし、小さく引きさこうとしているかのようである。わたしたちの耳には、うしろから近づいてくる忍びやかな足音がきこえる。足を早めると、砂埃のなかからはっきりしない輪郭をもってあらわれてくる怪物の、ちょうど腕のなかにとびこんでしまう。静かな夜、神秘的な嘆く声がわたしたちの耳にとどいてくる――それらは死んだ犯罪者のうかばれぬ霊なのであろうか、それともおおかみか山ねこの声なのであろうか？

ワルター・バイクは砂漠の圧倒的な沈黙のなかへ帰って行くよりは、むしろ死をよしとしたのであろう。しかしほかのひとたちの意見では、一五年間内陸アジアを孤独ですごしたのち、ふたたび海岸地方の騒々しい生活にもどらねばならぬと考えただけで、彼はおそろしくなったのだという。そして彼は、砂漠の一隅に孤独な墓をたてることを選んだのだという。

黒い砂礫におおわれた平らな道、あるいはゆるやかに波うっている道では、タイヤは深くのめりこみ、エンジンの動きもにぶくなる。北西の方角に、ソホ・ノール湖がその全容をあらわしていた。湖はたいして大きくないように見えた。長さ一〇キロしかないのである。わたしは一九二七年、ラルソンのつくったカヌーで、ヘンニヒ・ハスルンドといっしょに、その塩分をふくんだ、澄みきった湖上に漕ぎだしたことがあった。

二時半には、湖水はわたしたちからちょうど真西に見えた。西北西にはボロ・オボがのぞまれたが、それは段丘状の丘の上にあってあたりを睥睨《へいげい》していた。わたしたちは枯れたサクサウルのはえた凹地を横切った。これまでのところは、地形は平坦でゆたかな感じだった。しかし悪意をもっているようで、沼地が多く、われわれは気まぐれに曲折しているまわり道を走らなければならなかった。つぎの凹地には、タマリスクが生えていた。わたしたちは、ホルナーや陳《チェン》によって以前測量された湖畔の外側を走りつづけた。左手にボロ・オボのある山が見えた。その方角に向かって、粒子のこまかい砂地をこえ、黒い、あるいは暗緑色のするどい角《かど》をもった頁岩《けつがん》の荒地を走った。

とうとう、わたしたちの乗用車も立往生することになった。それで徒歩でボロ・オボへのぼった。この頂上から、ソホ・ノール全体をのぞむすばらしい見晴らしがえられた。しかしこんなふうに鳥瞰《ちょうかん》するのは一九二七年のときにくらべると、はるかにつまらない感じだった。あの当時は、湖水を全域にわたってボートや帆船でまわったものである。それはほんとうに美しかった。氷は青緑色に光っていた。生あるものはなに一つ見られず、テントもけものの群れも見られなかった。東のほうにわたしたちは、相前後して走っているわたしたちの四台のトラックをみとめた。それらはゆっくりと動きながら、まもなく丘陵のかげに姿を消した。

それからわたしたちは、ボロ・オボとその眺望にさよならを言い、車のほうに戻った。わたしたちは力をあわせ、車を砂地からひっぱり出し、西への旅をつづけた。太陽が沈んで行く。湖水はもう見えない。砂礫のなかのタマリスク、草のはえた丘、枯れた木などの一帯をこえる。こんな地域がいくつか相ついであらわれるが、それらは平坦で不毛の細長い地帯によってへだてられている。これ以上難儀な地形があるとはほとんど想像もできない。わたしたちはしばらく停車して待っている。するとエンジンの音がうしろのほうからきこえてくる。四台のトラックのヘッドライトがおおかみの眼のように闇のなかでかがやく。

しかしつぎに情況がすっかりわるくなる。ここで砂の溝のなかにはまりこんでしまったのである。四台とも停車している。一台が、またほかの一台がつぎつぎに少しずつ脱けでようとこころみるが、どうにも頑として動くことができない。そこでわたしたちは彼らのところに行ってみる。三台が砂のなかに立往生している。布の帯を敷き、ウインチと円匙《えんぴ》をつかってひっぱり出す！　つぎつぎに穴から引き上げられるが、しばらく動くとまたエンコしてしまう。無限の時間が経過する。とうとうすべての努力が無駄なことをさとる。わたしは野営地をつくることを命ずる。イェオリとセラトは乗用車で水をさがしにでかける。ほんのちょっと行くと、オボエン・ゴルがあるが、わたしたちはほんとうはそこでずっと長く滞在しようと思っていたのである。

テントがひろげられる。まもなく冷たい昼食。みんな疲れてのどがかわいている。この一日でおそらく一五回も立往生したトラック部隊の連中はとくにひどい。食事をおえたとき、ちょうど捜索隊のものが帰ってきて、真水をもってきてくれる。それで茶をわかすことができる。真夜中頃になってやっとわたしたちは寝につく。宿営地はしずまりかえる。わたしたちは、とにかくつぎのような教訓をえたのである。自動車道路をつくるとしたら、ソホ・ノール湖の北ではなく、むしろ三角洲《デルタ》地帯の支流を橋でこえるべきではないか。

翌朝はおそくなってようやく起こされる。疲労はまだからだのすみずみに残っている。お昼ごろ、ジョムチャはそのトラックで出発する。しかし五〇メートルも行かないうちに、また砂のなかでエンコする。ふたたび例の人気のある、しかし重い布のじゅうたんが敷かれる。イェオリ、セラト、エッフェと順々に出発するが、同じようにつぎつぎにエンコ。二時間たってやっと、みんな離礁する。行列は、よろめき曲がりくねりながら、草の生えた円錐砂丘とタマリスクのあいだ、砂と埃のなかを前進し、うしろに目も口もあけられぬような濛々たる砂塵をまきおこして行く。この砂のヴェールを通して見わけのつくのはただ自分の前後の一台だけである。砂塵はほとんど息をのむくらいひどい。わたしたちはよろよろしたり、おどり上がったりしながら河までたどりつき、その右岸にそうて走る。オボエン・ゴル河はこの季節には全然水がない。侵蝕段丘の端にそうて走る。まもなく小道はひどくせまくなってくる。わたしたちは道の端からすべり落ちて、あお向けになって水のない河床にひっくりかえるのではないかと心配になる。止まれ！　そこで円匙《えんぴ》がすべて動員される。邪魔になる土の塊をとりのけ、道をひろげることにする。

ようやくわたしたちの隊は、まえよりひろい道を走ることになる。道は河岸を離れ、まがりくねりながらタマリスクの密生した藪のなかにはいる。ここで船酔いのような気分にならないほうがふしぎだろう。あちこちへ投げだされ、しっかりしがみついていなければならない。景色はすべて砂塵のなかに消えてしまう。ようやく開けた地形のところに出、しっかりした、かたい不毛の高原をのぼって、トルグート族の王族の〝首都〟へ向かう。入口の前の中庭に停車する。王は不在だった。その司法大臣がわたしたちを迎え、内庭の真中に張られている大きな皮のテントに招じいれた。ここにわたしたちは坐り、茶やツァンバ、バター、クリーム菓子、砂糖などをごちそうになった。入口の前に一種の玉座というべきものがあり、王がその人民にかこまれて判決を下すときそこに坐るのである。――彼の人民は、皮のテントの数にしてほとんど一〇〇にみたないのである。わたしたちは大臣に自分たちの訪問の動機をつたえる。大臣はうなずいて賛意を表し、わたしたちは王の領地では大いに歓迎されるであろうと確約してくれた。それでいて、そのトルグートの王が新疆《シンキャン》への自動車道路建設を、好意をもって歓迎しているのかどうかは、ほんとうは至極あやしいのであった！　活発に利用される新道路が彼の

オボエン・ゴル河畔バレルの宿営地

領地を通ることは、彼の臣下には不利な影響をあたえるのである。それは彼の自由と自治権にいろいろの点で損害をあたえることになるだろう。

時を見はからって、わたしたちは別れをつげ、車にのって出発した。夕方に近かった。太陽は沈みつつあった。低い森と藪を通り、溝と砂丘をこえる冒険的な旅がいよいよはじまるのである。枯れた木の枝が、タイヤの下でぱりぱりと折れた。車はかわるがわるに一台、また一台とエンコした。月は雲のうしろにかくれたままなので、このあたりの奇怪な景色をほとんど見ることができない。二、三キロ走るのに数時間かかるという始末である。しかしまた、ようやくオボエン・ゴルの水のない河床に到達する。バレル森林地帯についたのは九時である。ここに宿営地をこしらえることにする。

悪戦苦闘した一日だったので、わたしたちはみんなしんから熟睡する。白昼の光のなかでは、この新しい宿営地はまことにいい感じのながめである。テントは高いポプラの林のなかに、まるで絵にかいたように並んでいる。そのうしろはタマリスクの茂った砂丘である。わたしたちは、水のかれたオボエン・ゴルの左岸に野営しているのだ。上流へ一〇キロ行くと水や氷塊もあるという。もう一と月もすれば、バレル地方には冬の洪水がくるという話だ。

フンメル博士は、わたしたちから一番近いトルグート族の隣人から、いくつかのゆったりした皮のテントを借りてきた。その一つは、午後、林の下に張られ、わたしたちの集会所《クラブ》となった。ここで朝食、昼食をとり、読書したり書きものをしたりすることができる。クリスマス・テーブルに使われたかしの板が、今度は食卓となり書きもの机となった。その長いほうの側にわたしたちはベンチをおいた。ストーヴがこのテントのなかをあたためた。

数人のトルグート族が訪問してきて、そのすばらしい乗用らくだを、わたしたちのポプラにつないだ。客人たちの話によると、粛州《スーチョウ》の当局はつい最近ここへ警官を派遣し、トルグートの王族に対し、自動車はその領地を通過させないよう、そして新疆《シンキャン》に向かわせないように言ってきたそうである。はじめわたしたちは、イェオリをトラックで粛州《スーチョウ》にやり、郵便を出したり受けとってもらったりしようと考えていた。これではきっと、トルグート族の早飛脚をつかうほうが安心だろうと思われた。客人たちの一人は、自分なら一二日で往復するだろうと申し出てくれた。するとわたしたちは、使いが帰ってくるまですくなくとも二週間待たなくてはならないのである。そのあいだ尤《ヨウ》と龔《クン》は、自動車道路のための橋をどこに架けるべきか、三角洲地帯に適当な場所を物色すればいいということになった。

一二月三〇日夜、気温は零下二八度にさがった。午後二時で一〇度であった。イェオリ、エッフェ、セラト、ジョムチャ、チョクドゥンらは、わたしたちのボーイの数人とともに、バレルから二キロ半はなれたところに引越しした。そこのほうが彼らには、車の修理がしやすいのであった。彼らの野営地の土地はかたく平坦だった。そこに彼らは四角の穴を掘ったので、下からもらくに車をしらべることができるのである。この二人の機械技師は、ふつうその食事を自分たちの仕事場でとった。しかしよくわたしたちのところにきて客となったが、それはおもに蓄音機で音楽をきいて心をなぐさめるためであった。

三〇日の晩、郵便物発送準備がおわり、袋にぬいこまれた。モンゴル人の早飛脚チャクテルは、前の年からの旧知の友人であった。若い中国人梁《リャン》がいっしょに行くことになった。彼らは、小さいときから競走用のらくだとして訓練された二匹のすばらしいらくだをもっていた。二匹の鋼鉄のようなからだはやせていたが、筋骨はたくましかった。夜がくると、二匹とも、鍛練された乗手をのせて南のほうに姿を消した。

暮れから新年にかけて、寒さは一段ときびしくなった。一二月三〇日夜は零下三〇・七度だった。大晦日《おおみそか》はお祝いのごちそうをした。赤いテーブル掛けには、三つの腕をもった燭台を二つすえた。わたしはみじかい演説をした。イェオリとエッフェは、お客として大歓迎された。彼らは、ボーイに手伝わせて、一二本の枯れたポプラの幹を、テントのあいだの空地に叉銃《さじゅう》のように並べさせた。そしてその内側を大枝や小枝や薪でいっぱいにした。真夜中すこしまえ、みんなそとへ出た。一人一人がろうそくを手にして、真夜中の一二時は鉄砲で合図し、その合図で一同は薪の山に近づいてそれに火をつけた。それからわたしたちは輪をつくって、そのかがり火のまわりに腰をおろした。火の粉が夜空に舞い上がった。薪はぱちぱちと勢いよく燃え上がり、やがてだんだんと大地にくずれおち、さらに新たに火花が尾をひいてとびはねるのだった。二〇度以下の気温だったが、なんならここではからだを焼肉にすることもできた。冬の寒さをわたしたちはもう心配する必要はなかった。森全体は枯れた木でいっぱいだったのである。元日の晩は零下三〇度になった。

オボエン・ゴルの向こう岸の砂丘に生えているタマリスクの密生した林のなかに、きじがたくさんむらがっていた。仏教の帰依者はきじを殺さない、きじも自分たちが〝保護されている〟ことを知ってくる。それでテントのすぐそばまで近よっている。しかしきじは、わたしたちの狙撃兵が仏教信者であると思いちがいをしていたのである。そこでエツィン・ゴルに滞在しているあいだ、食事ごとにきじが食卓にのぼることになった。しかしわたしは、きじ猟を野営地の近くで行なうことは禁じておいた。なん時間も、わたしはこの美しい上品な鳥を観察することができた。彼らは威厳にみちた歩きかたで、河岸の土手の端の料理人用テントのそばに歩いてくるのであった。ここには、河床のなかに掘られた泉があって、そのまわりにいつも氷のかけらがつみかさなっていた。泉はきじがその探検旅行にでてくるたびに、まず目ざす目標物であった。その斥候部隊の先頭は雄の鳥である。彼はまっすぐ前のほうを見ながら、泉のほうへゆっくりした歩きかたで近づく。そのうしろにほかの二、三羽の雄がつづく。この騎士部隊が羽を色とりどりに絢爛《けんらん》と輝かせながら地形偵察をすませたあと、今度は雌鳥たちが勇気をだして近づいてくる。彼女たちは雄鳥たちの足あとの上をちょこちょこ媚態をつくって歩くが、その衣裳は砂地と同じ灰黄色の色あいをもっていた。そこには約二〇羽のきじがあつまって氷をつついたりかじっていることもあった。きじを愛することで知られている龔《クン》が米粒やパン屑をまいてやったが、これらはきじの大好物だったのである。彼らは、わたしたちのボーイが彼らから二、三歩はなれたところで木を切っていても、いっこうに平気な顔をしていた。桑窪子《サンウァツ》が水をくみに泉のほうへおりて行くと、彼らは少々わきへどくのである。しかし桑窪子《サンウァツ》が遠ざかるとすぐ、きじはいそいで戻ってきた。雄が雌に対してとくべつ親切だということはなかった。雌がちょこちょこ近づいて米粒をつつこうとすると、たちまち追いはらわれてしまった。

きじたちの動きは優雅で、高尚で、魅力があったが、同時にまた疑うということを知らず、不注意でもあった。二、三日すると、彼らはわたしたちが、なんら害意をもっていない人間だという印象をえてしまった。わたしたちが彼らの仲間をたくさん殺して食ってしまった連中だと感づけば、多分べつの考えをもったかも知れない。しかしわたしたちの炊事テントから流れてくるうまそうな匂いが、フライパンのなかでぐつぐつとバターや脂肪でシチューにされている自分たちの親戚のものであることを、まったく御存知ないのであった。

エツィン・ゴルには、ハルハ・モンゴル人が約七〇家族住んでいる。外モンゴルからの避難民である。彼らの首長は馬鬃山《マツンシャン》山中に住むハルハ族とひそかに手を結んでいるということだ。この首長はナヴァラチン・ゲゲンという。トルグート族の王は、ハルハ族がただその家族を養うことができるように、その河のそばで住むことを許しているだけである。その目的以外では、そこにとどまることが許されず、去らねばならないのである。あとでわたしたちは、彼らの首長ツァンゲルプ・メリンを訪れた。彼は多年、ウルガの牢につながれていたのだが、そこにソヴィエト支配が及んできたとき逃げだしたのである。

元日は静かにこともなく過ぎた。風はそよとも吹かず、火をともした蠟燭をもって外に坐っていることもできそうだった。空は、しんと静まった森とわたしたちのテントの上に、青い天井をひろげていた。夕焼けはしばしばすばらしかった。生き生きと燃え上がる赤黄色の空を背景にして、ポプラやタマリスクが、黒い切り抜き細工のように浮き上がって見えた。東岸の草の生えた砂丘と、その美しく湾曲した傾斜が、だんだんと光を失って行く夕映えに照らされていた。

イェオリとエッフェは大晦日《おおみそか》の晩に早くも新年の挨拶をすませてしまい、元日には姿を見せなかった。二人は五台の自動車の掃除を急いでいたのである。その仕事場のそばに、彼らは皮製のテントと普通のテントを張っていた。そして毎日訪問客があったが、それはみなわたしたちの以前の大探検以来の友人であった。トルグート族の女たちもやって来て、二人のつくろいものや洗いものを手伝ってくれた。

一九三四年はおぼつかない足どりではじまった。今年はいったいわたしたちに何をもたらすであろうか？　わたしたちは、新疆《シンキャン》の情勢については、なにも知るところはなかった。あの大きな謎の地方からこのエツィン・ゴルへは、隊商一つ、旅行者一人、使者一人やって来なかった。わたしたちをたずねてくる人々は、粛州《スーチョウ》とか安西《アンシー》とか、涼州《リアンチョウ》などからくるものばかりだった。しかし新疆《シンキャン》の確実な情報を得ていたら、わたしたちは引きかえしたであろうか？いや、そんなことはない。わたしたちは一つの任務を引きうけ、この仕事にかかわりあったのである。どんな嵐に見舞われようとも、それを乗りきって行く決心であった。

きじのほかに、かささぎ、すずめ、からす、さけい（沙鶏）などもわたしたちのお相手をしてくれた。わたしたちの常連の客であるきじがすっかり満腹して、ゆっくりした足どりで巣のほうに帰って行くのをながめるのは愉快であった。彼らは絶対飛ばないのである。まず一羽の雄きじが河床を気どった足どりでこえる。そのあとに彼の後宮の美女たちがつづき、ついで第二のグループが渡るという寸法である。まもなく泉のまわりはまた空虚に、荒涼となる。彼らはタマリスクの密生した藪のなかに姿を消し、新年宴会のあとでは、おそらく愛と夢とに身をまかせるのであろう。

あたらしい年の第一日目、太陽は沈み、河床を一人の中国人が、一〇頭のらくだを引いて行く。太陽は彼らをまっ赤に染める。彼らの影は砂漠の上に黒く長く落ちる。

わたしたちの機械技師たちは、ガソリンのたくわえを過大に見積っていた。貯蔵量は、二〇リットル缶二六三、一四〇リットル缶三八であった。五台の車のタンクには、さらに約一二五リットルあった。わたしたちは約三五〇〇リットル消費していた。ハミまではおおよそ二一〇〇リットル必要だし、その後もまだ八六〇〇リットルはいるだろう。現在の貯蔵量で、わたしたちは全行程の用をたさなければならなかった。いずれにしてもウルムチではロシヤのガソリンを買えるあてがあった。

風は、わたしたちの頭上の葉の落ちた木々の梢のなかをざわざわと、あるいはひゅうひゅうと泣きわめきながら吹いていた。まるで砂漠そのものが、西のほうへこれ以上行かないようにわたしたちを警告しようとしているかのように、哀切に、おごそかにひびくのである。そしてまるで、エツィン・ゴルの森のなかにとどまっていたまえ、あるいは引きかえして、東方の安全な地方をさがしたまえと忠告するかのように――。

ある日わたしは機械技師諸君の仕事場へ行った。そこには仲間のモンゴル人たちも住んでいた。テントの前の高い旗竿には、スウェーデン旗がはためいていた。テントのなかでは、分解された車のこみいった作業が行なわれていた。臨時にやとった大工が、外で箱や容れものをこしらえていた。大工たちは自分自身の専属の木こりをもっていたが、木こりは彼らにたきぎの世話をしていた。木こりはまた大きないれものの下に火をたいて、たえず熱い湯を供給しなければならなかった。

わたしが乗用車とトラック一台をつれて、ハミへ偵察とスパイとをかねた旅行をするという案はどうであろうか？　そして新疆《シンキャン》省にもっとも近いこの町へのお供は、尤《ヨウ》、フンメル、イエオリ、セラトだけということにする。この誘惑的なプランを、わたしたちは長いことかかって縦横に論議した。そしてすべての人の賛成を得た。しかし一月五日の晩、陳《チエン》は南京からのラジオ放送をきいた。陳《チエン》の報告では、ハミの三〇〇〇から四〇〇〇のトルコ人が、馬仲英《マチュンイン》将軍に対して反逆し、トルファンへ引っこむように将軍を強制したというのである。このニュースのため、わたしたちはやむをえず、粛州《スーチョウ》からチャクテルと梁《リャン》とが帰るのを待つことにした。

一月六日、わたしたちはハミから、安心していい知らせをうけとった。陳《チェン》は、その晩また南京からのラジオをきいたのだが、それはつぎのようなものであった。「ハミでは、すべて平静である。南京政府は交渉のための指令を現地へ発した」

ある日、イェオリが《エズル》でわたしを迎えにきた。わたしはトルグート族の王侯を訪問した。この王侯は、そのテント村をバレルから一〇キロ北方に持っていた。そこへ行く道は、ちょっと類のないほどひどいものだった。ヨーロッパやアメリカの道路を走りなれたものがこの道を見たら、きっとこれは自動車の通れない道だと断言するだろう。しかしイェオリは、敢然と砂地にのりいれ、草の生えた砂丘、くぼみ、あしの原、藪、灌木、風倒木の中を走った。こんな旅行をすると、その終点ではもうくたくたになり、疲労困憊《こんぱい》しきってしまうもので、ほとんど両足で立っていることもできないのである。ようやくわたしたちは、大きな灰色の皮製のテントが六つ並んでいるそばに停車した。それらはタマリスクの藪と砂丘とのあいだにうまくかくされていた。いくつかのテントのそばに、冬の焚きものとして、乾いた木が大きな山のようにつみかさねてあった。王侯の二人の廷臣がわたしたちを歓迎に出てきて、応接用のテントへつれて行った。ここで、こんなとき普通出される飲み物が低い机の上に出された。

たっぷり半時間、わたしたちは待たなくてはならなかったが、ようやく王がでてきた。王は、わたしたちからの贈物である長い、うす青色の絹の飾りひもと、缶詰をいくつかを受けとった。お返しの品として、わたしに望遠鏡を一つくれたが、これはむかし、わたしたちのこの前の探検隊の一員が贈ったものであった。この探検をめぐって、わたしたちの話もはずんだ。王は、

エツィン・ゴル河畔の集会テントで。ヘディンとベリマン

先年自分を訪問してくれた人たちはいまどこにいるかなどとたずねた。ハミからのニュースは、少しもきくことができなかった。二年前までは、隊商たちはなんの邪魔もうけずに往来できたのである。それからすべてがしんと静まりかえってしまったという。まるで新疆《シンキャン》とエツィン・ゴルのあいだに、越えることのできぬ壁がつくられたかのようだという。

帰途はすばらしいはずであった。わたしたちがやってきた道よりは格段にいい道があることを、この人たちから保証されたからである。しかしイェオリはもらった地図を誤読したらしかった。というのは、大して走らないうちにたちまちエンコしてにっちもさっちも動けなくなり、車を自由にするのに二、三時間を要したからである。

一月九日夜、フンメル博士とわたしとは集会用テントのなかで、故郷に宛てた手紙を書いていた。夜はおだやかでしずかだった。一二時頃、フンメルはとび上がって叫んだ。「自動車の音がきこえる！」

わたしたちはそとへ飛び出した。しばらくすると、ヘッドライトがぱっと光った。そしてイェオリが緊急の使者チャクテルと梁《リャン》をのせて走ってきた。イェオリはとびおりると、ただ、「わたしたちには郵便はありません。中国人の分だけです」と言った。集会用テントで、郵便袋がひらかれた。中国文字の封筒ばかりで、わたしたちには、『北京・クロニクル』をいれた数個の包みがあるだけだった。交通部長からの公用文書は龔《クン》が読んで翻訳してくれた。手紙には、わたしたちの分として二〇〇〇ドルが粛州《スーチョウ》郵便局宛てに払いこまれたことが報じてあった。もう一つの手紙によると、粛州《スーチョウ》と寧夏《ニンシア》の市長には、――必要なかぎり――わたしたちに保護と援助をあたえるよう指示をあたえてあるということである。そして市長たちはこれに答えて、指示通りにいたしますと言っているという。国防部長は、わたしたちの探検隊の全員に、一九三四年の一年間武器携帯許可証をあたえてくれた。《欧亜航空》の支配人は、情報によれば一〇〇〇名のトルコ兵がハミにいると書いていた。馬仲英《マチュンイン》はトルファンにいるという。つぎの言葉はあまり安心させてくれなかった。〝ハミは絶対安全といえない。あらたに騒擾がおこるのではないかと思われる〟わたしたちが故国からなんの手紙もうけとらなかったことは、当然至極のことであった。なぜならイェオリは、北京を一一月九日に出発したとき、それまでに到着していたすべての手紙をもってきていたからである。それよりあとに北京についた手紙は、まだ粛州《スーチョウ》にはついていないかもしれないのである。チャクテルと梁《リャン》も、二か月以来、飛行機は一台も粛州《スーチョウ》についていないことを耳にしていた。しかし、《皇帝道路》をはこばれる郵便は、蘭州《ランチョウ》から粛州《スーチョウ》まで一二日を必要とするのである。そこからあきらかなことは、わたしたちはいまは郵便をあてにはできないということであった。

二人の急使はその職務を見事にやりおおせたのであった。バレルから粛州《スーチョウ》までの距離は約四三〇キロある。つまり二人は往復で、約八六〇キロ駈けたのであるが、一〇日しかかかっていないのである。粛州《スーチョウ》にひきとめられたのは一日なのだ。二日目は、チャクテルのらくだが河を渡るとき氷のなかに落ちこんで無駄にした。らくだをたすけだすのに一日かかったのである。そのあと二人は、八六〇キロを八日で、つまり毎日一〇〇キロ以上駈けたわけである。粛《スー》州《チョウ》の市門のところで、二人は衛兵にひきとめられた。二人は衛兵長に、尤《ヨウ》に書いてもらった証明書をみせた。これにはわたしたちの赤い印がおしてあった。この証明書は、すべてがうまく行くことを保証していた。そして彼らは、完全な行動の自由を得ることができた。バイン・ボグドでは、夜中、二匹のらくだのために足どめをくわされた。どうしたことか、この二匹は急にびっくりして綱をひきちぎり、近くの山のなかに逃げこんでしまったのである。この椿事にも時間をとられた。二人の調子は上乗であった。急いで駈けたことは、彼らのからだにすこしも影響をあたえてはいなかった。それぞれが一日についてメキシコ・ドルで一ドルもらい、さらにその滞在費として四ドルもらった。ほんとうは、全行程をメキシコ・ドルで二・四五ドル以下で走ったのであるが。しかしもっともがんばったのはらくだなのである。だがらくだはその努力のためになにを得たであろうか？　らくだは旅のあいだ中なにも食わず、水一滴もらえなかったのである。そして辛抱づよくそこに立って、わたしたちのほうに上品な視線を、さりげなくなげていた。いまこそ彼らは休息し草をくうことを許され、また元気を恢復する時間をあたえられたのである。

粛州《スーチョウ》から郵便がついたのち、わたしたちは出来るだけ早く出発し、密集隊形をとってまっすぐハミへ向かおうと思った。わたしたちの選んだ道は明水《ミンシュイ》を通っていた。つまり一九二七年から二八年にかけてわたしの通った道の南方である。これはしかし、ハウデ、ハスルンド、袁《エン》が通った道と一致していた。盗賊団の横行する地方を横断する際には、戦闘力を分散させないで進むほうが有利だった。

一月一四日、わたしたちはバレルから自動車工場のほうへ居をうつした。これでみんな同じ場所でまたいっしょになったのである。わたしたちの隣人は別れをつげるために集まった。ただきじだけは、自動車がごうごういっているので姿を見せなかった。一八日間も平和な日をすごした場所を去るのは、いかにもものがなしい気分だった。日がおちると、新しい基地は人と車でふくれ上がった。四台のトラックがガソリンと箱をつんで、いつでも出発できる態勢をととのえた。夜、零下三二・二度、これまでの旅でのもっとも寒い夜になった。一月一五日、わたしたちは翌日の出発準備を最後的に完了した。そのほかに手紙も書いた。最後の郵便を、わたしたちはナイダンに持たせたが、彼はすぐ帰化《クエイホア》へ戻るはずであった。尤《ヨウ》は、粛州《スーチョウ》の郵便物は当分そこに保管しておいてもらいたいとたのんだ。

一六日、五時になってまもなくおこされた。零下三二度の寒さは肌を切りさくようであった。しかし外には大きな焚火がしてあった。いつものと同じくらいかかって、最後の荷造りと積み荷作業がおわった。一〇時にすべての出発準備が完了した。わたしたちはオボエン・ゴルの左岸に沿うて南東へ、そしてさらに南方へと向かった。河はだいたいのところ北北東に流れていたが、するどく湾曲していた。道ははじめはおそるべきものであったが、まもなくよくなってきた。いたるところ藪のなかにきじがむれていた。われわれの一隊がもうもうたる砂煙を上げ地ひびきを立てて近づくと、きじは一応引っこむが、その藪のなかからは動かず、わたしたちのあとをうかがっているのである。わたしたちの道のそば、つらなっている砂丘の上のほうに、ダシュ・オボが立っていた。わたしたちは旅を中断して、半時間ばかりバイチェンを訪れた。ここではツァンゲルプ・メリン――ハルハ・モンゴル人の一種族の長――が本拠をおいていた。首長とその二四人のラマ僧は八つの皮テントをもっていた。その二つは城壁の内側にあって、わたしたちの注意をひいた。一つは寺院のテントで、その頑丈な丸屋根は四本の赤く塗った木の柱によって支えられていた。その内部はふつうの寺のようにしつらえられ、ラマ僧がふとんに坐ってお経を読んでいた。わたしたちはなかへはいって、その独特な礼拝の作法、その旋律に富む音楽をしばらく見学した。もう一つの皮テントはメリンの接見用テントで、ここでわたしたちは茶と菓子のもてなしをうけた。二キロはなれたところに数本のポプラの林、タマリスクのはえた高い砂丘がのぞまれた。そこにはツォンドル、つまり一九二七年秋当時のわたしたちの本部があった。そしてここでわたしたちは二年間、気象観測の基地をつくっていたのである。

　マニン・ツァガンで、エツィン・ゴルの左岸に達し、しばらく休憩した。河はここではたった一つの河床の中を流れていた。幅一五〇メートルで、厚さ五〇センチの氷におおわれ、その上にらくだの通る小さな道が一つついていた。わたしたちのほうの岸には、ポプラが小さな森をつくっていたが、向こう岸にはもり上がった砂丘がつらなっていた。道路建設のときにはここに橋をかけてもいいなと思った。西南西の方角に向かって、草一本はえていない、かたい、こまかな砂の砂漠《ゴビ》を進んだ。行手の地平線が無限の彼方に消えていた。三台のトラックはずっと先を走っている。蜃気楼のためにそれらは地平線より少し上のところをゆらいでいる。ちょうど大地から浮き上がった飛行機に似ていた。右のほうに、くずれた古い堡塁がそびえていたが、それは乾いた煉瓦石でできた黄灰色の壁の残骸にとりまかれていた。これはたがいに近接している堡塁の一つで、ここで二〇〇〇年もの間国境の城壁となっているのである。白い尻尾のかもしかが、わたしたちの前を走って行った。西方及び南西方に、湖水か雪原に似た、広漠たるきらきら輝く平原がひろがっていた。これもまた蜃気楼のいたずらであった。ハミへ向かう隊商の道が、いまわたしたちにすばらしい自動車道路を提供しているほんとうの《ゴビ砂漠》を走っているのである。水のない河床があって、ナリン・ケルという名である。わたしたちは平坦でかたい大地を走って行く。目のまえに三台の車をながめるのは、ちょっとしたたのしみだった。彼らはあるいは一つにとけあうかと思うと、また離れ、黒くなるかと思うと、また明るくなって、空中にふわふわと浮かんでいるようなのである。

　そのときメルイン・ゴル河の右の支流が、わたしたちの目のまえに浮かび上がった。これはエツィン・ゴルからわかれてきているのである。河はさらに数本の支流をうけいれ、しまいには二本の支流へと分岐するのである。まもなくわたしたちは、龔《クン》が調査してあったその支流のはじめのほうの岸に到達した。三角洲はここでは一六一メートルだったが、凍結した流れはわずか一〇七メートルにすぎなかった。一番深いところでも一・二五メートルしかない。そのうちの八〇センチがかたい氷なのである。この厚い氷は、古い氷の上にたえず新しい水が流れこんできたためにできたのであって、それは見てすぐわかるのである。もう一つの三角洲はさらに西方三キロのところにあり、こちらのよりいくらか大きかった。その河床は一八七メートル。氷原の幅は一六〇メートル。わたしたちの測量した最深部は一・三〇メートル。わたしたちは西方の支流の岸に第二二号野営地をつくり、ここで一日休息することにした。そのあいだに、忠実なるナイダンは帰化《クエイホア》に戻り、わたしたちの郵便をとってくることになり、また一方わたしたちは、ハミへの長距離旅行をいくつかこころみようということになった。斧で氷を河から切りとって来て、それをあたらしい袋につめるということも重要な仕事であった——つまりこれは黒ゴビ横断に必要な水を貯えるためである。

わたしたちのちょうど向かいあった左岸に税関があって、二、三〇人の探偵さんがいたが、彼らはいろいろな商人からやとわれていた。武装はしていなかった。税関は中国では国の禍いとでもいうべきものである。エツィン・ゴルには、甘粛《カンスー》省も寧夏《ニンシア》省も税関吏をおいていて、彼らは商人や隊商からしぼり上げむしり取るのである。課税権は、最高値をつけるものに任されていた。権利をうけたものはとれるだけとり、権利金だけは支払うが、あとは自分のポケットへねじこんでしまうのである。一〇キロ南の河岸に、エツィン・ラマイン・スメ、通称〝西方の寺〟というお寺があった。

エツィン・ゴルの河床地域での最後の晩は、わたしたち全員が多忙であった。というのは、翌日わたしたちはナイダンに、自分たちの郵便物を託そうと思ったからである。郵便物の束《たば》を蠟引きの布にいれて包装するとき、ある種のおごそかな気分を感じないわけにはいかなかった。これが家郷の愛する人たちに便りを送ることのできる最後の機会であるかも知れないのだ。それはだれにも分からなかった。

最初の大きな段階である、内モンゴル＝東ゴビを経てエツィン・ゴルまでの道は、つつがなく踏破することができた。いまわたしたちは、暗黒と謎につつまれた新しい段階の前に立っていた。明朝、わたしたちはふたたび荒涼たる砂の海へのりだして行こうとしていた。この前の探検から、わたしたちはこの海をよく知ってはいた。しかしそれは内陸アジアに平和が支配していた頃の知識である。いまはハルハ・モンゴル人の盗賊団が砂漠にとぐろをまいていることも覚悟しなければならなかった。新疆《シンキャン》であらたな反乱が勃発したという噂も、わたしたちの耳にとどいていた。わたしたちはテントの入口の布の耳を結んでしめ、あかりを消した。この一九三四年の一月一七日から一八日の夜がエツィン・ゴルの最後の夜であるが、はたしてそれは平和と静穏の最後の夜になるのだろうかとも考えたりした。死のような静寂が基地の上におりてきた。星の青白いかがやきが、わたしたちの旅する町のまわりにちらちらと明滅していた。

9　ダンビン・ラマの盗賊城塞

夜の寒さは零下一五・七度よりはさがらなかった。しかし一月一八日朝、はげしい南西風が吹いて、身を切られるように寒かった。車をつらねて行動をおこした隊のなかに、わたしたちはそれぞれ位置を占めた。わたしの車の運転は、〝わがかかりつけの医者〟フンメル博士だった、メルイン・ゴル河の氷のことをすこしも心配する必要はなかった。氷の厚さはすくなくも半メートルあって、十分重みに堪えるのである。左岸を税関までさかのぼった。四人の役人がでてきて、わたしたちに道を教えてくれた。彼らはわたしたちの荷に税をかけることだけはさすがにしなかったが、それを面白く思っていないようにも見えた。この一画をあとにするとまもなく、不毛の《ゴビ》にでるのである。建築用材でつくった大きなオボのそばを通る。砂嵐や雪嵐のときの道しるべである。道はすばらしく、あかるい帯のように大地から浮き上がって見える。ここで白いらくだをつれた、一人ぼっちの旅人にであう。砂漠は言語に絶するほど荒涼としている。これが《黒ゴビ》であり、モンゴル人のいわゆるカラ・ゴビである。植物のはえている気配すらない。ただときどき、低い円錐状砂丘の上に、すがれて行くいくつかの草むらがあるだけであった。土地は平たかった。地形が波うっていることは、わたしたちの前を走る自動車がときどき見えなくなることからわずかにみとめることができた。隊商の道は、ときには数本の細い小路に似ていることがある。それは、わたしたちの友人楊増新《ヤンツェンシン》老将軍が交易のために開発した偉大な道なのである。将軍こそ新疆《シンキャン》省総督として、共和国の第一年目にその職についた人なのである。

三台のトラックは停止して、夜の基地の焚火用の燃料をあつめた。道標はすべて枯れたサクサウルからできていて、それらは細いたばにまとめられている。そして水路に浮かんでいる海中標識のようにおいてある。わたしたちの行手に低い山が浮かび上がったが、その頂上はふるえながら地平線の上にただようかに見えた。これも人目をたぶらかす蜃気楼のしわざである。

しばらくしてわたしたちは、サクサウルやポプラの高い砂丘のあいだに生えている、一種独特の場所に到着した。ここには税関支所と関羽《クアンユ》廟《ミアオ》という寺があった。廟はつい四年前、とある小さな丘の上にたてられたものである。ここから西のほうに向かって、かぎりなくひろがる眺望をたのしむことができた。税関が建設されたとき、お寺のそばのオボから建築用材をぬすんだものがいた。その泥棒の一人はこのために病気になった。この聖所の名となっている関羽《かんう》は、今日でも有名な三国時代の将軍である。関羽は、皇帝に対する忠義心のため崇敬されている。寺の近くに《あしの泉》（蘆草井）があって、かなりたくさんのあしがそのまわりをとりまいていた。

進めども、進めども、景色はいっこうにかわりばえがしなかった。ただときどき、円錐状砂丘の上で一すじ生えている草に出あうぐらいであったが、タマリスクを見るのはもっとまれで

黒ゴビの蘆草井付近の寺院

あった。すっかり干上がった河床が、はっきりした侵蝕のあとを示していた。それによって、これまでこの地溝に水が流れていたことが分かるのであった。〝山脈〟と見えたものが、近づくと低い丘陵、黄色や黒の丘の背であることがわかってくる。道はそのあいだをうねりながら走っている。小さな平たい地溝、黒い砂礫、なにも生えてない地帯、白い石英の筋《すじ》のはいった斑岩、低い土地の隆起、峠《パス》。わたしたちは、小さな丘の迷路のなかにはいりこんだ。あかるいあいだは進むのはむずかしくない。しかし、太陽が沈みはじめ、まぶしい光をまっすぐわたしたちの眼にそそぎかけてくるころとなった。三台のトラックはわたしたちを先導している。わたしたちはそのタイヤのあとについている。まもなく短いたそがれがすんで暗闇となった。そうなると地形観測用の標識として車につきさしてある赤い小旗を見わけるのがひどく困難になった。ようやく小さな三日月のあかりのもとで、すこし離れたところに火の燃えているのを認めた。わたしたちは、自分たちを迎える準備のととのった野営地についたのである。

夜、零下二三度。翌日は隊商路のあとをついて旅をつづける。ときどき、昔の宿営地のあとを通りすぎる。それらは、隊商たちの燃料用のらくだの糞とか、火をおこして炊事をした穴だとかによってそれと知れるのである。一般的に言って、土地は不毛そのものである。かたく平らなので、自動車交通には申し分がない。道路工事はこのあたりでは大したことはない。ときどきわたしたちは乾いた泥土をこえたが、これは雨水が平らな低地に押し流したものであった。それはアスファルト道路に似た、きわめて美しい地面をつくっていた。わたしたちの道の右手にも、遠くに低い丘がもり上がっていた。

すべては順調にはこんだ。一〇キロほど進んだとき、最後尾の自動車が合図をして、引きかえせと言ってきた。わたしたちは引きかえした。セラト——最後尾の車の運転手——の報告では、《エズル》号が第二三号基地で事故をおこしたというのである。わたしたちが出発したあとすぐトラックも出発準備ができたのであるが、エズル号のエンジンだけは凍りついたままだったという。ジョムチャの車がそれを引き綱でひっぱったそうだ。そのとき、ジョムチャのほうは全速力で走ったが、《エズル》号は、低い土手のへりにのり上げてしまったのである。衝撃で、エズル号の前部の心棒が少々へしまげられてしまった。これでは車は使いものにならなかった。イェオリからの伝言では、修理にすくなくも二日を要するという。わたしたちは協議した。つぎの泉で、いずれにしても二、三日は停止しなければならなかった。ここで陳《チェン》は、天文学的経緯度測定をしたいと言った。それでジョムチャとエッフェとは、自分たちの車で第二三号基地へ帰り、イェオリをたすけることにした。セラトはわたしたちのおともをして、そのトラックで次の基地までくることになった。

そこでさらに西のほうへ進んだ。地形はしばらくは悪くなるばかりであった。数知れぬ、浅い河溝が縦横に走っていた。そのため車はたえず左右にゆれ動いた。そして速度がひどくのろくなってしまった。次第に地形はのぼりになる。波状の土地もかなり平坦になってくる。南のほうのながめは圧倒的であった。一〇キロも離れていないところに低い黒い丘陵がつづいていたが、それはするどい海岸線に似ていた。そのうしろになお三つの丘陵がそびえていた。それらは遠くなるにつれて、だんだんと軽やかな、淡青色の色あいをみせてきわだってくるのである。このあたりは、うちよせる力強い波濤をもった大洋と見まごうばかりであった。このすばらしい風景からすこしでも眼をはなすことはできなかった。しかし波濤が岸の断崖にとどろきうちよせる音に耳をすませても無駄である。ここはしんと静まりかえり沈黙しているのだ。ただ西風がわたしたちの車の上を吹きすぎるときだけ、ひゅうひゅうと哀切な唸り声をあげるのである。じっと動かない大波は乾いていた。どこにもひとしずくの水もなかった。道は珪質粘土の小さな低い地塊の上に通じているのである。とある丘の背に、石でできた三つのオボがあった。ときにはただ一つだけの、もっと大きな、高々と立てた石が道しるべの役をしていることもある。右のほう、二、三キロはなれたところに黒い山なみが見えたが、そこから無数の小さな地溝が南のほうへ放射している。

セラトが停車して、夜営地をどこにするか指示をうけにきた。道の左のほうにサクサウルの生えた低地があって、そこに豊富に燃料があることを彼は知っていた。そちらの方角へ、わたしたちはハンドルをまわした。大急ぎで宿営地がつくられた。燃料あつめがはじまる。そうしているうちジョムチャが自動車で到達する。同乗していた龔《クン》の報告では、第二三号基地の状況は深刻だという。イェオリは一計を案じたという。それによると、《エズル》号の荷をおろし、まがった前部の車軸の両端を材木でささえるのである。そうなると車軸はアーチ橋に似てくる。その上に荷を満載したトラックを、その後輪の一つがまがった車軸のてっぺんにかかるようにのせるのである。そしてジャッキで、車輪をそろそろとおろす。トラックの重みで、車軸はもとのように伸びるだろうというのである。冷たい鋼鉄にひょっとしてひびのはいることもあるので、溶接用ランプで鉄をあたためることもする――云々。だが、砂漠の真中でこんな厄介な仕事がうまく行くだろうか。わたしにはうたがわしく、この新しい車を放棄しなければならない場合の覚悟をきめた。

　第二五宿営地は野馬《イェマ》井《チン》――〝野馬の泉〟という名であった。わたしは熟考に熟考をかさねた。龔《クン》とジョムチャの故障車についての報告は、まったく重大なものだったからである。イェオリ自身は、エッフェに《エズル》号の曲がった車軸をもたせてエツィン・ゴルに帰すことも考えていた。そこでエッフェは、きっとナイダンに会うことができるはずだ。ナイダンがそれを北京に携行すれば、容易にそこで修理ができるのである。わたしは、自ら状況を確認しておくのが自分の義務だと思った。とりわけわたしには、イェオリが《エズル》号をどうしても助けようとして性急な決心をかためないように、警告する必要があった。距離はわずか一〇〇キロにすぎない。乗用車で行けば、三時間半でらくに行ってこられるのだ。時間をひどくくう地図作製の仕事をやる必要はないのだから、なおさららくなのである。

尤《ヨウ》とジョムチャをつれ、わたしは正午ちょっと前に出発した。今度は太陽は側面、あるいは背後にかがやいていた。前よりは一層つよく大海原にいるような感じがした。砂漠の静寂と、生きものの完全に死に絶えた世界がわたしたちのまわりにひろがっていた。いや、砂漠は今日は完全に死に絶えた世界とはいえなかった。遠く東のほうに、尤《ヨウ》は黒い一点を発見したからである。

「ひょっとすると、あれはイェオリの車じゃないですか？」と彼はたずねた。

それ、望遠鏡だということになった。しばらくすると、それはゆっくり歩いてくる一匹のらくだであることが分かった。二、三分すると、それが一匹きりで、鞍もつけていない様子が見えてきた。きっと野生のらくだで、恋敵にでもいじめられたものにちがいなかった。仲間の若い雌らくだへの愛が、たぶんあまりにあからさまになったのであろう。それで追放され、発情期がすむまで孤独の生活を送らなければならないのである。その雄のらくだはわたしたちをみとめると、なぜこの黒い無器用ならくだはそんなに急いでいるのだろうと、ふしぎそうな顔をした。しかし彼もなにかいまわしいことを予感したらしく、ギャロップになり、風のような早さで、南のほうの丘のあいだに姿を消した。

丘の背の向こう側の第二三号宿営地に、テントと二台のトラックが見えた。ブラヴォ！　まだエッフェはまがった車軸といっしょにナイダンのところにやられてはいなかった！　テントの前にイェオリが坐って、ねじをみがいていた。ほかの三人は車輪をとりつけている。わたしたちが宿営地のすぐそばにつくと、やっとみんなは物音をききつけ、わたしたちをみとめた。

「やあ、どうなんだね？」とわたしは訊いた。

「ありがとう。万事ＯＫです」

「車軸は使いものになるかね？」

「ええ、立派なものです！　それどころかあたためないでやってのけました」

「いつ出来る？」

「明日の晩、六時には」

「日のあかるいうちに走らなければならない。いそいでくれ！」

「お昼になにを召し上がりたいですか？」

「ピルメンと茶だな」

チョクドゥンは腕ききの料理人で、すぐうどん粉をねりはじめた。

それから尤《ヨウ》とわたしは、エッフェやイェオリやジョムチャが車軸をまたはめこみ、ねじでしっかりとめる作業を見物した。

食事ができた！　わたしたちは火のまわりに輪になってすわった。火はテントの《トロック》（炉）のなかに燃えていた。チョクドゥンはその絶品ともいえる料理を出してきたが、実にうまかった。バター付パンといちごの漬けたのがデザートで、この砂漠のすばらしい食事のしめくくりになった。

野馬井にて。作業場のイェオリ

懐中電灯とヘッドライトの光のもとで、タイヤが装備された。わたしたちは火のそばでおしゃべりし、一一時に小さいテントに七人が寝た。尤《ヨウ》とわたしとは、うしろのほうのテントの内陣《コール》へならんで横になった。ほかのものは、かさならぬようにつめこまれた。《エズル》号を修理するためにみな全力をあげたのである。ひどくつかれていた。いびきをかく連中のオーケストラは、あらゆる音階で演奏を行なった。ときどき窒息するのではないかと思われる音もした。突然、野生のらくだでも飲みこもうとするような、必死の努力をしているようないびきもきこえた。テントはしめきってあった。風ひとつなかった。ピルメンの匂いがもどってきてただよったり、三様の人種の発する体臭が匂ったりした。それでもわたしもとうとう眠りこみ、砂漠の生活もすばらしいと思うのだった。

翌朝、エズル号のエンジンの元気のいいひびきが、わたしを目ざませた。エズル号は野営地のまわりを一周、また一周とまわった。とうとうこいつも助かったのだ！　しかしその代りに、今度は乗用車のほうが病気になった。車体前部をささえている鉄棒にひびがはいったのである。わたしが急にまた逆もどりしたくないならば、一時的にでも直しておかなければならなかった。修繕にはしかし二日かかるであろう。

「いや、もうこのくらいにしておこう。いまはいけない。すぐ出発しよう！　出発準備をしてくれ！」

二時に準備がいっさいととのう。乗用車をいたわるために、わたしたちはゆっくりと前進する。夕暮れになり暗くなる。八時、わたしたちは峠の標識旗のあるところに到着する。ここで道は北のほうにまがり、《野馬の泉》のほうへ向かう。乗用車は時速二〇キロで頂上へのぼる。尤《ヨウ》とわたしは、二台のトラックがうしろでヘッドライトを光らせていることをたえずたしかめる。ヘッドライトは闇のなかのねこの眼のようにかがやいている。標識旗からわずか七分で野《イェ》馬井《マチン》へつく。エンジンのひびきを耳にすると、みんなテントから飛び出してくる。わたしたちがこんなに早く《エズル》をたすけ出して帰って来るなんて、だれ一人思ったものはなかった。のこっていた人たちは、それまで近くを見まわっていたそうだ。ベリマンは、地形の完全なパノラマ図をこしらえていた。その図は荒涼たる山のつらなり、丘の波、おそろしげな荒野の印象をよくつたえていた。なんらかの形で生きているというものは、なに一つなかった。野生の動物の足あとすらなかった。この泉の名前のつけ方は不当である。〝野馬〟も〝野生のろば〟も一匹だって姿を見せないのだから。

陳《チェン》は夕方、南京のラジオ放送をキャッチした。それは中国本土のニュースは報じていたが、新疆《シンキャン》についてはなにも言わなかった。野馬井《イエマチン》で、わたしたちは一日つぶさなければならなかった。乗用事を使用にたえるものにするために、鉄棒を強くしておく必要があったのだ。宿営地はまたもや工場みたいになってしまった。

一月二五日の夜、零下二五・六度となる。朝はおだやかで晴れていた。寒さは感じられなかった。どの自動車のエンジンも始動しにくかったが、ようやく「全員、出発！」ということになった。わたしたちは、大きな隊商路を走った。右手に山が見えたが、一五二〇メートルで、この地方最高のものだった。その頂上に、かつてフンメル博士と龔《クン》がオボを建てたことがある。野馬井《イエマチン》基地は、海抜一四四〇メートルのところにあったのである。

数知れぬ侵蝕地溝を横切る。それを見て分かるのは、この乾ききった地方にもやはりひどく雨がふることがあるらしいということだった。わたしたちの行手に、また山がそびえていた。その麓で、深く切れこんだ地溝をわたった。それから黒いくちばしのような角《かど》を迂回したが、それはまるで岬のように山から右のほうにつき出ていた。あらたな谷が山嶽地帯からいくつも出ている。わたしたちは二番目の岬をまわる。道は麓のすぐそばを走り、だんだんと悪くなっている。のぼりになったり下りになったり、峡谷や地溝や丘をこえたりする。いたるところ大地は、黒く粗く、するどい角のある砂礫でおおわれている。もっとましな地形のところにでるために、黒砂利でできた支脈の一つを下り、急な傾斜を見せている地溝にはいりこむ。これはトラックが走るには狭すぎる。わたしたちはトラック隊に〝警戒信号〟を発する。それで彼らはもっといい道をさがしまわる。それからわたしたちは忠実に山嶽について走ったが、ひどくタイヤののめりこむ砂利道をたえずこえなければならなかった。いくつかの個所で、トラックははげしく横にかたむき、あやうくひっくりかえりそうになった。乗用車はゆっくり用心ぶかく這うように進む。トラックはわたしたちのあとについている。山の右のほうに、あらたな黒い支脈がつき出している。一度ならず、わたしたちはトラックを待たなくてはならなかった。そして彼らの一台がエンコしたのではないか、救援を待っているのではあるまいかなどと考える。将来の交通のために、ここには道路が建設されなければならないと思う。

道はそれからましになる。だんだんと高くなる黒い山のあいだにはいって行くと、くねくねと曲がった谷のなかでは、道は平坦ではあるが、地盤がゆるんでくる。小さな鳥の群れがさっと飛び立ち、そして消える。なにをたべて生き、どこから水を得ているのだろう？　ここは月の表面のように荒涼としているのだ。わたしたちの右手に、縦谷が東から西へのびている。多分、流れ出口のない盆地をつくっているのであろう。

わたしたちの谷はだんだんせまくなり、とうとう荷をつんだらくだでも通れないのではないかと思えるほどになった。それで逆もどりし、方向をかえ、別の出口をさがさなければならなくなる。ひろびろとしたところに出ると、土はひどく砂っぽくなった。二台がエンコしてしまう。わたしたちはそれを引きだそうとする。日は沈んで行く。そこで宿営地をつくることにし、焚火をおこす。水はいつも手もとにもっている。なぜなら例の氷の貯蔵がまだなくなっていないからである。ここにはサクサウルや灌木が生えている。地溝が一本、砂のなかを走っている。

きつねライネケだって〔ヨーロッパの古い動物伝説の一つの主人公。強者のあいだをずるく立ちまわって出世するきつねの名前〕こんなみじめな猟場ではなにを狩り出すことができるだろう？

　この野営地からは峠《パス》までほんのわずかしかない。峠の西のほうでは、まったく無限といってもいい風景がすばらしいながめを展開している。反対側は深い砂地が急な傾斜をなしている。車輪がもうもうたる砂ぼこりを空中にまきあげる。わたしたちが、平坦な砂地につくと、そこにはサクサウルが生えていた。枯れたのもある。南のほうには、中程度の高さの山なみがそびえている。南西のほうに向かうと、まもなくまえよりかたい地質のところにでた。その上に草の生えた丘がはっきりと見えた。ある場所では、サクサウルは木のような大きさだった。道は、まるみのある赤い段丘のあいだの平たい地溝に沿うている。ときどきオボを見かけたが、これはこの人気《ひとけ》のない隊商路の標識なのである。日のあたらないところには、このへんだけに降った雪の小さな残りがまだ消えずに残っている。わたしたちは、ある谷道について、荒れた灰色の岩のあいだをのぼって行く。谷底からは、とがった岩や岩塊がつきでている。休憩中、エッフェは山の絶壁の凹んだところによじのぼって、写真をとってもらっていた。

　谷はだんだんせまく、次第に絵のような美しさをまして行く。そして谷のまわりを枠のように、灰色のピラミッド状の山頂や草の生えた砂丘がとりかこんでいる。かげになったところには、あいかわらず雪がのこっている。けわしくそびえる岩の頂上のあいだの、いかにも灌木の森といった感じのなかを通る。両側に、砂丘が山の斜面にそうてよじのぼるように並んでいる。

しかしまもなく山はおわりになる。ひろびろとした土地がふたたび前方に展開する。もう一方の側では、地形はゆるやかに北西へ傾斜している。この平原は果てしがないように見える。ただ北と南に山がそびえているだけである。三台のトラックが相並んで先導をつとめているが、まるで三匹の灰色の象のように見える。運転手のセラト、ジョムチャ、イェオリがわれわれを待っていて、しばらくおしゃべりしたいと言いだす。それから三人はまたその運転台にとびのり、砂漠をぶっとばして行く。彼らはある窪地に姿を消したかと思うと、まもなく向こう側にあらわれてくる。ほとんど目につかぬくらい波うっている地形の頂上に、三台はくっきり浮かんだ影絵《シルエット》のように、じっと動かないように見える。いくつかの丸みを帯びた丘がぽつんぽつんと並んでいたり、列をなして浮かび上がったり、まるで有史以前の丘陵墓地のようでさえある。砂漠はまったく不毛となる。それでもかもしかの姿が数匹見える。南のほうに、美しくかすんだ青い色あいの山なみがつづいている。なんだか矛盾した言い方にきこえるかも知れないが、死んだらくだのどくろが、この死の国で目にすることのできるたった一つの生けるしるしであると言っても間違いではあるまい。よく、距離の錯覚がおこる。山がかなり近くに見えるが、そこに行くのに数時間もかかるのだ。またあるときは、すぐ近くの丘をばかに遠い山だと思ったりする。

やせた植物地帯をこえたあと、あらたな、約一六〇〇メートルの高さの山塊にのぼる。反対側には、ふたたび平原がひらけている。ここまでくると、三匹の〝象〟の同乗員たちがつくった野営地まではもうそれほど遠くはない。翌日になると、草の丘はまえよりは多くなる。二、三度わたしたちは、昔の隊商の宿営地跡やらくだの骸骨のそばを通過する。わたしたちのまわりには、大きな低地がひろがっているが、その粘土の堆積をみると、ここが昔、湖であったことがわかる。南のほうの山脈は〝馬のたてがみ山脈〟（馬鬃山《マツンシャン》）という名である。

ここは赤い色あいの、特異な平地である。砂と草のはえた低地があり、砂利の表面もかたく、ゴビや完全な砂漠とはちがっている。南のほうには、はじめ低い、黒い山なみが見えている。さらに南のほうに、それより高い、灰紫色の山なみがあり、その幾筋もの雲の線は馬のたてがみのように見える。わたしたちは、凹地で草をくっている五ないし八匹のかもしかの群れをびっくりさせる。彼らはボールのように軽快に、砂漠の高原を逃げて行く。

セラトの説明では、〝お菓子の泉〟（火焼井《ホーシャオチン》）も遠くないという。彼は小さな粘土の隆起と、タマリスクの生えた円錐状砂丘が近くにあるのを見つけてそう言うのだ。このあたりで自分の位置を知るのはたやすいことではない。泉のそばには、いくつかの方角から細い道があつまっているものである。とうとうわたしたちは泉を発見する。ずいぶん前から使われていないことは明白だった。ほこりと砂、糸くずその他がいっぱいはいっている。この泉からまた大きな道へ出るのは同じように厄介である。わたしたちが、美しいサクサウルの生えた低地を横断すると、ついに道路につきあたる。泉のすぐうしろ、高さ一六八〇メートルのところに出、それから西へのぼって行く。のぼるほどに馬鬃山《マツンシャン》の頂上をおおっている雪原は大きくなって行く。

一一時、公壖泉《クンパオチュアン》のそばに停車する。泉は切れこんだ河床から湧き出している。ここに藻が生えていて、そのあいだに小さな甲殻類の虫がとびまわっている。泉の下のほうに、凍った湖に似た大きな氷塊を発見する。わたしたちは、この心ひかれる場所で簡単な食事をとる。それがすむと旅をつづけ、ダンビン・ラマの古城に到着する。小さな内庭を、石や、焼いてない煉瓦でつくった壁がとりまいている。屋根はみな、タマリスクの幹やそのほかの木で葺いてあったらしいが、いまはもうなくなっている。城塞は廃墟に似ている。各部屋は、せまい廊下やほそい階段、戸のない穴で連絡されている。内庭には四角な望楼がそびえている。法廷の壁のまわりには、しっかりした石のベンチがつくりつけられていた。もう一つの部屋は謁見室であった。急な、ほそい階段がダンビン・ラマの居間へ通じていた。その窓から、砂漠の広大な展望がえられた。調理場には、鍋や、煙出しのついた石造りの炉があった。

　この城塞で、ダンビン・ラマ、いわゆる〝贋ラマ〟がその勢力をのばし、隊商から税金をとりたてたのである。一〇年前、彼はハルハ・モンゴル人に襲われ殺害された。いまその廃墟に立ってみると、このロマンチックな城塞を領しているのはきつねと鳥にすぎないことが分かる。

10　黒ゴビを通って

〝贋ラマ〟の盗賊の巣をたずねたあと、植物のはえた円錐状砂丘の厄介な地域を横ぎった。ここは草のある粘土質の丘で、らくだではいいのだが、自動車ではありがたくないところなのである。凍った水溝の幅はわずか二メートルである。それはあきらかにどこかの泉から流れてきているのだ。セラトは氷の状態をしらべるために停車した。渡るに十分たえられるものであった。すこし進むと、彼はまた停車した。今度はどうにも厄介な邪魔物であった。つるはしと円《えん》匙《ぴ》でとりのけねばならなかった。深い地溝と草のはえた土の隆起が交互にあらわれ、上がったり下がったりした。土は、ソーダのまじった白い砂質粘土であった。

ティアオ・フ（跳湖または条湖）、〝とびはねる湖〟は典型的なあしの沼である。緑色に光る氷の塊をうかべていたが、一部はうすい氷の層におおわれていた。ここには水を飲みにかもしかがやってくる。ここはまた、背の高い、黄色い草の原がひろがっている。この草をモンゴル人たちはツァガン・デリスンと呼んでいる。しばらくしてセラトは、落し穴のようなものにおちこんだ。彼とその仲間たちはとびおりて、円匙や斧で土の塊をどけようとしはじめた。しかし塊は草の根がしっかりからまっていてびくともしなかった。そのうちフンメル博士が乗用車で通りぬけようとした。尤《ヨウ》、陳《チェン》そしてわたしたちは飛びおり、車をかるくしてやろうとした。しかし空車《からぐるま》でも、その邪魔物をさけることはできなかった。車の底は、草の生えた円錐状の土塊の上に乗って中ぶらりんのままなのだ。そこで博士はもう一度座席に坐って、じっくり考えはじめた。セラトのほうは無事にぬけだしたので一層愉快になって、埃や土塊や草むらや木の根のごろごろしている野をどんどん走って行った。彼の車は荒海のボートのように横にゆれ、縦にゆれ、とび上がったりした。なんどかほとんど転覆しそうになった。車軸やスプリングが折れないのがわたしには奇蹟のように思われた。セラトはいい地形のところにでると、すぐ徒歩でわたしたちのところに戻ってきた。そしてわたしたちは坐礁している草の丘に円匙や鉄梃《かなてこ》で果敢なる攻撃を加えた。そこへイェオリ、エッフェ、ジョムチャらの車が到着した。わたしたちが道をひらいておいたので、彼らはいくらからくに通ることができた。土塊が適当につきくずされたので、みんなは押すのを手伝った。そして乗用車はふたたび自由になった。

かなり時間を浪費し、つらい労働をしたのち、わたしたちはおどり上がったり、横にゆれたりしながら前進した。わたしは徒歩で行くのをえらんだ。しばらくすると、乗用車の前のスプリングが折れたという知らせがはいった。一番長いスプリングの板を新しいのと替えなければならないという。それでわたしたちは野営地をつくった。木の根っ子を燃料にしなければならなかった。

南のほうに馬鬃山《マツンシャン》が、だんだんとそのすばらしい姿をあらわしてきた。今度は山なみはまえより高く見え、頂上から麓まで雪におおわれていた。太陽が地平線に近づくと、青い影がその荒々しい姿を浮かびあがらせた。わたしたちの立っているここは海抜一七〇〇メートルのところであった。

一月二八日、空はすっかり雲におおわれていた。午前中に新しいスプリングがとりつけられた。わたしたちが出発できたのはほとんど一二時に近かった。わたしたちにエッフェのトラックがついてきたが、それにはベリマンも同乗していた。彼はあらためて方角を測定するたびに下車し、三脚の上に羅針儀をのせて方角を確定しようとした。〝三匹の象〟は、わたしたちの前、不毛の、波うっている砂漠をゆられながら進んでいた。一時間半ほどして、二つの泉（雙井子）へついた。仲間の中国人たちの話では、この泉はちょうど寧夏《ニンシア》省と甘粛《カンスー》省の境にあるということだった。新疆《シンキャン》の国境までも、もう遠いことはない。省境は明水《ミンシュイ》の西一〇キロのところを走っている。わたしたちは泉から少々水の貯えをもって行くことにする。泉は深さ二メートルあった。ここにも休憩した隊商ののこしたものがあった。すこしあとで、わたしたちは丘と丘とのあいだを通りぬけたが、それはまるで広い門を通過するような感じだった。ここの高さは海抜一八二〇メートルである。

南のほうに、野生のろばの一群が耳を立て、鼻孔をふくらませてわたしたちを観察していた。彼らの胸や腹は赤みがかっていたり、黄褐色だったり、白かったりした。わたしたちが自分たちの仲間でないことを認めると、彼らは回れ右をし、首をつき出し、ギャロップで南のほうに逃げて行った。

わたしたちは北西に向かう。地形はあいかわらずのぼり気味である。ここは海抜一八七〇メートル。たしかに峠《パス》、分水嶺に近づいている。曲がりくねった谷が海抜一九八〇メートルのところにある一番高い地点まで通じている。反対側に、雪が点々と白くかたまっている平原がひろがっている。わたしたちのコースはこれから西へ向かう。地形はまたのぼりになる。灌木と雪でうずまった地溝のあいだに第二九号野営地をつくるが、ここは標高二〇〇〇メートルのところである。

明水《ミンシュイ》までの距離は、いまは一五キロ以上もないかも知れなかった。夜は零下二四・三度だった。日がのぼったが、晴れて風もなかったので、わたしたちは明水《ミンシュイ》に向かって車を向けた。ハミまではわずか二六〇キロしかない。ハミでわたしたちの運命がきまるはずであった。南のほうに、実に高い、雪におおわれた山がそびえていた。ねじれた巨大な角《つの》をもったすばらしいアルカリ羊の頭骸骨が一つ、その枕の役目をしている雪の塊と同じように、真白にかがやいていた。低い丘の東側では、雪は矢のようにとがっている——ここにはつい最近、西から雪風が吹いたらしいのである。

二つの背のあいだで、わたしたちは平たい丘をこえる。西のほうにゆるやかに傾斜した平原がのびているが、それには砂礫の小丘があったり、あるいは雪でおおわれ、あるいは赤黄色にむき出した大地が見えたりした。数か所で、雪のなかに野生のろばの歩いたあとに行きあった。北及び南の、すっかり雪におおわれた山々が、白い大理石でつくった記念碑のように、まぶしいばかりにその巨大な姿を見せてそびえたっていた。風景はすばらしい美しさであった。まだ午前中だったが、わたしたちは、一二〇〇〇年もたった城塞と物見台の廃墟のそばに停車した。

これらは、北西の国の偉大なる漢皇帝が国境の守りとしてつくったものであることを今日でも証言しているのである。かつてはこれは押しよせてくる匈奴族に対する防塁であった。わたしたちはテントを張った。張りながらも、いまなお頑丈な城壁をつくづくながめた。城壁の下に一つ二つぽっかり穴があいているのは、多分地下室のあることを示すのであろう。そしてそこへきつねの足あとがついていた。エッフェは銃をもって、その穴にもぐりこんだ。犬のパオも偵察のために放たれた。しかしいっさいがしんとしずまりかえっていた。

明水《ミンシュイ》、〝澄んだ水〟のそばで、わたしたちは二、三日とどまるつもりだった。陳《チェン》は、エツィン・ゴルとハミとのあいだに第二番目の天体測量地点をきめたいと言った。今朝、ある高いところで測ってみると、二〇三〇メートルあることが確認された。わたしたちがこれまで測量したところでは、いま新疆《シンキャン》への北辺自動車道路で一番高い地点をこえたわけである。

乾燥煉瓦でつくったこの城塞は、すり鉢型の谷のまんなかに、二〇〇〇年にわたって立っていたのである。数えきれぬほど多くの砂嵐、吹雪にも敢然とさからってきたのである。しかも時の流れは、これらを滅ぼすことはできなかった。まだ七つの大きな建物がのこっている。それらが大地と同じ高さになり、最後の遺跡も消えてしまうには、たしかに今後なお数世紀は必要であるだろう。しかしそのうち、考古学者ももとの場所をたしかめられないような、そしてきつねどももその穴をほかの場所に掘らなければならないような日が来るだろう。

明水《ミンシュイ》の泉は、いま水が湧いていないはずであった。おそらく隊商交易がとまってしまってから砂にうずもれてしまったのであろう。だから、つい一週間前、雪嵐がこの地方を吹きまくったことを、わたしたちは幸運だとしてもいいだろう。なぜならわたしたちのテントの前に、ごっそり氷がつもっていたからである。地溝にも凹地にも雪の吹きだまりがあって、深さ三〇センチぐらいなのである。ふしぎなことは、燃料用のらくだの糞も長い列をつくって並んでいたことで、これでらくだが、夜中ここにつながれていたことが分かったのである。二年間の太陽や寒さや風や雨も、この糞をこなにすることはできなかったのである。

一月三〇日、大したことはないが、北西の強風が吹きはじめて起こされる。風は危険なものではなく、秒速七メートルにすぎない。夜の気温も、零下一七・五度をさがらなかった。しかしそれでも寒くて、気分はよくなかった。空は雲におおわれていた。暗く陰気だった。みんななかなか起床する気になれなかった。陳《チエン》の観測にとって、日中はほとんど好条件になる見込みはないようであった。いよいよ今日までわたしたちにめぐまれてきたすばらしい好天気の日は終わったのである。夕方六時、雪が降りはじめる。一〇時になってもまだやまない。大地は屍衣のように白い。雪片は元気よく、しずかに降りしきっている。この雪の天気がわずか二、三日つづきさえすれば、わたしたちは雪にとじこめられてしまうのである——目的地のこんな近くまで来て。しかしわたしたちが、なん週間も明水《ミンシュイ》にひきとめられたならば、たしかこのことには天の配慮があったとしていいであろう。これはわたしたちのために起こったことになる。多分、わたしたちが到着する前に、血なまぐさい反乱はすんでしまうことだろう。そして仮借ない反乱軍の将軍も、わたしたちを手中におさめる前に、引っこんでしまっているだろう。だからわたしは至極おちついて、テントにさらさらと降りしきる雪の音に耳をすませていることができた。

陳《チェン》はラジオの機械で、わたしたちにちょっとした気ばらしを提供してくれた。前の晩彼はニュースをキャッチしたのだ。一つは「中国は平静――孫科《スンフォ》が記者に語ったところによれば、新疆《シンキャン》から新しいニュースはきていないとのことである」。もう一つは、三〇日の南京放送で「黄 慕松《ホアンムスン》が調停のためチベットへ派遣される。盛 世才《シェンシーツァイ》は、南新疆《シンキャン》がさまざまに噂されているように、同省から分離されたことはないと南京政府に通報した」。この二つの報道は、それほど大したことを言っているわけではない。〝西部に異状なし〟というのは、国境が閉鎖されているのでニュースがとどいてこないことを意味している。とにかく南新疆《シンキャン》、あるいは東トルキスタンは、一月三〇日には同省から分離されていたのである。まもなくわたしたちは、噂のほうが否認声明より真相に近いことを知ることになる。わたしたちの目的にとっては、この二つの報道は有利などといえたものではなかった。むろんわたしたちの緊張を高めずにはいられないニュースであるが、わたしたちは落ちついてこれをうけとり、冷静に検討した。自分たちの問題に答を出さなくてはならぬ日まで、わずか一週間しかないのである。

一月三一日、最低気温は零下二六・五度であった。大地はすっかり白くなっていた。ほんとうの冬景色がその荒涼とした沈黙せる衣裳でわたしたちをとりまいていた。厚い雲が空をおおっていたが、午後太陽が顔をのぞかせた。ベリマンは廃墟の見とり図を描いた。わたしたちほかのものは日記をつけた。風は北西から吹いていた。太陽が地平線に近づくと、そのまわりに雲があつまった。

廃墟の様子から見ると、この二〇〇〇年のあいだ、北西風のほうが南東風よりは強かったことが推察できた。廃墟の南東側とその城塞はかなり真直であるが、北西に面したほうは、これに反して風のきびしい攻撃にさらされ、まるみがつけられていた。

二月一日の夜は気温、零下二九・五度。空は前日同様にとざされ、晴れる見込みはなかった。太陽は雲のあいだに沈んだ。西の地平線はこれとは反対に、燃えるように赤かったが、やがて弱い紫色の色あいにかわって行った。夕方おそくになって空は晴れ上がった。陳《チエン》はこれはと思う星の観測に成功した。しかし彼にはもう一晩必要だった。わたしたちは忍耐しなければならなかった。

陳《チエン》は、二月二日の夜どおし、翌朝の七時二〇分まで仕事をした。寒さは零下三二・五度に達した。二時まで尤《ヨウ》と、フンメル、龔《クン》らは陳《チエン》のためにテントのなかの火が絶えないように気をくばった。それで陳《チエン》はときどきかじかんだ手をあたためることができた。みんなはまた、陳《チエン》の元気が衰えないように、茶や食事を持って行ってやった。そのさい料理人の桑窪子《サンウアツ》は陳《チエン》の手伝いをしなければならなかった。あたらしい日が明けたが、かがやくばかりいい日だった。ただ地平線にうすい雲が見えるだけであった。これで雪も大部分がとけ、もうわたしたちの足をとめることはないであろうと思われた。

ベリマンがしらべたところでは、この昔の漢の城塞は一辺が二五メートルの四辺形であるそうだ。その前に、高さ六・五メートル、下の幅五・五メートルの七、八つのどっしりした望楼が立っていた。城塞は北に対しては城壁で守られていた。この壁は時代を経るうちに、けずられて一五メートル幅のひらたい塁壁になってしまった。南側には峡谷があって、自然の防禦濠となっている。周囲には、漢時代からのいろいろな大きさの青銅のやじりが見つかった。二月三日の夜は零下三一・一度である。早朝、乳色の霧がクリームをこぼしたように平原の上を流れていた。だが、これは南東の微風によって追いはらわれてしまった。天頂では空は青くかがやいていた。山はその頂きだけが霧の海からのぞいていた。草の茎、草の丘、箱、ガソリン缶などは厚い霜でおおわれ、まるで雪花石膏から切りとったようであった。ただよっている霧のなかから城塞の廃墟は幽霊城のように浮き上がっている。風景は夢幻的であった。

出発。右手、山の支脈のうえに塔を見てすぎる。明水泉《ミンシュイ》の一つのそばを通り、方角を北西にとる。まもなく山の真中にはいり、雪のつもった河床を横切る。この雪のため、北のほうへ少々迂回しなければならない。道路という観点からすると、これはいやな道である。突起や凸凹、丘、段丘、地溝、亀裂がいりみだれているのだ。そしてこれらすべてが意地わるく雪の吹きだまりの下にかくれているのである。穴がどこにあり、どれくらい深いのか見当もつかないのだ。そのためしばしば雪のなかにのめりこんだ。もう一つの泉は谷の、数軒の家の廃墟のなかにあった。そのあいだには、風の力でくずされ、恰好のよい形の花崗岩がいくつかあった。ところどころ大地は砂地で、やわらかだった。わたしたちはゆっくりと進んだ。つぎつぎに一台、また一台とトラックがエンコし、掘り出さなくてはならない。また乗員が雪を亀裂のなかからシャベルでかき出すまで、二、三度わたしたちは待っていなくてはならなかった。

ゆっくりとわたしたちはあたらしい峠《パス》へのぼって行く。ここまでは霧もとどいて来ない。空気はすみきっている。しかしふりかえってみると、明水《ミンシュイ》泉のまわりに白いヴェールがかかっているのが見おろされる。一時、峠につく。明水《ミンシュイ》より四〇メートル高いだけである。この高さからおりる道は、非常にけわしい。ブレーキを完全に踏んでおりる。板岩《はんがん》のあいだの新しい谷につく。遠くに天山《ティエンシャン》山脈がぼんやりと光っているのが見える。積雪量は峠の西側になるとふえてくる。これで五〇〇キロ以上、わたしたちは人跡を見ないできたのである。だから人間の足跡を発見したとき、たいへんな騒ぎになった。新雪のうえにはっきり認められたのだ。この人間はらくだと馬をつれて南へ歩いていた。この旅人がなにものであるか、わたしたちにはとうとう分からなかった。

　まわりに、中ぐらいの高さの黒い山がそびえている。草の生えた丘が無数に姿をあらわすことが多くなる。そしてサクサウルがふたたび現われる。幅二、三メートルの道が広大な平原をまがりながら走っている。わたしたちはそれと気づかないで下り道にあったのであって、いつのまにか最後の峠の下、三五〇メートルのところにおりている。波うっている大地はかたく、無数の亀裂が縦横に走っている。雪のつまったその亀裂の一つにセラトの車がエンコして動けなくなる。また掘りださなければならない。第三一号野営地はこの平原の真中、明水《ミンシュイ》の下四〇〇メートルのところにつくられる。わたしたちは明水《ミンシュイ》の東で、平らな峠をこえる。この峠は東にある小さい川とオアシス、西にある比較的大きな貯水池のあいだの分水嶺をなしていた。明水《ミンシュイ》の北西にあるもう一つの峠は、あまり重要とはいえなかった。南のほうの山々は北山《ペイシャン》山脈の最高の嶺に属していた。

二月四日の朝は晴れておだやかだった。しかし〝雪の嶺〟カルリク・タークはわたしたちの西北西にあって、そのまわりの空は威嚇するような暗さだった。暗澹たる、青黒い雲のかたまりが嶺の頂上をとりまいて集まっていた。それらは一見天頂にのぼって行くようだったが、東のほうにおしよせていく巨大な津波のようにこちらへ近づいてくるらしかった。雪の線をつけた南のほうの大きな山はまだ見えていた。東のほうで青空が少しかがやいていたが、それもまもなくくもって消えてしまった。ハミの空は暗く陰気だった。それはおそらく、そこでわたしたちを待っている事件の予兆であったかも知れない！

積雪量はへって行く。わたしたちは、たやすく見わけられるらくだの道について行く。雪は亀裂のなかに残っていて、白い帯のように光っている。そこここにくっつきあった積雪が見出されるだけで、そのため道はかくされている。そんなところは、わたしたちは勘で運転しなければならない。一度道を見失い、停車して探さなければならなかった。つぎにはまた、溝のなかにはまりこんでしまった。五人がおりてシャベル仕事をする。ときに雪の表面がひどく意地悪いことがある。しばらく乗用車を乗せているくせに、急にくずれるのだ。そのときはわたしたちのまわりはほんとうの雪の壁となる。そして車を文字通り掘り出さなければならなくなる。

ちらちらと雪がふりはじめる。いまは空の四方八方が雲につつまれている。この旅の最初の二、三時間に、わたしたちは二〇回も雪のなかに立往生してしまった。トラックにはそれぞれ二つのシャベルがあるが、乗用車には一つしかない。

そのあと道はいちじるしく良くなる。亀裂もまれになる。草むらと灌木が横縞をなして生えている。大きなオボが、乾いたタマリスクの幹とらくだの骸骨とでつくられている。頭骸骨が一つ、一番上に、諸行無常のいましめのように飾ってある。雪はだんだんうすくなる。しばらくすると、雪の斑点もめずらしくなる。まだ残っているわずかの雪の斑点は、風のために飛砂とほこりにまみれている。北のほうのおびやかすような雲の壁はうすくなって行く。天山《ティエンシャン》山脈の前の丘や山頂が北のほうにぼんやりとあらわれる。わたしたちは前のとよく似た傾斜を下る。前のよりも深いところにある地域へ階段をおりるようにおりる。階段のけわしい斜面に飛砂がある。ぽつんと一本立っているポプラが、小さな横谷のなかに見えてくる。いまは雪のあとさえ見あたらない。最近の雪は、あきらかに一番高い地方にだけ降ったのである。

午後おそく、梧桐《ウートゥン》窩子《ウォツ》へ到着。〝ポプラの窪地〟という名だ。幅一五メートル、長さ一〇〇メートルの氷におおわれた沼があって、一つの泉から湧き出ていた。イエオリはここで二袋、氷をとった。それからわたしたちは、段丘の道を走りつづけた。灰色の大地はけわしく傾斜している。いくらか晴れているが、カルリク・ターグはまだ雲のなかにかくれている。さっきの河床を通りすぎたとき、わたしたちはこれまでの最低地点、つまり約一〇三五メートルの地点を通過したわけである。ということは、明水《ミンシュイ》を出てから二〇〇〇メートル以上くだったのである。平原が無限のひろがりを見せて、わたしたちの眼前にあった。雲がきれ、夕陽があらわれた。しかしそれはまもなく沈んでしまった。そのあとの方角探知はランプで行なう。約六〇キロ進んでわたしたちは平原の真中に宿営する。

夜は零下一七・七度を下がらない。早朝カルリク・ターは巨大な山塊の真只中に、青くかがやく雪原をみせて壮麗な姿をあらわしていた。しかしまた昨日と同じように、まもなく黒い雲のヴェールのなかに消えてしまう。ときどき雲の影が黒いぼろ切れのように平原をわたって行く。不毛の広野を前進しつづける。オボのそばを通りすぎることもまれだし、骸骨のそばを通ることも珍しい。ときどき古い隊商の宿営地跡を見つける。明水《ミンシュイ》以来わたしたちの方角は北西だったが、いよいよ西へ向かう。

　小さな丘にオボが五つ立って見おろしている。前方に、小さく平たい山頂を認める。そのあいだに新疆《シンキャン》の東端の町廟爾溝《ミアオアルコウ》があるのだ。ここは一九二八年一月一九日、ゴビを旅行したわたしたちが着いた最初の、常時ひとの住んでいる町であった。フンメル博士は、そびえ立っている山頂の一つに、丸屋根のついた、白いマザール、つまり聖墓地さえ見わけることができた。一九二八年当時、ここにはトルコ人の数世帯が住んでいたものだった。この親切な人たちが、まだその乾燥煉瓦づくりの簡素な家々に住んでいるとしたら、わたしたちは旧友に会うわけである。そして彼らから、馬仲英《マチュンイン》と盛世才《シェンシーツァイ》との間の戦争はまだたけなわなのかどうかを聞くことができるであろう。半時間ほどすると、マザールがはっきりと浮かび出てきた。わたしたちは、小さな凍りついた川についた。あしや野ばらが河床に生えていた。つぎにわたしたちは、道の右側にそびえている山に近づいた。左のほう、岩の麓に、六年前は公園のなかに中国式の寺院が一つあったものである。それは消え失せてしまっていた。道は嶺々のあいだを曲がりくねりながら、平地へのぼって行く。かもしかの一群が逃げる——町のすぐ近くのこんなところに、かもしかがいるとは。

町にはいったのは一時である。戦争によって町が襲われたことは一目見て分かった。すべての家には屋根がなく、むきだしの土塀がやっと立っているだけである。少憩後、さらに先へ進んで見てまわった。生あるものは、なに一つないように見えた。犬一匹、わたしたちを迎えて吠えなかったし、にわとり一羽、農家のあいだを餌をひろいながら歩きまわっていないのである。そして人家のそばまで来ていたかもしかの一群がまた逃げて行く姿が見えた。町は破壊され、見すてられていた。家々のなかには、値打ちのあるものはもうなに一つなかった。馬《マ》か、盛《シェン》の軍隊によってもしこの廟爾溝《ミアオアルコウ》が襲われたとすれば、きっと彼らは占領軍を残していったことだろうと思う。なぜならここは新疆《シンキャン》省の最前線にある要地だからである。そして中国のもっとも重要な商業路の一つに臨んでいる町でもあるからだ。すべてがわたしたちには奇怪至極に思えた。不吉な予感を抱きながら、わたしたちはこの沈黙する町を立ち去った。

　まだよくおぼえている岩の門を通って、わたしたちは砂漠のほうへ出て行った。かもしかの群れが一台目の車のすぐ前を横切って、南のほうへ消えた。右手に望楼と粘土造りの小屋が一つぽつんと立っている。泉のある段丘をこえる。土地は不毛である。石の標識を見かけることもまれである。いまはオボさえない。わたしたちはいま回教国にはいっているわけで、石標はトルコ語で、きわめて簡単に「ニシャン」、つまり標識と呼ばれている。

　海！　海だ！　ふたたび無限の平原が眼のまえにひろがっている。その地平線には行きつくことができないように見える。道はよかった。三匹の〝象〟は砂煙をあげて西へ西へと、追われるように走って行く。そこに粘土造りの家が一つ立っていて、家まで荷車のわだちのあとがつづいている。しかし荷車がここを通ってからいったいどのくらい日がたったのだろう！　ものすごいほど広大なあしの野原！　荷車のわだちのあとが、大地深くのめりこんでいる。わだちの真中の浅い筋は、荷車をひっぱっている動物のひづめがつけたものであろう。すべてが、この道で活発な往来があったことを証明している。しかしいまは――生きもの一つなく、人や動物や荷車が最近通ったという気配もないのである。わたしたちは見すてられた土地にいるのだ。砂漠のように荒涼としていて、ただ死の沈黙だけが支配している国である。

自動車がまき上げる砂ぼこりのなかで、わたしたちはほとんど窒息しそうな思いだった。ほかの車はぼんやりと見えるだけである。セラトが先頭だ。ジョムチャの車のタイヤには空気がない。イェオリはどこにいるのだろうか？　そうだ、彼もわたしたちの前のはずだ。わたしたちは彼と競争して走る。わたしは野営の命令を下す。もうおそいので、夜、ハミまで走るのは得策ではない。いまはいっしょに集結するほうがいいように思う。フンメル博士と陳《チェン》は、道のそばの粘土の丘にのぼり、赤い旗をふって合図する。「戻れ！」イェオリがセラトに追いつき、二台がならんで、車のわだちと見通しもつかぬあしのあいだでユーターンするのを二人は見物する。

だんだんとみんながわたしたちのところに集まってくる。一本ぽつんと立っているポプラのそばで宿営する。この三三号基地は、いままでのより三九〇メートル低いところにある。つまり明水《ミンシュイ》を出てずっとくだってばかりいたのである。ここには露天の淡水泉がある。なんというところか分からないが、黄蘆崗《ホアンルーカン》、すなわち〃黄色いあしの丘〃という町からわずか数キロのところらしい。四つのテントが張られ、焚火に火が点ぜられる。いつものように、わたしのテントで、茶やお菓子や缶詰などが出される。それから料理人の賈 逵《チャクウェイ》が、えんどう豆スープだとか肉だんごをつくるまで、わたしたちは二、三時間待たなくてはならない。最後に人間を見てから、これで一八日たったのだが、いまハミの一番端の居住地のすぐ近くにいるわけである。

　それにしても途中、一人の人間も巡邏隊もみなかった。らくだ一頭、馬や牛一匹、この黄色い草の生いしげった土地に放たれていないのである。そして犬一匹吠えないのだ。なにが起こったのであろう？　この地方はすっかり荒廃してしまったのだろうか？　だれがこの荒野を支配しているのだろうか？　車を盗む賊のでる地域ではわたしたちは不寝番を立てたものであるが、ここでは反対に、なに一つ警戒処置がいらないのである。志気は昂揚していた。談笑の声はテントに満ちた。わたしたちはいつもより長く腰をおちつけていた。

　すべての道路や脱出路が閉鎖されていることを発見したとしても、わたしたちは決して弱気になって引きさがらないだろうと思う。たとえハミで放り出されても、安西《アンシー》へ向かって、その途中で逆戻りし南東へ進もうとするだろう。そして安西《アンシー》へ行くほぼ半分くらいのところで、西へ曲がり、北山《ペイシャン》を経てアルトミシュ・ブラク、コルラへ出ようとこころみるだろう。要するに、まったくなにもしないで南京へ帰るつもりはないだろうということである。

　骰子《さい》が投げられ、ルビコンを渡るまで、わたしたちはきらめく星の下、ぶすぶすいぶる宿営地の焚火のそばで最後の夜をおちついて眠ったのである。

二月六日朝、わたしたちはハミへあと一日という旅に出発したが、反乱、内戦によって麻のごとく乱れている新疆《シンキャン》省の状勢については少しも知るところはなかった。エツィン・ゴル、明水《ミンシュイ》でラジオによって、平穏無事だというニュースをきいただけである。きわめて短いニュースによって、ハミの西方のトルコ住民のあいだに地域的な反乱のあったことを知ったが、それもすでに終熄《しゅうそく》したというのである。それでおそらくわたしたちには、新疆《シンキャン》国境は波乱もなくこえられるのではないかと思われた。

だれ一人、わたしたち探検隊の中国人、モンゴル人たちでさえ、動揺するものはなく、スウェーデン人と同様に断乎たる決意をいだいていた。わたしたちは、オアシスの植物帯の外側に近づいたときにも、相談することすらしなかった。だから同様に、ほんのわずかの農民たちがもの淋しい庭前に立ってわたしたちを見送っていることにも、とくべつの注意を払わなかった。わたしたちは、ただまっしぐらに進んだ。「骰子ハ投ゲラレタ、るびこんヲワタレ！」それは不吉な運命の第一歩であった。しかしわたしたちは進みつづけた。

わたしたちの前で、道はフォークのように分かれていた。右の道は黄蘆崗《ホアンルーカン》村へはいり、左のはわたしのテントの前を通っていた。ここでわたしたちは武装解除され、監視をうけることになった。そしてハミへつれて行かれた。ハミとコルラ――わが憂いの町――で、わたしたちはほとんどありうべくもない冒険を体験した。わたしはその話をもう一つの別の本――『馬《マ》仲英《チュンイン》の逃亡』――で書いた。わたしたちは捕虜となり脅迫された。あやうく銃殺されるところだった。自分たちの自動車を引きわたして、ようやく助かったのである。わたしたちの運転手たちは、赤十字の名のもとに戦争をやっているほうの党派をたすけることを強要されたのである。かくてわたしたちの探検隊は、めちゃめちゃになってしまった。外界とのすべての連絡はたたれてしまった。わたしたちの周囲で戦争が燃え上がり、そのなかへいやいやながら引きずりこまれそうになったのである。三月二九日になってやっと、わたしたちはまたコルラに集まることができた。ありがたいことに、みな元気だった！　馬仲《マ・チュンイン》英将軍は、思いがけなくも自動車さえ返してくれた。車はわたしたちの庭にいつでも出発できる態勢でおかれていた。

四月一日、わたしたちの出発準備はととのい、探検をつづけることができた。トラック一台とその他不必要な荷物は、デヴィアシン大尉に保管をたのんで、コルラに残しておくことにした。ほかの三台のトラックと乗用車とで、クルク・ターグの麓に沿って新しい河クム・ダリヤに向かい、ヤルダン・ブラク泉の近くで、第七〇号基地を設営するつもりだった。カラ・クムからクム・ダリヤ河を、わたしは陳《チェン》と二か月にわたって航行し、新しいロプ・ノール湖まで行った。湖の北岸で、わたしたちを乗用車で迎えに来ていた龔《クン》とおちあった。わたしたちの旅はそれで終わったのである。

尤《ヨウ》、龔《クン》、エッフェは四月に、二台の自動車でアルトミシュ・ブラクへ探検旅行を行なった。フンメル博士は、ヤルダン・ブラクの北の河岸で、鳥や昆虫や植物をあつめた。ベリマンは、クム・ダリヤ河の一支流で、南方へ砂漠旅行を行なった。つまりいくつかの分野で研究がなされたのである。その成果はきわめて意義ふかいものなので、わたしは別の巻（『さまよえる湖』）をそれにあてたいと思っている。

＊　このあとの話の展開は、『馬仲英の逃亡』と『さまよえる湖』にと続く。そしてそのあと旅は本書の次の章から始まる。

11　ウルムチへ

五月三〇日、わたしはヤルダン・ブラク近傍のクム・ダリヤ河畔の第七〇号野営地を出発する。ここにフンメル博士とそのボーイたちをわたしは残して行く。さえぎるものもない砂漠を通って、旅行中こわれてしまった自動車のそばに宿営している尤《ヨウ》のテントへ向かう。九時すこし前に、わたしはその場所に到着する。乗用車のヘッドライトは遠くからでも見えるので、わたしがこっそり到着することはできない。みんなテントの前にでて、歓声をあげて迎えてくれる。

テントの中で腰をおろすとすぐ、わたしは尤《ヨウ》にたずねる。

「あんたは明日の朝、コルラ、あるいはひょっとするとウルムチまでわたしのお供をする気はないか?」

「ありますとも。よろこんで。なんなら今すぐにでも。この恰好のまま旅行しますよ」

わたしたちは坐りこんで、深更までおしゃべりした。テントのなかは場所がないので、わたしは二、三人の仲間とともに露天で寝るほうをえらんだ。しかし眠りこむか眠りこまないかに東北東のはげしい風が吹きまくり、わたしたちの宿営地は砂ぼこりにつつまれた。わたしはフエルトの毛布のなかにもぐりこみ、嵐を勝手に吹くにまかせた。気温は二一度に下がった。

　五月の最後の日の朝は、いろいろ整理したり片づけたりする仕事があった。一一時にやっと、セラト、尤《ヨウ》、そしてわたしの三人は乗用車に乗りこんだ。尤《ヨウ》はセラトと並んで坐り、わたしはうしろに一人坐った。うしろの席にはそのほか、ガソリン缶、ベッド、食料、その他の装備がつめこまれた。わたしたちの旅の目的地はコルラだった。コルラで、《大馬》馬仲英《マチュンイン》将軍とベクティエイフによって、わたしたちのガソリンの貯蔵は掠奪されてしまったのである。この貴重品は自動車でウルムチへ行くのにちょうど間にあうぐらいしかいま手持ちがなかった。モーター・オイルもむろんほとんど使いつくしてしまった。オイルがないので、探検隊は第七〇号宿営地からどうしようもなくまったく動けなかったのである。なるほど向こうは、お望みのガソリンもオイルも、五月中旬コルラにとりに来れば渡すという約束はしてくれたが、五月三〇日までのところ、その約束の品の引渡しについてはなにも知らせがなかった。だからわたしには、自らコルラへ行って事情をきいてくるよりほかに残された道はなかった。オイルがまだコルラへ輸送されていない場合には、わたしはウルムチ行きを延期しようと思っていた。

　こんなわけで、セラトとわたしは北西へと旅立ったのである。左手には砂漠がひろがっていた。数か所に、不規則なヤルダンの岩塊がそびえている。右手は山であった。地溝に沿うて行くと、シンディ（興地）から営盤《インパン》へ向かう近道へでる。粘土質の丘を通ると、らくだの骸骨がある。正午、クム・ダリヤが左手のそう遠くないところに見えてくる。数匹のかもしかが河岸へいそいでいる。しかしわたしたちの車の音をきくと、回れ右をして逃げてしまった。バッテリーの故障が原因で、ありがたくない停車を余儀なくされる。しかしセラトは自動車に詳しく、故障個所を直してくれる。わたしたちは、ブジェントゥ・ブラクの地溝を下って、緑色にかがやくポプラの生えた泉を右に見て過ぎる。非常に大きな氷と岩塊のいっぱいある地溝の支脈のなかで道に迷ってしまう。ところどころにおびただしくタマリスクが繁茂している。しかし曲がっているうちにだんだん迷路からぬけ出し、西への方角を堅持することができる。

三時頃、ふたたびいい道へ出たので、おそい朝食をとるため休憩。それから数知れぬ地溝のある沖積地をこえる。ということは、ときどきクルク・ターグに雨がふり、その雨水が何世紀というあいだに土を洗い流し、山の麓の砂礫の丘を平らにしてきたということである。夕方になってくる。わたしたちは固い砂利土の上を走ったり、峡谷を通りぬけたりする。そして落日が東の雲をまっかに染めている仙境といった感じのところにはいりこむ。深紅色の豪壮な夕映えが大地の上に落ちている。夕方おそくわたしたちは、クルバン・チク谷の地溝の一つに迷いこむ。ようやく正しい道を発見し、第九三号宿営地を設営する。これで一〇五キロ走ったわけである。

ほぼ一〇時ごろ、空は真黒な雲でおおわれる。二、三度雨つぶが落ちてくる。宿営地は、無数の枯れた幹や枝をもったタマリスクの藪のそばにつくる。わたしたちはそれを数本折りとってきて、藪のすぐ近くで焚火をする。高々と炎をあげて燃える火によって、あたり全体が照らされる。侵蝕段丘や藪やきらきら光る自動車など。その光のなかでわたしたちは邪魔っけな石をとりのぞき、火のそばに自分たちの寝床をつくる。炎はぱちぱちと燃え、とどめようもなく四方八方へ伸びて行く。まもなく藪全体が燃えはじめる。どどんぱちぱちとはじけ、音をたて、火花をとばす。図々しく寄ってきていた蚊が、煙におどろいて逃げだす。わたしたちは大急ぎで、自分たちの寝床を安全なところへ助けだし、昼食をこの炊事かまどから少々離さなければならなくなる。クルガンチ川の水を飲み、さわやかな気分になる。このすばらしい清澄な水は、金属のようなひびきを立てて石と岩塊とのあいだを流れている。

六月一日朝、この小川のつめたい、澄んだ水のなかで、わたしたちは水浴をし気分がさっぱりとなった。朝食後、谷を通って侵蝕段丘の一番高いところまでのぼった。左手にぽつんと一つそびえている山頂が見え、右手には相重なりあった山々があった。左の山頂はまもなく見えなくなり、右手の山々はだんだんと、鋭い鋸状の山のつらなりへとかわって行ったが、その色は、灰色と褐色、黄色、紫色のあいだをいろいろと変化した。わたしたちは、深い、切りこみのある峡谷へ達し、それからこの春トラックで一度通ったことのある広い道に従って進んだ。道の数か所に、乾いた木の幹や枝を大きくピラミッド型に組んで道しるべがつくってあった。

正午、わたしたちはオルダン・ブラクから発している地溝の支脈を右に見て走った。その河床を横切ったところには数本の枯れたポプラの幹があって、谷の上のほうの高いところにポプラの森があることを示していた。しばらくして新たな地溝を通過し、コンテイ・ブラクを右に見て過ぎる。谷の入口からはすばらしい山の眺望がえられる。さらに半時間ほどすると、スゲト・ブラクが右手に見える。その河床には、幾百本という枯れたポプラが立っている。スゲト・ブラクというのは、名前は〝柳の泉〟という意味だが。

わたしたちのコースは南南西である。山脈が北西へとのびている。だからわたしたちが山から遠ざかれば遠ざかるほど、だんだんとぼんやりした色あいになって行く。午後、三人のトルコ人に会う。彼らは一五〇頭の羊、一頭の馬、一頭のろばをつれてコンチェからトルファンへ向かうところで、途中オルダン・ブラク・アシで野営するつもりだという。高いタマリスクの丘の陰で、わたしたちは休息して昼食をとる。ここで、わたしたちは特色のある塊根植物の生えている地帯をこえた。この植物はときどき密生していることもあるので、わたしたちはそのあいだを縫って走らなければならなかった。

わたしたちのコースは今度は西の方角となる。離れたところに、はこやなぎの森が浮かび出てくる。五時一五分、サシチェケに到達するが、とまらずに通過。河そのものは大抵、砂丘や小丘や木々のうしろにかくれている。わたしたちが北西の方角をとったので、河はまもなく視界からすっかり消えてしまう。数キロ行くと、古代のシルクロードの古い望楼のそばを通りすぎる。まばらなタマリスクの林があったり、茂ったのがあったりする。ゲリルガンでもまばらなあしの野原、はこやなぎやぶなの森を通りぬける。一八九六年、わたしはこの道をらくだをつれて旅したことがある。いまわたしたちは、はこやなぎの密林のなかをうねりながら通りぬける——草木の枯れきった砂漠の旅のあとではすばらしいながめである。六時ちょっと過ぎ、河の左岸から六メートルはなれたところを走る。しかしまたすぐ河を見すてる。それから道は、水の絶えた支流に沿うて走っている。それから遠くないところで、わたしたちはまた河のそばにでる。二か月前、わたしがカヌーでここを通ったとき以来、水がふえていることが肉眼でも一日瞭然である。宿営地のそばは、わたしがいないあいだに二四センチメートルだけ増水していたのであった。

道は今度はわたしたちを、密生したあしの原へとみちびいて行く。森の木はまばらになる。とある小屋で若い羊飼いを見つけ、道を教えてもらう。さらに二度、わたしたちは河の屈曲部のそばを通り、それから河に最後的に別れを告げ、草原と砂漠との中間地帯を走る。まばらなはこやなぎの林を抜け、枯れたタマリスクが生えていたり、生えていなかったりするヤルダンの地帯を通る。タマリスクはだんだん低くなり、最後にはすっかり発育がとまってしまう。それらはただ、比較的黒い砂地に弱々しい、黄色い隆起をつくっているだけになる。スゲト・ブラクの望楼のそばで、一〇時半頃、わたしたちは深い堀のなかに落ちこみ動けなくなる。一三四キロ走ったのだから、ここで一晩泊まるのがもっとも賢明だと考える。燃えやすいものはなかったが、わたしたちは枯れたあしに火をつけ、茶をわかすことができた。茶を飲むと、もうわたしたちには、眠ってその日の疲れをいやすよりほかになにもすることが残っていなかった。

翌日、北西の道をとるとまもなく、わたしたちはシンネガの郊外農地と畑のあるところについた。それからすぐひとの姿を見かける。近くにある農地へ行く。ここには友人のセイドゥルが住んでいる。郷約《シャンイエ》（村長）の伯父で、わたしたちをお茶に招待してくれる。

二か月、わたしたちは戦争についてなにもきいていなかったので、情勢がどうなっているのか皆目わからなかった。いまわたしたちは、はじめて漠然とした、不確かな情報を手にいれることができた。わたしたちにニュースをくれた人々は、ウルムチのロシヤ軍隊がコルラ、アクスゥ、シャヤル、マラルバシを占領したというのである。そして東干《トゥンガン》人がカシュガルとヤルカンドを保持し、コータンと戦争状態にあるともいう。戦争は四月一日から数えて二か月で終わるだろうという見通しである。サロマヒン大佐の予言は、あまりにも楽天的だったわけだ。わたしたちのトルコ人の友人たちは、わたしたちにあまり多くのことを教えることはできなかった。あるいは、あえて言おうとしなかったのかも知れない。が、彼らの言葉やふるまいから、わたしたちの情勢は四月一日に期待していたほど有利でないことを推察した。コルラは三月のときとまったく同様に、わたしたちにとって不吉な町となるらしいのである。

二、三時間のち、砂漠地帯をこえる。わたしたちはコルラのオアシス、そして去る三月一日襲撃された柳の並木道のところにやってくる。ロシヤの司令部の前にとまったのは二時過ぎである。ここで親切な大尉デヴィアシンと会う。ちょっと歓談したあと、アブドゥル・ケリムの屋敷に案内される。わたしたちがここを留守にしていたあいだ、六人の兵隊が交替でわたしたちの所有品を見張っていたそうだ。大尉は、トラックと木箱類をロシヤ軍司令部にもって来たほうが、もっと安全だろうと提案した。エンジンのきわめて重要な部分は、はずして、第七〇号基地においてあった。それで六月三日朝、トラックを三〇人の兵隊にひっぱってもらう。わたしたちは、ウルムチ行きに必要な衣料と食糧をとりだしただけである。というのは、わたしたちのおそれていたように、コルラには一滴のガソリンもモーター・オイルもなかったからである。それでウルムチ行きは、どうしてもやめるわけには行かなかった。

わたしたちは米、煙草、その他第七〇号基地に残っている人たちにとって必要なものをいくつか買った。わたしはフンメルとベリマンに手紙を書き、四〇〇〇テール（両）送金した。アブドゥル・ケリムと、わたしたちはトルコ語の契約書をとりかわした。この契約書において彼は、荷物をシンネガのセイドゥルへ運んでくる義務をおい、この契約書通りに、わたしたちのところへ運搬してくる約束を履行しなければならないのである。きかされたところによると、こういう契約書をとりかわさないと有金は盗まれ、残りの品物もほんの一部しか到着しないだろうという。大尉はわたしたちにかんばしからぬ知らせを伝えてくれた。つまりウルムチ行の道はひどく物騒だというのである。最近なん度も、商人やそのほかの旅人がキルギス人やモンゴル人の盗賊に襲われ、掠奪され、殺されたそうである。大尉はわたしたちの身の上に責任を感じ、わたしたちがロシヤ将校を護衛としてつれて行くようにすすめた。わたしは、小さな乗用車にはもう場所がないと言ったが、大尉は勘弁してくれず、護衛をつれてきた。それはヤロスラヴィエフ少尉だった。彼は小象のように大きな男で、しかも重装備だったが、その他の点では気らくで世話好きの気のいい男だった。荷物がみんなつめこまれ、この小さな象君も席を占めた。するとわたしは隅っこに押しつけられてしまい、ほとんど身動きもできなかった。しかしわたしたちにはほかにどうしようもなかった。約七〇〇キロがまんすればいいのだ！　そしてその半分はいい道だった。

わたしたちは六月二日から三日にかけて一晩だけ、コルラのわたしたちが昔いれられた牢屋の娯楽室に泊まった。朝、いい身なりの一人のヨーロッパ人がはいってきて、わたしたちを起こし挨拶した。わたしたちは彼がだれか見わけられなかったが、その人は自分の名を名乗った。

プラフスキーという人で、わたしたちがトルファンで会ったことのあるポーランド人の旅行者の一人だった。彼には三月、ブルブルからの帰り道でも会っていた。当時彼は、カシュガルを経て帰国するつもりでいた。しかしそれはうまく行かなかったのである。そこでいま、その代りにウルムチへ行こうとしているのだった。

　わたしたちには整理したりととのえたりする仕事がたくさんあった。時間はどんどん過ぎて行った。出発のすぐ前に一人の不吉な予言者があらわれて、ウルムチの旅はやめたほうがいいと警告した。

「もしあんた方が投獄されない場合でも、半年ないし一年はたしかに抑留されるし――ことによるともっと長いかも知れない」

　予言者は不吉な予言をならべたてるのである。そしてほんとうに、なんだかわたしたちの以前の牢獄の硫黄の匂いさえしてくるのである。しかしこんな陰気で不吉な予言もわたしたちに別に感銘をあたえなかった。たとえ十分オイルがあったにしても、わたしたちはアルトミシュ・ブラク、敦煌《トンホアン》を経て甘粛《カンスー》へ行っただろうと思う。わたしたちは、中国本土と北西の新疆《シンキャン》省とのあいだの道路工事の準備のために、公用でここに旅しているのである。省主席盛《シェン》督弁は、わたしたちの見ているまえで、馬《マ》仲英《チュンイン》将軍の軍隊を打ち破り、馬《マ》将軍の征服の野望を挫折させた人物である。わたしたちは主席を儀礼上訪問しなければならなかった。わたしたちみんな、自分たちが新しい冒険に立ち向かうような感じをいだいていた。

　第七〇号基地宛てのわたしの手紙に、自分たちは大分ながく待たされるのではないかと暗示しておいた。しかしウルムチでは、トラックが必要とするだけのオイルを調達するために、自分たちは全力をあげるだろうと書いた。尤《ヨウ》、セラト、そしてわたしたちは自らそれをコルラ、コンチェへ運んできて、それからカヌーで河をくだって基地まで持って行こうと思っていたのだ。わたしたちの必要なガソリンは、同時にカラシャール、あるいはコルラへ送られるはずであった。

　四時間半ほど乗っているうちに、わたしたちはいくつかの橋をこえ、峠をこえ、コンチェ・ダリヤの絵のように美しい切り通しの谷のなかにはいって行った。ときどき、馬やらくだに乗った旅人や二輪馬車に会った。道は平穏かどうかとわたしたちは旅人に訊いた。みんな、自分たちは襲われなかったと答えた。あしの草原を通る道は、わたしたちが最後に見た三月四日以来様子が変わっていた。つまりやわらかくなった車の深いわだちのためにすっかり駄目になっていた。このわだちは、避難して逃げる東干《トゥンガン》族によってつけられたもので、彼らは奔流のようにコルラへ下り、そこからさらにクチャへなだれをうって逃げこんだのである。

　ほとんど七時半になったころ、カラシャールのすばらしいはこやなぎの森が、カイドゥ・ゴルの岸にその緑色の樹冠をわたしたちの前にあらわした。河の大きな支流を渡し船で渡り、小さな支流は土地の人の手を借りて越えた。ほんの三〇分しかかからなかった。左岸をまっすぐ、トルグート族の若い王のところに行った。彼はラマ僧として高い地位をもっていると同時に、カラシャールの指揮官であり、師団長でもあった。彼は留守だった。わたしたちが名刺を出すと、彼の親戚の一人が王の衙門《ヤーメン》をみせてくれた。中庭でその王にであった。彼は副官をつれていて、わたしたちを大きな部屋に招じいれた。そこの長いテーブルのそばにわたしたちは坐った。

王はわたしたちの旅の目的についてたずねた。彼は、オイルの件で出したわたしの手紙を最高指揮官宛てにまわしたが、まだなんの返事もないと言った。わたしは、彼の伯父がわたしたちの以前の探検に対して示してくれた大きな好意について思い出話をした。シン・チン・ゲゲンはまた、スウェーデン王に対して、完全なラマ教の寺のテントを贈呈し、ヘンニヒ・ハスルンドがそれをスウェーデン王に手渡したのである。王は感謝の意を表明するために、ゲゲン王に自分の肖像写真と貴重な贈りものを進呈した。

ゲゲンの若い後継者は、その件はよく承知している、スウェーデン王の贈りものはいま自分のところに保管してあると言ったが、意外にも、いそいで伯父についての話を打ちきり、突然別の話題にうつってしまった。彼がこの伯父のことを話したがらないのは、はっきりと見てとれた。この王位交替にはみにくい話があったのである。わたしたちはそれをすでにきいてはいたが、あとで実際にそれが本当であるという証拠をえた。

数年前に東干《トゥンガン》族は新疆《シンキャン》へ移住したのである。金樹仁《チンシュージン》は、有能な将軍ヤンが殺されたあと、少々陰険な方法で権力についたのであった。軍人主席として彼は、当時、省の全兵力を動員した。そしてトルグート族の王シン・チン・ゲゲンに対しても、そのモンゴル騎馬兵をひきいて侵入軍に当たるよう要請したのである。シン・チン・ゲゲンは〝活仏〟であった。彼は――自分の甥である――本当の王が未成年のあいだ、トルグート族に対する世俗的権力をも掌握していた。しかしシン・チン・ゲゲンは、その要請に従わなかった。そのくせ彼は、そのあと招待をうけたときこれに応じたのだ。わずかのお供をつれただけで、ゲゲンは首都へ出かけた。そして慇懃《いんぎん》に、愛想よく招じられた。ゲゲンが省主席のところにいるあいだ、お供のものは外の中庭に待っていなくてはならなかった。ここでどんなことが相談されたのか、主席のほかに知ってているものはなかった。しかしその後主席は、いろいろな犯罪を犯したというので、南京で牢にぶちこまれてしまった。話しあいが終わったあと、主席が客のゲゲンをともなって中庭へでてきた。二人が一番おしまいの門に達しないうちに、彼らは外の庭から数発の銃声をきいた。ゲゲンはびくっとして、あれはどういうことだとたずねた。そしてすぐ返事をうけとったのである——頭を一発の弾丸がつらぬいたのである。

なぜ、カラシャール・トルグート族はその王侯のこの卑怯な殺害に対して反乱でもって答えなかったのだろうか？　彼らの態度は平静だった。そしてそのあとまだ二〇歳になったかならずのチェンシン・メンツク・カンポが、その王となったのである。わたしたちはいま彼といっしょに坐り、歓談したのである。わたしたちは、わたしの友人タシ・ラマの話をながいことした。百霊廟《ベリミアオ》を訪ねたとき、わたしはこの宗教界最高の栄誉の持主に対して、カラシャールのトルグート族の聖者あての紹介状を得たいものだという希望をもらしたのである。タシ・ラマはよろこんで、この手紙を書いてくれた。残念ながら、わたしはこれをここに持ってくるのを忘れたが、それは大したことではなかった。持ってきたにしても、この若い王はわたしたちの探検をどうにも援助することはできなかったであろう。彼は新政府のなかで無力だった。わたしたちが彼とこれ以上の親密な関係を結んだならば、ひょっとすると疑惑を起こしたかも知れないのである。現在の不確かな状態のもとにおいては、中国の師団長であるような王と接触しないのが、タシ・ラマにとっても多分一番いいことだったにちがいないのである。

　とうとう市長に命令が出て、わたしたちに夜の泊り宿を世話しろということになった。わたしはそこで友好的に迎えられ、すばらしい部屋と中国風の昼食を頂戴した。つぎの朝、わたしたちは王に別れの訪問をしなかった。王がわたしたちの訪問に返礼をしなかったからである。その後わたしたちは、ウルムチでもう一度彼に会ったが、新疆《シンキャン》の内政的な秤にかけてみると、彼の立場はたいして重いものでないわけがはっきりしてきた。彼を訪問するかわりに、例の愛想のよい市長のところへ、わたしたちは別れの挨拶に行った。このあいだカラシャールを訪ねたとき、ここは馬《マ》仲英《チュンイン》将軍と東干《トウンガン》人の手中にあった。いまここを支配しているのは盛《シェン》督弁と中国人である。現在もなお、平和的な東干《トウンガン》人、市民、農民、武装解除された兵士らが町に住んでいるし、さらに八人のロシヤ人と一人の軍医さえいる。みな中国に仕えていた。

　さてわたしたちは、なじみの道を進みつづけた。道端には、このまえのときより今度のほうが落伍した牛馬の死体が多かった。五時半、カラ・キジル着。一時間して、四家族住んでいるクムシュ着。道は右に折れて南へ向かい、クルク・ターグへ。ここは三か月前五〇〇のロシヤ軍に占領されていた。この軍隊は将軍討伐のため、シンディ（興地）、ティッケンリクを経てコルラへ進駐してきたものである。さらに一時間たたぬうちに峠の分水嶺をこえる。ここから道はずっとアルガイ・ブラクまで下りになっている。夕方、すばらしい泉に到達し、垂直に切りたった岩壁からほとばしりでている水のすぐ近くで宿営する。

　ここまで約二三五キロ走ったことになる。宿営地の番号は九七。泉にくる途中、数台の二輪馬車に会った。五月一四日の雨がこのすばらしい道をめちゃめちゃにしてしまったという。道は、せまい峡谷のなかを岩の上をこえながらつづいている。しかしセラトは車をうまく操縦してくだる。岩でほんの軽く傷をうけただけである。谷のなかには、死んだ兵士や馬の胸のむかつくような死臭がいっぱいこもっている。わたしは死者たちに敬意を表して、離れたところで宿営することに賛成する。六月五日朝、目をさましてみると、一人の東干《トゥンガン》人の死体が野営地からわずか八メートルしか離れていないところにあるのを発見した。燃やすものをもっていなかった。晩はしずかだった。そとで蠟燭をつけることができるくらいだった。夜中に気温は二一・五度に下がったが、これは日中の暑さにくらべるとすずしく感じられた。

　六月五日朝、セラトが自動車のタンクにガソリンをつめようとしたが、石油をいれてある缶からうっかり半分こぼしてしまった。この缶は水分をふくんでいるはずだと、彼は断言する。そこでタンクは全部からにしなければならなくなった。わたしたちはこれで、約二二〇キロ分のガソリンしかないことになる。しかしウルムチまでは二四五キロあるのだ。

　八時半出発。泉について一時間走り、スゥ・バシまで行く。それからまもなく、ウルムチ製の装甲車のそばを通る。馬《マ》仲英《チュンイン》将軍が拿捕したもののらしいが、燃料がないので棄ててしまったのである。やがて山から出る。トクスンでは、わずか卵一七個と数個のパンを買うことができただけである。この町の郊外の平原にでると、ものの蔭で気温は四一・三度である。これはこの探検を通じて最高の暑さだった。

　わたしたちの道はだんだんとのぼりになり、最初の丘に到達する。ここでは道路はしばらくのあいだ水よりも低いところを走っている。赤い丘と黒い丘とのあいだの隆起したところを過ぎ、トルファンから来る隊商路がわたしたちの道と一つになっている地点を通った。これでわたしは一九二八年以来よく知っている地方にふたたび出たのである。わたしたちの道は曲がりくねりながら、絵のように美しい、けわしい岩のあいだを抜けていた。つづいて小川に沿うて藪と林とのあいだを走る。すばらしい小さな雑木林をでて右に曲がる。そして急な道をダワンチェン峠までのぼる。頂上についたとき七時である。兵隊が二、三人、二輪馬車のそばで見張りをしている。〝神の山〟ボグド・オーラは雲のなかに隠れている――ウルムチにおけるわたしたちの運命と同じように。一五九キロ走ったのち、破城子《ポチェンツ》村でいつものように露天で宿営する。四時半、雨がふりはじめる。はじめ静かに、だんだん強くなる。自動車のなかに這いこまなくてはならなくなる。

　六月六日朝、北西風がひえびえと吹いてくるが、空は晴れている。スウェーデン国旗の記念日だ。気温は一五・四度に下った。前よりは涼しい地帯にはいったのである。一〇時になってやっと、ウルムチまでもう一日という旅に出発する。一時間後、まわりに山をめぐらした、ひろびろとした草原を通過する。道は悪かった。車のまわりに、風がひゅうひゅう唸っている。嵐がきたらしい。パンクして半時間停車しなければならなくなる。道は貧弱そのものである。車は土地の凹凸、穴、草むらをこえるたびにゆれる。進路は北西である。送油管に埃や砂がはいったらしく、エンジンがとまってしまう。故障を直すのに三時間かかる。まるで車がわたしたちをウルムチへ連れて行くまいとしているかのようであった。

修理中、わたしはヤロスラヴィエフ少尉と無駄話をする。彼はオレンブルクのコサックで、第一次大戦前コサック親衛隊に配属されていた。一九一四年ペテルスブルクにいたが、のちオランダ、英国へやられたという。ノルウェー、ストックホルム、フィンランドを経て帰国したが、一九一九年、オレンブルク・コサックのドゥトフ将軍とともに新疆《シンキャン》へ逃げたのである。将軍はのち赤軍によって銃殺された。翌年少尉はウルムチに来て、以来ここに住んでいるという。ほかの白系ロシヤ人と同様に、彼は馬《マ》将軍討伐戦で軍人になったのである。彼は主としてクムシュからクルク・ターグを経てコルラに進駐したロシヤ軍のなかにいた。馬《マ》将軍はウルムチで一一門の大砲を奪取したが、それらは退却のときトルファンで地中に埋められたという。最近盛《シェン》督弁はひとをやってそれを探させたが、六門が発見されたそうだ。わたしたちがダワンチェンの峠で見た二輪馬車のところにあったといわれる。

ようやくわたしたちは旅をつづけることができる。低い山の背のあいだを縫いながら進む。ここで綿を約二〇頭のらくだに積んだ隊商に会う。小さな丘の上で、ふたたび突然雨に見舞われる。うすぐらい。どうやらわたしたちは歓迎されざる客らしい。ガソリンはまだ約一六リットル残っている。これで十分だろうか？　いまは進むだけである。山のふもとで小川を渡り、大きな村ダワンチェンにはいるが、とまらないで抜ける。馬《マ》将軍がかなり長く司令部をおいていた村で、銃眼のついた壁がある。七時半、ウルムチ近郊が見えてくる。まもなく門を通って、

ウルムチの東門

このトルコ・ロシヤ人の町にはいる。昔のロシヤ・アジア銀行のそばを通る。ここに一九二八年、わたしたちは住んだことがある。一〇分後、トルグート街の門を通り、おしまいに中国人街の最初の門に到達する。すべては順調である。しかし第二の門のところで、武装した兵隊たちがとび出してきて「止まれ！」と叫んだ。

射たれないようにわたしたちはすぐ停車する。将校が一人出て、威圧的な口調でおきまりの質問をする。大勢のひとが自動車のまわりにあつまる。兵隊やぶらぶらしている連中がせまいアーチ型の廊下をふさいでしまう。わたしたちは、盛《シエン》督弁の衙門《ヤーメン》へ電話で問い合わせがすむまで待っていなくてはならない。そのあいだにヤロスラヴィエフ少尉は下車を許され、永遠にわたしたちの視界から姿を消してしまう。若い将校が、自動車のなかの少尉が坐っていた席に腰をおろし、セラトに衙門《ヤーメン》へ行く道を教える。彼はわたしたちの旅行証や名刺をとりあげて、いそいで中へはいったが、すぐ戻って来て、新疆《シンキャン》の司令官の挨拶を伝えた。その伝言は、今晩は長い旅のあとだから早く就寝するようにと言うのである。しかし明日、自分はよろこんでわたしたちに会い、昼食に招待したいと思っている云々。

その若い将校はそれからわたしたちをつれて、盛《シェン》督弁の迎賓館へ案内した。これが滞在中のわたしたちの宿になるはずだという。宿料も食費も一文も払う必要がないということだった。五つのベッドのある大きな一部屋がわたしたちの用に供された。中国人の旅行者が一人、すでにそこに泊まっていた。例の将校は洗面用の水を持って来させ、自分はあなた方のお役に立つように命令をうけている、どうかご希望があったら遠慮なく申しつけていただきたいと言う。

ここでわたしたちの冒険の一章が終わる。そして新しい章がはじまる。第七〇号基地から、わたしたちは八八〇キロを七日足らずで来たのであった。ここまではすべてがうまく行ったのである。未来がその胸になにを隠しもっているか、知っているのはただ神だけである。探検隊からは、わたしたちは切り離されてしまっていた。たしかなことは、わたしたちは緊急必要でないかぎり、一日も長くとどまることはなかっただろうということである。そして同様にたしかなことは、尤《ヨウ》もセラトもわたしも自分の意志に反して新疆《シンキャン》の首都で待たなければならなかったこの数か月のことを決して忘れてしまうことはないだろうということである。

12 ウルムチで捕われる

昨夜から豪雨となる。しかしそのためにわたしたちは家からでなかったのではない、省主席盛世才《シェンシーツァイ》、通称盛《シェン》督弁は副官に、わたしたちと正午に会いたいと伝えさせてきたからである。わたしたちはなにか沙汰があるだろうと待っていた。時間はゆっくりとたって行った。雨は中庭の石畳の上に、単調にざあざあと降っていた。わたしたちは部屋からその中庭をながめていた。晩の八時、わたしたちは使者を盛《シェン》督弁の衙門《ヤーメン》にやって、回答をもらおうとした。主席の返事は、明日八時にお目にかかりたいというのであった。

八時一五分、わたしたちは出かけた。すると副官が、主席は八時一五分に幼年学校で演説をしなければならない。だから五時にもう一度来てもらいたいと伝えた。わたしたちは要領よく、ではそれまでの時間にソ連領事とデンマーク郵便事業部の主任を訪問しても差支えないかとたずねた。ええ、なんでもお好きなことをなさって下さい。それはまったく御自由ですという返事である。そこでソヴィエト総領事館へ行った。総領事ガレーギン・アブラモヴィッチ・アプレソフ氏はただちに、わたしたちを二人の役人がいるところへ迎えいれる。総領事の印象は好ましく、あけすけで、陽気で、朗かである。わたしは領事に自分たちの来た目的について話した。領事は、新疆《シンキャン》まで自動車道路を敷設するのは南京政府として賢明な事業だと言った。クルジャ、チュグチャクへ行こうというわたしたちの計画にも、なにも異議を唱えなかった。だが領事は、一週間以内にそこへ行くようにすすめた。でないと、マナス河の水がふえて引きとめられるかも知れないというのである。ガソリンとオイルは、ウルムチで買うことはできるが、盛《シェン》督弁の許可がなければだめだろうとのことである。コルラでのわたしたちの数々の冒険は、彼の興味を大いにそそった。そしてわたしたちが馬仲《マチュンイン》英の軍隊の手から無事にのがれたことに対して、おめでとうというのだった。そのほかの点では、アプレソフ氏はすべてのロシヤ人と同じく、《大馬》に対して、その勇敢さ、大胆不敵さ、はげしい攻撃力を率直にたたえるのであった。

わたしたちのほうも、このロシヤの総領事にあきらかに好ましい印象をあたえたことと思っている。彼は六月一一日、自分の家で昼食をたべないかと招待したくらいである。彼にはわたしたちを逮捕する権力があった。わたしたちを留置することもできたし、そうしたいと思えば、またわたしたちが新疆《シンキャン》省におけるロシヤの利益を犯すとうたがった場合には、この探検全体を停頓させることもできたのである。公平に言えば、当然わたしたちはうたがわれてもよかったと認めずにはいられないのである。南京政府の二人の前任大使黄《ホアンムスン》慕松将軍と羅文《ロウエンカン》幹外交部長はここで使命に失敗していたのである。調停者、あるいは〝和平の使者〟としてのあなたの役割は望ましくもないし必要でもないと、二人とも通告をうけたのである。だからわたしたちが、道路建設の任務という仮面のもとにひそかな秘密の使命を帯びているのではないかと邪推しても、それほど不自然なことはなかったであろう。従ってわたしたちの立場は、はじめからきわめて微妙かつ厄介なものだった。用心深く如才なくふるまわなければならなかった。わたしたちの作戦は非常に簡単だった。尤《ヨウ》とわたしはすべての点で一致していた。すなわち率直そのものに振舞うことである——わたしたちには隠すことはなにもなかったからである。たとえだれがわたしたちをスパイしようとしても。南京で、どんなことがあってもこの省の政治に介入したり、これをさぐろうとしてはいけないと言われてきたのである。だからわたしたちの従わねばならぬ原則は簡単明瞭だったのである。にもかかわらずわたしたちのウルムチでの滞在はきわめて恐るべき緊張の煉獄となり、わたしたちの忍耐がぎりぎりまでためされる期間となったのである。この町に数日いただけで、わたしたちには、この町がこれ以上ない陰謀渦まく地獄であることを確信した。

アプレソフ氏のところで二時間歓談したのち、わたしたちは外国の郵便代理店へ行き、さっそく中庭で主任に迎えられた。このハラルド・キェルケゴール氏はわたしには未知の人ではなく、氏にとってもわたしはなじみの客だった。昔の大探検のとき、幾度かわたしたちは手紙を往復した。氏はわたしたちのもっとも困った時期、とくにアンボルトが失踪したときに力になってくれた。氏はわたしを両手をひろげて迎えた。

キェルケゴール氏は四八歳、白髪。デンマーク人の多くがそうであるように、生き生きして、快活で陽気な人だった。数分でわたしは、なぜ氏があふれんばかり喜びにつつまれているか見てとった。氏の勤務期間は終わって、一週間すれば、このいやな町ウルムチを永遠におさらばするはずだったのである。今度どこに赴任しようとも、こんなひどい町にくらべるといたるところが天国かも知れないのである。

　わたしたちは応接室へはいった。ここで氏の同国人の技師エグタルプに紹介された。エグタルプは、化学工場建設を手伝えば黄金の山をいただくという約束で来たのだった。しかし半年たって空しく待ったが、事態はのぞみがないように見えたので、キェルケゴール氏の帰国のお供をしてコペンハーゲンへ帰ろうとしていた。わたしたちは、キェルケゴール氏の助手であり後任である陳《チェン》氏とも知りあった。多年、新疆《シンキャン》の郵便事業はヨーロッパ人の手で運営されてきた。わたしたちの例の大探検のときは英人マックラン氏であり、氏の前任者はイタリア人だった。しかし盛《シェン》督弁は、いまこの慣習を廃止しようとしていた。後任の陳《チェン》氏はなかなかの紳士で、落ちつきのある、正直そうな、信頼できる人だった。氏とのつきあいは、後日やがて非常に親密となってくる。

　コルラから出したわたしたちの郵便は、キェルケゴール氏にちゃんとどいていた。氏はそれを検閲せずに更にその先へ送った。これはふつうなら不可能なことである。わたしたちは、ウルムチ、カシュガルその他の地方での身の毛もよだつ事件のニュースをきいた。ロシヤ系タタール人グミルキンは銃殺されたという。わたしたちは彼を一九二八年に知ったが、そのとき彼は自動車ガレージの長だった。その後だんだん彼の地位は上がって行った。彼の後任のイヴァノフもわたしたちの古い知己だった。その地位は安全だと見なされていた。キェルケゴール氏は、わたしたちにここで守るべき鉄則を教えてくれた。「決してだれともしゃべるな。相手に

盛督弁とヘディン

しゃべらせよ。耳をすませ。しかしみかけは無関心をよそおえ。だれも信ずるな。みんな嘘つきかスパイか、密告者か裏切者だ。いつ、だれが消されるか分らない。あれはどこに行ったなどと訊かないことを最善とする」

ふたたび時間がたって行った。盛《シェン》督弁のところへ行く時刻となった。彼の衙門《ヤーメン》やキェルケゴール氏の住居、そしてわたしたちの家は中国人街の城壁の中にあった。距離はそう遠くはなかったが、道はみすぼらしかった。

わたしたちはいくつかの中庭を通って、主席に面会した。彼は応接室へ招じいれ、テーブルのそばに坐るように言った。盛《シェン》督弁は、きわめて感じのいい容貌をした男だった。さぐるような眼をしていたが、わたしたちの視線は避けた。彼はまず、旅はどうだったか話すようにということからはじめた。わたしたちの旅券を見、どこにもなんの文句のつけようがないことを認めた。わたしたちのすべての希望には、迅速明瞭な返事をくれた。たとえば、ガソリンとオイルは自分が探検隊に、アクスゥ経由でクム・ダリヤへ送りとどけるであろう。タリムにも行っていいが、あの地方の盗賊たちを清掃するから、三か月あとにしてもらいたい。自分の高い目的は、これまでなおざりにされ取りのこされていたこの省を向上発展させることにある。貴下らがこの仕事において、自分に力を借すならばうれしいであろう。きくところによれば、貴下らはもっと静かな住居を望んでおられるという。それで自分は命令を出して、貴下らに、三部屋つきで、かつヨーロッパ式と中国式の調理場のついた住居をちゃんと用立てさせるつもりである。自動車の補充部品が必要なら、ガレージにこわれた自動車があるからそれから取るがいい。お金は必要なだけ支給するであろう云々。金は勝手に、彼自身の紙幣印刷機で刷っていたからである。

この省の最高役人から、これ以上愛想のいい応対を望もうと思っても不可能だったかも知れない。そのくせ彼は、母国とのあらゆるきずなを引きさこうとしつつあったのである。前述の二人の役人を無礼にも追い返してしまったのも彼なのである。

帰ってからわたしは、ストックホルムの妹とわたしたちの長である鉄道部長宛てに電報を書いた。両方に、わたしたちが友好的に迎えられたことを強調しておいた。こんなとき言葉の選択に気をつけなければならないのだ。盛《シェン》督弁の所持する朱印をおしてない電報は発送されないのである。そしてこの朱印は、彼自らが押すのである。つまりわたしたちも、ほかの人たちと同様きびしい検閲下にあったのである。不平が書いてあったり、本当の情報について知らせる語句があったりすると、絶対に受けつけてくれなかった。

翌日、盛《シエン》督弁の命令で、ロシヤ人の大佐パーヴェル・アレクサンドロヴィッチ・パオ——中国人から包飯鬼《パオファンクエイ》と呼ばれている男があらわれた。彼は省主席のもっともすぐれた通訳で、中国語の達人だった。その容貌は死に瀕している人のようで、あきらかに肺結核の末期症状を呈していた。一九三四年初めウルムチに駐留していたあいだ、彼は夜昼となく受話器のそばに坐りどおしだった。あらゆる命令は彼を通して伝達された。盛《シエン》督弁は今度も彼に命じ、尤《ヨウ》とわたしたちに対して、二脚の机とじゅうたんを敷いた二つの快適な寝室と、応接室を世話させたのである。一人のロシヤ人のコックが、わたしたちのためにやとわれた。三日すると、一切の準備ができるということだった。

ガレージに、わたしたちは友人イヴァノフがきているのを見つけた。ガソリンは一滴もなかった。しかし彼は、マナスから約五〇トン来る予定だと言った。それが到着したら、ほしいだけ差上げるという。すべてがまことに末たのもしい感じだった——が、話にでた部屋はいつになっても出来上がらなかったし、マナスからのガソリンの話も二度と耳にすることがなかった。わたしたちは、一九二八年以来の友人アントノフを訪問した。当時彼はつつましい商人だったが、いまはロシヤ移住民から徴募した軍の司令官だった。この軍隊は一九三三年春、金樹仁《チンシュージン》の衙門《ヤーメン》に突撃してこれを駆逐したのである。アントノフはロシヤ軍司令部の代表だったが、一方のベクティエイエフは戦場で対東干《トウンガン》作戦を練ったのである。キェルケゴールのところで昼食のとき、わたしたちはべつの二人の旧友ソシエタス・ヴェルビ・ディヴィニ修道教会のヒルブレンナー神父とペダシェンコ博士に会った。

いろいろなデマが、夏の草原にとびかうはちのように横行していた。今度は《大馬》の一人で、馬《マ》仲英《チュンイン》の親戚でもある男が強力な軍隊をひきいて安西《アンシー》からハミに向かって進んでいるという噂もあった。この軍隊がハミで撃破されたなら、多分南の道を通ってこちらへまたやってくるだろうというのである。そうなると、クム・ダリヤに残してきたわたしたちの自動車は彼らのために危険に瀕するかも知れない云々。しかしこの噂もまた、ほかのものと同じように根拠のない作り話であった。

総領事アプレソフ氏は、好意をもってわたしのストックホルム宛ての電報を、モスクワのスウェーデン大使館へ打ってくれた。これはロシヤ語で書かれたが、電報技術上ラテン文字で書いて発送した。中国本土宛てのわたしたちの電報は尤《ヨウ》によって中国語で書かれ、盛《シェン》督弁を通して発送された。

六月一〇日、わたしたちはヒルブレンナー神父、レーダーマン、ハベルルといっしょにドイツ・カトリック教会にいた。みんな、反乱と内戦の奇怪かつ腹立たしい物語をしてくれた。

六月一一日には実にたくさんの事件があった。まずイェオリの兄グスタフ・ゼーデルボームが訪問してきた。彼のウルムチでの状態はどうやらわたしたちより不安定だった。二、三年前に彼は、北京から自動車でここに二度目の旅にやってきたのである。彼は役所の承認を得て、ウルムチと帰化《クエイホア》のあいだの交通路を確立したいと希望していたのである。しかし彼は成果をえられなかった。経済的にも苦しい状態におちいり、いまはこの省を立ち去ることもできないのだった。しばらく前に彼はある中国人のところに勤め口を得たが、この中国人は輸入機械の助けで農耕を改良しようとしていたのである。

一時、昼食の招待でロシヤ総領事アプレソフ夫妻のもとに行く。そのサロンには約二〇人の客が集まっていた。そのなかには外交・財政部長陳徳立《チェンテーリ》も洋服を着てまじっており、流暢なロシヤ語をあやつっていた。そのほか総領事官の全員、キェルケゴール、エグタルプその他数人の中国人高官らが奥方同伴で参加していた。三時、省主席盛《シェン》督弁夫妻が到着。時間厳守は中国では美徳ではないのである。尤《ヨウ》とわたしは特別招待客である。接待役の領事館の人々はバクー出身のアルメニア人たちだった。アプレソフ氏は、五年間ペルシアのレシトで領事をつとめたことがあった。むかしメシェドでは、シャー・リザ・パーレヴィーとチェスをやったこともある。またタシュケントに住んでいたこともある。ウルムチには一九三三年転任になったのである。つまりつい七か月前のことだ。にもかかわらず彼はこの町のことはもういやになるほど知ってしまい、いまはモスクワに郷愁をいだいているのだった。

わたしたちはテーブルについたが、テーブルは肉やえりぬきの料理の重さでしなうくらいだった。一座の気分は上乗だったが——こんなごちそうなのだから当たり前のことである。アプレソフ夫人は美しく魅力のある人で、すばらしいフランス語をしゃべった。総領事はすべてに気をつかって倦むところがなかった。わたしたちはおしゃべりをし、逸話を話し、たがいに乾盃した。盛《シェン》督弁は黙って坐ったまま、うかがうような視線をわたしたちにじっとそそいでいた。ただ一度、彼はこんなことを言った。

「あなた方は仲のいい旧友のようですな」

「ええ、たしかに」とわたしたちは答えた。「以前すでに二度会ったことがあるのです」

そのあと広間では、新たなショートケーキの山、お菓子、塩味をつけたり砂糖漬けにしたはたんきょう、コーヒー、リキュールというように進行した。それがすむとわたしたちは公園に行って、領事の新しいクラブハウスを見学した。最後にひろびろとした運動場に腰をおちつけ、バレーボールをやったが、それには盛《シエン》督弁も加わった。

アプレソフ氏の語るところによれば、盛《シエン》督弁は四か月前、ハミ、トルファン、コルラでわたしたちの到着の報をうけとったそうだ。彼はひどく腹を立て、怪しみ、不信の念をいだいたという。しかし領事は彼を安心させ、わたしの以前の省内旅行の話をしてやったという。尤《ヨウ》の言うには、この日の昼食会はアプレソフ氏の歓待のおかげで、わたしたちにとって大成功であるとのことだった。軍人総督である督弁閣下も、これでわたしたちをスパイ扱いにする必要のないことをはっきり眼のあたりに見ることができたというのである。

まったくどんちゃん騒ぎの宴会だった！　七時間半もつづいたのである。それが終わったのはふたたび場所が広間にうつってからで、新たに飲みものがでたのが夜のしらじら明けるころだった。ようやく督弁は退席した。わたしたちも彼の例にならい、夫妻に車で衙門《ヤーメン》までお送りしたいと申し出た。二人は感謝してこの申し出をうけた。セラトが運転した。督弁の護衛の五〇人の騎馬兵は、わたしたちの車についてくるのに大汗をかいていた。馬のひづめが、トルコ人たちの店のあいだの泥のなかをぴちゃぴちゃと鳴り、銃ががちゃつき、サーベルが音をたてた。町のびくびくしている人たちは、多分なにが起こったのだろうとふしぎに思って訊ねあっていたことだろう。

つぎの日、わたしたちは内政総督李永《リーユン》を訪問した。彼はやぎひげの、親切な、のんびりした老人だった。以前はハミの道台（知事）だった。当時、楊《ヤン》元帥は彼を北京に派遣し、自動車道路や鉄道その他の建設の件で、段《トゥアン》 祺瑞《チ ユ》総統の支持をえられるように運動させた。それには金が必要だった。同じころ英国は、義和団の反乱の賠償金を二千万メキシコ・ドルで返してくれたのである。段《トゥアン》は、李永《リーユン》にそのうちいくらかまわすと約束してくれた。しかし段《トゥアン》は失脚した。そして彼の後釜の張《チャン》 作霖《ツオリン》はその金を自分の戦争のために使ってしまった。国へ帰ってから李《リー》永《ユン》は、楊《ヤン》の顧問となったが、その後金樹《チンシュー》 仁《ジン》に仕えた。盛《シェン》 世才《シーツァイ》が一九三三年春最高権力を握り、軍部最高司令官になったとき、盛《シェン》は林鼎《リンティン》 山《シャン》を内政総督にしたのである。しかし盛《シェン》 世才《シーツァイ》は、黄《ホアン》 慕松《ムスン》が訪れたとき失脚し、それ以来ウルムチの自宅に監禁されていた。だからわたしも、この一九二八年の友人盛《シェン》を訪問することはできなかった。つい三か月前、一九三四年の三月に、李永《リーユン》はその高位に就任したのである。わたしたちには何一つかくさず、彼は金樹《チンシュー》 仁《ジン》に対する憎しみを吐露した。李《リー》の確信では、一九三一年夏以来新疆《シンキャン》省におこった一切の不祥事の責任は金樹《チンシュー》 仁《ジン》にあるというのだ。

わたしはアプレソフ氏に、ロシヤ・クラブで一八九五年のタクラマカン砂漠の旅について講演をすることを約束した。ホールは二五〇人のボルシェヴィキ（ソ連の共産党員）とロシヤ語を解する数人の中国人で満員になったが、そのなかに陳《チェン》 徳立《テーリ》もいた。アプレソフ氏は司会者として愛想のいい開会の辞をのべた。それからわたしが壇にのぼって講演を行ない、好意あふれる聴衆から感謝された。わたしのうしろの頭上には、真赤な布が壁にかけられ、金文字のスターリンの言葉がかがやいていた。「戦争は呪いだ。われわれは地上のすべての人民とともに平和のうちに生きようではないか！」

バラライカ楽団が登壇した。ウクライナの衣裳をつけた若い青年男女が、品のいい優雅な故郷の民族舞踊を披露した。

中国式の結婚式というのは、まことにめずらしい行事である。盛《シェン》督弁の弟は幸福な花婿であった。尤《ヨウ》とわたしはその婚礼に招かれた。それは水磨溝《シュイモコウ》すなわち〝水車〟という村で行なわれた。村はこの町の北東にあたって、車で一五分で行くことができる。小さな村で、いかにも牧歌的だった。気温は三五・二度あったが、よく茂った木蔭にはいるとさわやかな感じがした。国道は村の少々北を走っていた。そして盛《シェン》督弁の親衛隊の騎馬の兵隊によっていっぱいになっていた。わたしたちの自動車は、この種の乗物としては唯一の代表者だった。軍司令官盛《シェン》は、自動車で行くより馬を選んだからである。そのため彼の部下のものも、あらゆる乗物のうちでもっとも便利な自動車で行くのは、司令官にわるいと考えたのである。わたしは盛《シェン》にその理由をきいてみた。彼は、ガソリンが不足しているのだ、いま手持ちのガソリンは戦争のときに必要になると答えた。彼はその倹約なやり方で、一同の模範になろうとしたのである。

家の前から式場のほうへ階段がついている。その中には国旗にとりまかれて孫逸仙《スンヤーセン》（孫文）の肖像がかかっていた。柱が屋根をささえ、じゅうたんが大地に敷かれている。招待されているのは数百の中国人、その中には李永《リーユン》や陳徳立《チェンテーリ》もいるし、また数人のソヴィエト将校、二、三人の将軍など、盛《シェン》督弁のところに軍事顧問として勤務している連中もいる。花婿が、孫逸《スンヤー》仙《セン》の肖像の下のテーブルに近づいてくる。つぎに花嫁が侍女をつれてあらわれる。花嫁はやわらかい、ばら色の衣裳をつけ、頭に同じ色のヴェールをまとっている。それはターバンか花嫁の冠に似ている。手には花束をもっている。若く美しい女性で、頭をたれ、おずおずとはにかみながら歩いて行く。花婿花嫁はそのお供のものとともに、偉大なる革命家孫《スン》の肖像の前に半円をつくって並ぶ。一人の男が結婚誓約書を読みあげる。新婚の二人は盛《シェン》督弁の前にお辞儀をし、つぎに互いにお辞儀をする。督弁の祝辞があり、花婿、その他二、三人の挨拶や祝辞がある。新郎新婦が姿を消すと、昼食がだされる。そのさい陳徳立《チェンテーリ》は、クラブでのわたしの講演について触れ、督弁がわたしに一度ロプ・ノール湖について講演してくれと頼んでいると言う。わたしは承知した。しかしその後いくら待っても、この要請がこないのである。この計画も、わたしのほうから出した色々な頼みと同様、どうなったのか一向進捗しないのであった。

キェルケゴール氏から、わたしたちがクム・ダリヤ、コルラから持ってきた少数の荷物とともに自分のところに住まないかという親切な申し出があったので、躊躇なくこれをうけることにした。その家は、上海の郵政総庁によって建てられたものであった。ヴェランダつきのバンガロー風の平屋で、明るく広い居間が右手に一つ、左手には食堂やいくつかの寝室や応接室があった。盛《シェン》督弁の迎賓館では、わたしたちはどうも落ちつかなかったのである。一日中なにか叫ぶ声がし、さいころ遊びや酒宴が催され、わたしたちの部屋の前の控え室では、たえず電話が鳴っていた。しかし一番困るのは、スパイがいるらしくて油断できなかったことである。

さらにわたしたちの持物もいつ盗まれるか分からなかった。ある日、盛督弁《シェン》からウルムチ紙幣で二万テール――約一二〇マルク――渡されたが、この贈物をどこにしまっていいのか、場所もないのであった。それでキェルケゴール氏に保管をたのんだくらいだった。とうとうわたしは包《パオ》大佐にたのんで、貸していただいた部屋はどうも不愉快で、これ以上住みたくない、キェルケゴール氏のところへ引越ししたい、と盛督弁《シェン》へ伝言してもらった。つぎの日包《パオ》大佐は、省主席はわたしの批評に腹を立てておられる。主席は、わたしが郵便主任のところに移るのを感心しないことだと考えておられる。主任もこの町のほかの外国人と同様、疑わしい、好ましからぬ人物だと見られているのだからと言うのである。しかしわたしたちは、ある午後の三時頃キェルケゴール氏のところに引越してしまった。このことは、ただちに盛督弁《シェン》に報告しなければならなかった。彼がわたしたちに放った非難はきわめて珍妙なものだった。四時に督弁は、わたしたちを訪問するために、ちょうど引越ししてしまったわたしたちのもとの住居にやってきたのである。そしてそこに彼は坐りこんで、数時間わたしたちを待ち、この家に住んでいる他の公務を帯びた客と歓談していたのである。最後に彼は、みんなを昼食に招待したが、尤《ヨウ》とわたしとはその名誉にあずかる機会を失したのである。

わたしたちの新しい宿の主人は、わたしたちのことを王者に対するごとく心配してくれた。そしてわたしたちの到着前にこの町で起こった血なまぐさい事件について、なまなましい語り方で話した。これらの事件は、わたしたちの安全が相当おびやかされていることを証明していた。

中国軍は、一九三三年、日本軍によって満州で敗れ、国境を越えてシベリヤに追い出されてしまった。彼らはロシヤ軍によって武装解除され、新疆《シンキャン》へ送られた。二〇人ばかりの将校はある日逮捕され銃殺された。彼らの罪状は、既存の社会秩序へ反乱を企てたというのである。

ドイツの若い商人ドルンは、一九三三年ここへやって来た。彼は商売をして、この省で自動車を売ろうとしたのである。当時グミルキンは、自動車倉庫長であり、自動車会社の主任だった。だからドルンは彼のところに行って、しばらくその家に滞在していた。一二月初め、《大馬》はここにかなり近づいていた。一〇日、省主席は自分の衙門《ヤーメン》で昼食会を催した。その客のなかにグミルキンもいた。彼は《大馬》の味方だと疑われていた。食事の最中に彼は逮捕され、牢獄につながれてしまった。家宅捜査が行なわれ、証拠書類が発見された。そのなかには、《大馬》が省を乗取った場合に、最高の官職をだれに割り当てるかというリストがあった。グミルキンは四月初め銃殺されたということである。ドルンも同時に逮捕された。彼はその年いっぱい、中国の監獄でおそろしい苦悩にたえなければならなかった。ようやく北京に帰ることを許され、一九三五年三月末、わたしは彼に会った。彼は衰弱し、ふさぎこんでいた。いっさいを失ってしまったのである。グミルキンと彼の独房は、同じ棟だったという。ドルンの報告では、グミルキンは一月二〇日に殺されたという。ドルンは、この不幸なグミルキンが発した、なかば窒息しそうな、ごろごろいう断末魔の叫びをきいた。刑吏は彼をしばって、するどい刀でその首を叩き斬ったのである。

六月一七日夕、外務部の役人王《ワン》がわたしのところに来た。彼は盛《シェン》督弁の要求をもってきたが、それによると、新疆《シンキャン》省の生産と交通の発展について論文を書けとわたしに言うのである。翌日わたしが執筆に忙殺されていると、キェルケゴールが顔をかがやかせて飛びこんで来た。

「エグタルプとぼくは、今日の夕方か晩に出発できるよ」と彼は叫んだ。

「どういうことになったのかね?」

「いや、二、三日前にここに二七台のロシヤのトラックが到着したのだが、それが今度空《から》でチユグチャクへ帰ることになったんだ。この一隊といっしょに行っていいという許可をもらったのだ」

　二人の親愛なるデンマーク人のために、わたしはこのニュースを心からよろこんだ。しかし二人が出立してしまうと、尤《ヨウ》とわたしはなんと孤独になってしまうことだろう。このみじめったらしい町になにが珍しいといって、尊敬に値いする人間ほどめずらしいものはないからだ!

　その家でキェルケゴール氏がすごした最後の数時間は活気にあふれて推移した。なにもかも大急ぎだった。本のすべてと一山の新聞は、わたしたちにのこしていってくれた。そのほか実用的なものや、わたしたちに有用なものも。ヨーロッパ人が数人、キェルケゴール氏に別れを告げるためにやって来た。そのなかにはシルメル氏、ペダシェンコ、ヒルブレンナー神父、ドイツ人技師シャールト氏らがいた。シャールト氏は道路建設のためここに呼ばれてきたのだが、いまはまたこの町を去りたいものだと、それだけを夢想していた。氏は長いあいだ報酬を全然もらっていなかった。最後に郵便事業局の全員が、古い主任のキェルケゴール氏に別れを告げに来た。出発の時刻は近づいていた。シャンペンが運びこまれ、送別の挨拶がかわされた。町の門が容赦なく閉められる夕刻が近づいた。せわしなく握手が交される。「お宅の方々によろしく！」。そしてこの二人のデンマーク人は車中の人となり、車は走りだした。

　空虚と索漠感が彼らの去ったあとに残った。尤《ヨウ》とわたしとは、なお長いあいだヴェランダに坐り、夜闇がアジアのこの荒涼きわまりない町に忍びよってくるあいだしゃべりつづけていた。わたしたちはいまや、この大きな家に、郵便局の四、五人の局員とだけ残ったのである。やがて眠りがやって来て、わたしたちの気持を解き放した。

　ロシヤの総領事があとで語ったところでは、キェルケゴール氏は夜の一時になってやっとウルムチから立ち去ったそうである。督弁は二人をもう二、三日引きとめて、衙門《ヤーメン》でもっと大きな送別会をしようと言ったという、またキェルケゴール夫人に進呈するお土産として、督弁はある美術品の製作を委託してあるといったそうだ。しかしキェルケゴール氏は、督弁邸で昼食をする気はすこしもないし、お土産もけっこうだと電話した。そしてアプレソフの援助で、とうとう出立してしまったのである。間一髪のところで、この夫妻は河を渡るとき溺れるところだったという。ようやくのことでチュグチャクについたが、ここで盛《シェン》督弁は二人を引きとめる最後のこころみをした。しかしここでもロシヤの領事が助けにでて二人を旅立たしてくれた。

　こういう独特の客あしらいの形式がなにを意味しているのか、わたしはいくら考えても分からなかった。とにかく新疆《シンキャン》省にやってくる外人はみんな、その意志を無視されてひと月、またひと月ととめておかれるのである。北京に旅行したいというウルムチの住民には、いくら待っていても旅券はおりないのである。ストックホルムでキェルケゴール氏はわたしたちの家族をなぐさめて、自分の考えでは、わたしは無期限に抑留されるだろうと言ったという。

面白くない気分だった。たよりない感じがした。一八日、尤《ヨウ》は盛督弁《シェン》に手紙を書いて、わたしたちは例の件でいつはっきりした返事をもらえるだろうかとたずねた。なかんずくわたしたちは、いつガソリンやオイルをもらえるのか、探検隊に追いつくためにいつクム・ダリヤへ旅行していいのか、知りたいと言った。総督は答えた。

「今日、明日というのはだめです。いつ貴下にお会いできるか、明後日お知らせします」

しかし二二日になってもなんの返事もないので、わたしたちは新たに使者を出してきいてもらった。すると今度はうんともすんとも返事をくれなかった。

だれ一人わたしたちを訪れるものはなかった。自分たちもほとんど外にでなかった。大きな屋敷は沈黙し、見すてられ、孤独だった。わたしたちは落ちついて仕事をしたり、ものを書いたり、読書したりする気にもならなかった。いつもなにか決定が下されるのではないかと待ちもうけ、いつも待ちぼうけをくうのであった。わたしたちの立場は悪化した。わたしたちは囚人同然であった。ゆっくりと過ぎていく時間をつぶすために、わたしたちはチェス盤をこしらえた。ある夜、坐って石油ランプの乏しい光のもとで勝負していると、家のドアのすぐ近くで小銃の音がした。さあ、事だぞと思ったが、その夜はしずかに流れて行った。

キェルケゴールの後任陳《チェン》が、いまはこの邸、すなわちわたしたちの牢獄の正当な所有者だった。彼はしかし、もとの簡素な家に住みつづけるほうをえらんだ。それでも陳《チェン》は、わたしたちがどうしているか見るために訪問する客を、ひんぱんに迎えなければならなかった。彼をみるとすぐ分かったことは、彼が心になにか悩みをもっていることだった。頭をたれ、まじめな顔つきをし、大またで居間を往ったり来たりしていた。ようやく重い口をひらいて語ったところによると、陳《チェン》は省主席派遣の役人の一人の訪問をうけたというのである。役人は、訊問するようにこまごまと、わたしたちについてたくさんの質問をした。多くの人と同様に、わたしたちの国籍はどこか、武装の程度はどれぐらいか、いろいろな隊員はこれまで何をしていたのか、わたしたちの目的、意図はいったい何か等々。多くの質問に対しては、すでにわたしたちの人物証明書、自動車証書、渡河証明書などに委曲をつくした答えがのっていたはずなのである。つまり彼は一層きびしく責めたてたわけである。わたしたちに不信がいだかれているのだ。戦線で、わたしたちについてどんな噂がささやかれたのだろう？　馬仲英《マチュンイン》、《大馬》はかつて新疆《シンキャン》に侵入し、ウルムチを包囲したことがあった。馬《マ》将軍が勝ったならば、盛《シェン》督弁も彼の味方をしたものもみな、いのちからがら逃げだしたことだろう。わたしたちが、たとえ自由意志からではなかったにしても、捕われた馬《マ》将軍を自分たちの自動車にのせて逃亡させたことは、むろんウルムチではだれでも知っている事実だった。だから本来から言えば、わたしたちに嫌疑がかかるのは不思議ではなかった。もっと奇妙なことは、わたしたちがすぐ逮捕されなかったことである。わたしたちが軍事政策的混乱のいろいろな結果を、ぼんやりとではあるが感じとることのできたのは、まったくアプレソフ氏のおかげなのである。このロシヤの総領事は、頭のいい教養人であった。氏は、わたしたちが引きうけている仕事が、道路工事促進以外の目的をもっていないことを理解していた。しかし新疆《シンキャン》の指導部の人たちの頭を切りかえるのはべつの話である。最後までわたしたちは、新疆《シンキャン》省政府からは南京のスパイだと思われていたのである。そしてそういう人間として取扱われ、夜昼となく観察されていたのである。このために、わたしたちはたえず緊張を強いられ、まとまった仕事をする興味をすっかり失ってしまった。

六月二二日、盛《シェン》督弁からひどく大きな赤い招待状をもらったが、それは二三日午後三時昼食に来てくれというのであった。五三人の客の名前が序列に従って書かれてあったので、わたしたちはこの宴会でだれに会うのかあらかじめわかった。ロシヤ領事館のものの名はなかった。そのほかの人々は省政府のものか、南京政府の使節か、新疆《シンキャン》の外側地区の代表者たちであった。あとで分かったことは、ロシヤ人たちは特別のリストに名前をあげられていたそうだ。そこでわたしたちは衙門《ヤーメン》にでかけた。衙門《ヤーメン》に着くと、庭をいくつも通りぬけて壁にかこまれた庭へ案内された。そこは昼食の用意ができている家とならんでいた。廊下には武装した兵隊たちがいた。そのそばを通るとき、なんとなく面白くない気分がしないでもなかった——ウルムチでの中国人の宴会がどんな雰囲気で行なわれるか、わたしたちによく分かっていたからである。中国人食堂を通って、その隣の部屋に案内された。ここでお茶やお菓子や果物を出された。二つの部屋には一二の客で来ていたのはほんのわずかだった。わたしたちは着席して待っていた。二つの部屋には一二の大きな窓がついていて、窓の前には兵隊が立たされていた。なん人かの兵隊は、窓わくに半分ほど腰をかけて銃をもてあそんでいた。盛《シェン》督弁がはいって来て、わたしたちに挨拶した。つぎに内政部長の李永《リーユン》、そして南京派遣の二人の使節高《コウ》と戈《カオ》という、数か月以来指示を待っているのに、たえず引きのばしをくらっている連中がはいってきた。アプレソフ氏を先頭にロシヤ総領事館の全員がはいって来たときには、尤《ヨウ》とわたしはほっと安堵《あんど》の溜息をついた。今度は、銃声効果など使わないだろうと思ったからである。

昼食はロシヤ料理だった。飲みものはコニャック、白ぶどう酒、シャンパンなど。招待した主人が立ち上がって演説をした。それは食卓と同じぐらい長たらしかった。というのはすべての招待者について、一言費やされたからである。彼はわたしのほうにも向いて、わたしの旅行について仰山な美辞麗句をつらねた。盛《シェン》督弁は流暢に、軽やかに、愛想よくしゃべった。その言葉は通訳によってロシヤ語に翻訳された。それがすむと、声をかけられた人々がそれぞれ答辞を述べた。この場合にもロシヤ語かキルギス語をしゃべる通訳がちゃんと居あわせた。わたしたちは最後には満足の気持をいだいて、自分たちの牢獄へ帰還した。

六月の最後の数日はおだやかにすぎた。わたしたちは、外務兼財務部長陳徳立《チェンテーリ》氏を訪問した。氏はわたしたちが二、三日中にガソリンとモーター・オイルを手にいれることができるだろうと約束した。そのあとわたしたちは、「ソヴィエト・新疆《シンキャン》商会」で食料やそのほか必要な品物を買った。この商会は、通商代表のテルトゥロフに属している。その事務局長はバロデシンといったが、二人とも慇懃で、力になってくれる男だった。ロシヤ人や盛《シェン》督弁は、わたしたちの自動車の一、二台を買いたがっていた。わたしたちに異存はなかった。わたしたちの財政状態は、いつか近い将来、車を手放さなければならないところにわたしたちを追いこむことであろうと思われたからである。

ウルムチでは官製の新聞が発行されていて、『天山日報《ティエンシャン》』という名だった。この機関紙は、この町のそのほかのすべてのものに歩調をあわせていた。たとえばそこに〝ニュース〟を読むことはできるが、それはすでに半年も前に、南京や北京の新聞にのっていたことだった。毎日、適当かつ心配ないと見なされた報道だけが印刷された。本当のことがのっていることは滅多になかった。たとえば六月三〇日号につぎのようにでている。「馬仲英《マチュンイン》将軍はコータンを征服し、回教政府と同盟を結んだ。その後同政府と仲たがいし、市街戦をまじえるにいたった。馬《マ》将軍は敗れ、六〇人の腹心とともにココ・ノールへ逃亡した。勝利者の喜びは短かった。反乱が勃発した。反乱軍は新しい政府を樹立し、この政府はウルムチと手を結んだ」。この話の一句といえども真実ではない。ウルムチ政府の声望を強化せんがために創作されたものである。同じ新聞の記事はまたこうも書いている。ハミの王シャー・マクスードの孫は、ふたたびその父祖代々の栄誉ある地位へつけられたと。わたしたちはこのニュースが正しいのかどうか、しらべることができない。真実であろうがなかろうが、回教徒はこれをやはり満足の気持でうけいれることであろう。

ウルムチにはロシヤの飛行学校もあって、毎日町の上空で練習をやっていた。ロシヤから来るガソリンは、飛行機がみな飲み干してしまうのであった。わたしたちは、一向に果たされない空約束によって生きていたのである。

クム・ダリヤの第七〇号基地には、わたしたちの隊員がいて、援助を待ちうけているのである。その食料は六月末までもたなかった。くりかえしくりかえしわたしたちは、口頭で、あるいは書面でモーター・オイルをほしいとたのんだ。ガソリンは第七〇号基地にまだ十分あるからである。しかしオイルなしでは、探検隊はどうしようもなく釘づけなのである。またセラトが指揮官となり、オイルと食料品をコルラ経由で基地まではこんでもらう二輪馬車をやとうことも、わたしたちには許されなかった。それでいよいよわたしは、はげしい調子で、新たな手紙を主席宛てに書いた。人の住まぬ砂漠の河床のそばの探検隊を餓死させるつもりなら、わたしたちの扱いこそもっとも効果的なるものであった。探検隊の状勢はまだ危機というほどではなかった。彼らには金はあった。小麦やとうもろこし、にわとり、卵、羊などを彼らはティッケンリクで買うことができた。わたしたちのほうは一週間また一週間と、希望をもたせられながら釣っておかれた。それでわたしたちの行動力は萎《な》えてしまった。わたしたちは瞞着《まんちゃく》と真赤なうそを食べさせられていたのである。これに抗議しても何の役に立っただろう！　わたしたちがむきになって、激怒した口調になると、相手は落ちついて答えるのだ。「われわれは馬《マ》仲英《チュンイン》と戦っているし、いたるところで反乱を討伐しなければならない。われわれのトラック、飛行機にはロシヤからもらうガソリン、オイルの一滴といえども必要である。貴下に関して言えば、われわれは一度だって貴下にここに来てほしいと頼んだことはない。従って貴下は我慢して待たなくてはならない」

　六月二九日、わたしたちは故郷から、実にうれしい、元気をつけてくれる電報をうけとった。それまでわたしたちはすっかり外界から隔絶されていたのである。わたしたちのまわりには、墓場のような沈黙が支配していたのだ。自分の家にいるくせに囚人だったのである。つまり、変装したスパイが、わたしたちの家の塀の外に配置されていたのである。おそらく郵便局の雇員もまたわたしたちを観察し、動静を報告していたスパイだったかも知れない。

同じ晩、家主の郵便局長陳《チエン》がわたしたちのところに来た。ふたたび彼は部屋のなかを往ったり来たりし、憂鬱そうな顔つきをしていたが、やがてわたしたちの前に立ちどまるとつぎのようなことを言いはじめた。

「役所関係では、南京政府の大軍がしばらく前、エツィン・ゴルを出発したというニュースをうけとっています。いつそれがハミに到着するか分かりません。ハミの住民は、南京政府軍と共同歩調をとるだろうと期待されています。軍隊がまっすぐこちらへ進軍してくることは、うたがいをいれません。上海の英字紙には、公然と盛《シエン》督弁に対して遠征が開始されたことがでています。ウルムチはいよいよ三度目の包囲をうけることになるでしょうか？　そのときは事態は重大になります」。陳《チエン》のこの報告によって自分たちがどんな印象をうけたか、わたしたちは顔にはあらわさなかった。陳《チエン》もまたスパイであることは、子供でも分かるのである。彼は毎日やってきた。そして主席に、眼にしたこと耳にしたことを報告していたのである。だからわたしたちは黙ったまま、心の不安をすこしもおもてに出さなかった。しかし一度わたしは陳《チエン》に、つぎのように言いたいのをおさえることができなかった。主席が外国人に恐怖を抱いているにしても、抑留しているのはいけないではないか。外国人に省の事情をくわしく研究する機会など与えてはいけないのではないか。彼らに国境をこえさせないのがより賢明ではないか。それでもうまくはいりこんできたら、できるだけ早く外へほうり出してしまうべきではないのか――と。

郵便局長が去ったあと、尤《ヨウ》とわたしはこだわりなく語りあった。南京政府軍進攻の噂が流れたのは、これが最初ではなかった。しかし今度はどうやらこの噂はほんものらしかった。むろんわたしたちには、その真実性を否定できるものはなにもなかった。馬仲英《マーチュンイン》は撃破されてしまったのだ。ベクティエイエフ将軍の北軍は敗走する軍隊を追って、アクスゥを越え、マラルバシへ向かう途中にあった。ソヴィエトの援助をたのみにして、盛督弁《シェン》は新疆省《シンキャン》に専制政治をしいていた。ただカシュガルからヤルカンド、コータンを経てチャルクリクに到るオアシス地帯だけが、彼に抵抗していた。こんな状況では、新疆省《シンキャン》が一歩一歩ソヴィエトの支配下にはいってしまうのではないかと、南京政府が恐れることも十分考えられることだった。それは外モンゴルの場合と似ているといえるだろう。いよいよ本当に南京政府軍がハミを占領し、さらにウルムチに進撃してくるとなれば、わたしたち探検隊の状況はどうなるであろうか？　探検隊の大部分、トラックのすべてはクム・ダリヤにあるのだが、責任ある指揮官のわたしと中国人技師尤《ヨウ》はウルムチにいるのである。わたしたち探検隊は、南京政府軍の輸送隊やトラックのために、通行可能な道路を測量しているのではあるまいかという疑惑は、当然考えられるのであった！　クム・ダリヤへ帰る許可をなぜわたしたちがもらえないかという理由はそれではあるまいか？　わたしたちが高価な人質になるだろうと計算したのではあるまいか？　ある日ほんとうに南京政府軍がウルムチ郊外にあらわれたら、今度こそ尤《ヨウ》とわたしはいともあっさりと逮捕され、射殺されてしまうのではあるまいか？　三月には、わたしたちの車は馬《マ》将軍の逃亡を助けたのである。そして今度は、新たな侵入軍に対して砂漠の道を教えたという疑惑をうけているのである！　わたしたちの立場はかんばしいものではなかった。婉曲な表現で、わたしはフンメルとベリマンに手紙を書き、それをコルラの司令官宛ての封筒にいれた。

新しいセンセイション、新しい噂が飛びかわずに過ぎる日は一日もなかった。自分たちを待っている運命について、わたしたちはなに一つ知るところはなかった。まったく暗い気持で、わたしたちは未来のなかをのぞきこんでいた。嵐が自分たちの頭の上にあつまっているような感じだった。時はゆっくりと忍び足で過ぎて行った。わたしたちはチェスばかりしていた。わたしたちをとりまいている静寂は、ときどきボーイの歩くぱたぱたという足音によって破られるだけであった。太陽が沈む頃、わたしたちはヴェランダに坐っておしゃべりしながら、奇怪な形の、青灰色の巨大な雲の塊が天山《ティエンシャン》山脈の峰をわたって行くのをながめていた。わたしたちは雲の自由をうらやましく思った。雲の速い歩みのあとについて、どんなにゴビ砂漠の彼方へ行きたいと思ったことであろう。西の空には、真夏の太陽が海のようなどろどろにとかした黄金のなかに沈んで行く。夕方、一定の時刻に、中国兵の一隊がわたしたちの屋敷の門のそばを通って行く。その歌にあわせて単調に笛を吹き、太鼓をたたきながら。

アーヴィング・C・尤《ヨウ》ほど誠実で、犠牲的精神にみちた仲間を、わたしは決して見つけることはできないだろう。忍耐強いこととびくともしない沈着さに関しては、彼は模範的人物だった。わたしたちがなにか希望を上級官庁に申しでなければならない場合には、まず英語で内容を相談した。それから尤《ヨウ》は、それを優雅な絵のような漢字で書くのである。残念ながらほとんどいつも効果はなかった。とくにそれが重大な問題にかかわる場合、たとえばガソリン、オイル、それから自分たちの探検隊に合流したいから許可をもらいたいという問題になると、まったく望みがなかった。わたしたちの立場をどんなふうに解釈なさってもいい、とにかく自由だけはなかったのである。

　わたしたちは日没後もしばらく坐っている。暗くなってくる。遠近から犬の吠え声がきこえてくる。ふくろうの鳴き声がする。ときどき銃声もひびく。射たれたのは犯罪者なのか、無実の人なのか？　わたしたちは居間のよりかかり椅子に坐る。忍び足で歩く音が廊下にきこえる。うす黄色い光が壁や床石の上におちる。ボーイがランプを持ってきたのである。そしてわたしたちは、とりとめのないもの思いをさいころのがらがらいう音に集中させる。と、屋根裏をねずみが走りまわってさわがしい音を立てるのである。

13　救出行

六月三〇日午後、尤《ヨウ》とわたしはいつものように部屋に坐って、すごろくをしながら時間をつぶしていた。そこへロシヤ総領事のボーイがわたしに手紙を手わたした。その宛て先であるわたしの名はフンメル博士の書いたものであった。手紙はあきらかに、コルラのロシヤ司令官を通じてとどけられたものである。

わたしがクム・ダリヤの基地で博士にあったのは、五月三一日が最後だった。この日わたしは、ロプ・ノール湖から帰ってきて、すぐコルラ経由でウルムチへ行こうとしていた。たまたま、フンメル博士もちょうどこの基地に来ていた。四月初め以来、博士はボーイをつれて、カヌーでコンチェ・ダリヤ、クム・ダリヤを航行し、河岸の動植物をあつめていたのである。博士は甲板の上にちょっとした動物展覧会をひらいていたが、そのなかには三匹のいのししの子までまじっていた。その一匹が、数週間前、博士の右手にかみついたという。はじめ博士は傷のことを気にもとめないでいたが、だんだん腕がはれ、熱がで、脱力感に襲われてきた。重い敗血症の徴候だった。フンメル博士は、緊急に手術をしなければならないことを見てとった。歯をくいしばって、彼は自ら左手で手術をやってのけた。それからいくらか良くなった感じがしたが、それでもなお二、三週間ベッドについていたという。わたしたちが最後に会ったとき、彼はふたたび自分のこれまでの研究をつづけていた。彼自身、もうすべての危険は去ったと言っていた。わたしたちが同じ日の晩、乗用車でコルラ、ウルムチへ向かって出発したとき、自分も尤《ヨウ》やわたしの一行に加わるのが一番いいのだが——と言ったものである。

わたしは彼の手紙を読んで不安がつのってきた。敗血症が悪化し、熱がひかないと言っているのである。フンメルはいつも、夏の暑い時分は河のそばにながく滞在してはいけないという意見を持っていた。それでその手紙の中で彼は馬に担架をかつがせ、シンガーを経てトクスンへ行くから、そこへ自動車で迎えに来てもらいたいという意志を表明していた。この手紙は六月一〇日に書かれたもので、六月一一日に出発するとなっていた。彼の病状は非常に悪いに違いなかった。彼は、北京に飛行機で行くか、自動車か鉄道で帰国を急ぐかして、手術をするのが必要だと考えていた。

フンメルが一一日に出発したとすると、今日は三〇日である。彼はとうの昔にウルムチについていなくてはならない。彼の病状が途中で悪化したことはうたがいなかった。どうしても急いで援助の手をさしのべる必要があった。ひょっとするともう死んだのかも知れないのだ。

手紙の内容を、わたしはいそいで尤《ヨウ》のために翻訳した。それから二人でさっそくロシヤ総領事館へでかけた。領事は病気で寝ていたし、ほかの人たちは外出していた。しかし一時間もすると帰ってくるということだった。わたしたちは大通りに立って待っていようと思った。背の低い、がっしりした体格の男が白い夏服を着て、わたしたちのそばを通りかかった。これまでわたしの見たこともない男だった。わたしたちは挨拶した。彼は自己紹介して、領事館付の医者サポシニコフ博士だと言った。わたしは思わず彼の首っ玉にかじりつくところだった。というのは、彼こそわたしたちには天から遣わされた人のように思えたからである。サポシニコフ博士はちょうどいま頭痛に悩んでいたアプレソフ氏のところにいたのだった。博士はわたしたちといっしょに、副領事コロロフ氏の家にきてくれた。家はやはり領事館の構内にあった。コロロフ氏は愛想のいい人で、その美しい、感じのいい夫人がわたしたちを迎えた。彼女は生粋のフランス人だった。わたしはフンメルの手紙を一語一句コロロフ氏に翻訳してきかせた。サポシニコフ博士は、病状を快よい楽天的な態度で判断した。むろん病状をひょっとすると悪化させるかも知れぬ第二次感染の可能性の徴候はあるが、と言う。彼は、残念だがいまちょうどたくさん患者をもっているし、自分の病院でする仕事があまりに多いので、すぐにフンメルを助けるために旅行はできないと言うのだった。フンメルは、クルク・ターグを経てウルムチまで、約五六〇キロ走らなければならない。それは自動車なら大したことはないが、自動車なしの病人には、途方もない距離なのである。

感動すべきエネルギーと迅速さでもって、コロロフ氏は電話連絡をとってくれた。まず陳《チェン》徳立《テーリ》を呼び、猶予なくガソリンとそれ相応の量のオイルを確実に準備するように要求した。同じ調子で氏は、ガレージのイヴァノフに命じて、すぐわたしの自動車の修理に必要なすべての手配をするように言った。いっさいを翌日、七月一日の日曜までに完了してほしいと伝えた。ここまではすべて結構ずくめだった。しかし同じ日の晩、この地方の役所がいろいろ小さな策謀をめぐらしはじめた。外務部の王氏《ワン》が、督弁の挨拶をもってわたしたちのところにやって来た。彼の伝言によると、わたしたちは特別の旅券なしではウルムチを去ることは許されないというのである。

「では、なぜ督弁はその旅券をくれないのですか——これは人間の生命を助けるかどうかの問題ですよ」

「明日午前一〇時に、旅券をもらえるかどうか判明すると思います。その話が本当なら、ガソリンも差し上げます」

日曜日、わたしたちははやばやと服をきがえた。しかし旅券についてもガソリンについても音沙汰なかった。わたしはアプレソフ氏に手紙を書いた。返事は、氏は留守ですの一言だった。時間はどんどんたって行った。セラトは乗用車をガレージから出してきた。車は手入れされ、ガソリンもいれてあった。いまフンメル救出に出発するために欠けているのは旅券だけであった。わたしたちはフンメルの旅行のコースを知っていたし、どうしても会わなければならなかった——早ければ早いほどいいのだ。午後早く、この策謀の巧妙なる演出家である王《ワン》があらわれた。いかにも半ば秘密めかして彼は言った。

「もしあなたが二台のトラックを盛《シェン》督弁に売ってくれるなら、ほしいものはなんでも手にはいると思うのですが」

「その件は、車がウルムチに到着したときに御相談しましょう。いまの問題はフンメル博士を救うための旅券です」

「旅券は明日午前一〇時ここに持ってきます」

「ご存じでしょうが、一人の人間の生命《いのち》を助けることがいま問題になっているのですよ。なんのためにさらに一日のばそうとなさるのです」

王《ワン》は立ち上がって一礼して去った。

このとき、一人のイタリア人が姿をあらわした。オルランディーニ博士といって、一九三三年一一月初め、帰化《クエイホア》で知りあった人である。当時彼は、山で狩猟をしていた。いま《大馬》のトルコ人の顧問ケマル・エフェンディのお供をしてウルムチに到着したのである。エフェンディとは、わたしたちは四か月前トルファンで会ったことがある。ケマルは、《大馬》が決定的に失脚したのち、馬《マ》をすてて、ウルムチの盛《シェン》督弁に仕えようとしていたのである。

わたしたちは焦燥でいても立ってもいられないので、オルランディーニの冒険談をきいている気にもなれず、落ちついていられなかった。夕方になった。それでやはり翌日まで旅券を待たなければならなかった。

夜はすぎた。わたしたちは七時に起きた。一〇時になったが、旅券の顔を見ることもできなければ、噂もきかなかった。きっと王《ワン》氏は午後になってあらわれ、火曜日には旅券は大丈夫だと約束するだろう。そしてこの遊びを毎日毎日つづけて、わたしたちの忍耐心がなくなり、すっかりあきらめてしまうまでひきのばすことだろう。ひとを疲れさせるこの技術はいつも目的を達するのである——もし別の方面から支持がえられない場合には——だ。ウルムチには、わたしたちの耳にしていたところでは、盛《シェン》督弁よりは強力な人物がたった一人いるのである。

アプレソフ氏である。そこで尤《ヨウ》とわたしは、一一時にアプレソフ氏のところへ急行した。氏には訪問客があった。わたしたちは小さなヴェランダで待っていた。と、急にドアがあいた。領事秘書にみちびかれて、顔みしりの背の高い男があらわれた——ケマル・エフェンディである。しかし彼は頭をたれて、真剣な、憂鬱そうな顔をして行ってしまった。わたしたちに気がつかないようだった。見たところ、総領事からあまりかんばしくないニュースをきかされたものらしかった。

今度はわたしたちの番であった。事務室に通されると、アプレソフ氏が机に向かっていた。氏はユーモアたっぷりに、上機嫌に、ちょっとしたお芝居を演じてみせたが、これはまさに名人芸といってよかった。つまり氏は、いかにもひどくおどろいたみたいなふりをして叫んだのである。

「いったいどうしたのです？　まだ御出発じゃなかったのですか？　あなたのお医者さんが病気で、緊急の援助を必要としているというんでしょう。それなのにこんなところに坐って時間を無駄にしていらっしゃるなんて！

わたしはスウェーデン政府に抗議を申しこみますよ。あなた方はガソリンもオイルも手にいれられたし、自動車もちゃんと整備できているのでしょう。それなのに出発なさらないなんて！　こいつは前代未聞のことですな！」

「まったく、あなたのおっしゃる通りです！　しかし外務部の委員は王《ワン》氏をよこして、わたしたちは盛《シエン》督弁の旅券がなければこの町を去る権利がないと言って来たのです。そしていくらわたしたちのほうから催促しても、電話をかけても、この旅券がこないのです」

「おお、その問題ならわたしが即刻解決いたしましょう」

そう言って氏は、小柄で慇懃な、そしてあまり約束を守らない外務部長陳《チェン》徳立《テーリ》に電話をかけ、まるで部下にでも言うような命令口調で、

「ヘディン博士がここに来ておられるが、出発の準備はできている。が、博士は特別旅券ができるまで引きとめられているときいている。この場合は旅券は必要がない。貴下が躊躇なく電話で、わたしを介して出発許可を伝えてくれるように願いたい――つまり博士は完全に自由だと言ってもらいたい」

陳《チェン》徳立《テーリ》はいちいちハイハイと言っていた。さらにアプレソフ氏は意外な親切を示してくれた。これはわたしには忘れることのできないものである。すなわち、氏は突然叫んだのである。

「なぜあなた方は、サポシニコフ氏をいっしょにつれて行かないのですか？　氏は外科医だし、もしすぐ手術でもしなければならない場合にはお役に立つでしょう」

「それはまたどういう意味でしょう？　あの人は患者でいそがしいのでしょう？」

「わたしは氏に、あなた方が必要な期間だけ休暇をあたえましょう。氏の奥さんも医者で、氏の留守のあいだ代理がつとまるはずです。すぐ氏のところへ行かれて準備するようたのんで下さい」

わたしは総領事を抱擁したいくらいだった。この瞬間わたしにこれより大きな親切を示してくれる人はどこにもいなかったであろう。言葉少なにわたしは、尤《ヨウ》に自分たちの新しい立場を

説明した。尤《ヨウ》は即座に自動車の自分の席をそのロシヤ人のお医者にゆずってはどうかと提案した。というのは、いま残っている座席は、食料やシュラーフザックでいっぱいなのを知っていたからである。

わたしたちはアプレソフ氏に心からお礼を言って、近くにあるサポシニコフ氏の病院へ急行した。待合室は患者でいっぱいだった。氏に総領事の決定を伝えると、氏はひどくよろこんだ。氏はこの地方に来てから一度も、ウルムチの南に行ったことがなかったのである。一時間で準備はできますということだった。そのあいだにわたしたちは戻って、荷造りをし昼食をとった。それから尤《ヨウ》に別れを告げて、サポシニコフ氏を迎えに行った。氏は簡易ベッド、毛布、枕などを用意していた。鞄には外科用の道具、注射器、薬品、シガーの大きな包みなどがいれてあった。

一時間後、わたしたちは小さな河の支流に達した。そこに六人ぐらいのアラブ人が休んでいた。馬や牛などが放たれ、とうもろこしや穀物の袋に首をつっこんでのんびりとたべていた。黒や灰色の中国服を着た三人のカトリック修道僧がわたしたちの車のそばに来て挨拶した。モーリッツ神父、メラー神父、オイルシャート神父であった。モーリッツ神父は、むかし粛州《スーチョウ》にいたことがあり、そこで幾人かのわたしたち探検隊員に非常に力になってくれた。いま——非常に急いでいたとはいえ——この神父に礼を言うことのできたのは大きなよろこびであった。しばらくあとで、わたしたちはロシヤ人の馬車に会ったが、その中に新疆《シンキャン》修道会の新しい司教ロイ氏が、アルロゲン神父といっしょに乗っていた。ちょうどそのころソシエタス・

ヴェルビ・ディヴィニ修道会の人事異動があったのである。

さて丘陵地帯をこえ、長い砂漠と草原の道をどんどん進むと、左手にボグド・オーラが見えてきた。この神の山はかぎりなく美しく、万年雪のかがやく白い平原と青く光る氷河を見せて、その三つにわかれた峰を王者のごとく誇らしげにアジアのもっとも奥深い地にそびえさせていた。ダワンチェン村で、帰路のためのガソリンをあずけた。みすぼらしい、破壊された隊商宿の中庭でわたしたちはその夜をすごした。この基地は一〇〇号目となった。わたしたちは粘土塀のうしろに隠れて寝た。強い風が吹いていた。埃がわたしたちのまわりに渦まいた。簡単な夕食ののち、わたしたちは毛布にくるまり大地の上にころがって眠った。

七月三日、セラトは四時ちょっとすぎにサポシニコフ博士に起こされた。博士は、もうたっぷり肺に埃をすいこみましたよと言った。よく知った道を、わたしたちはトクスンへ向かって走り、狭い市場を通って市長の屋敷へ行った。カシム・ベクはあけっぴろげな活発な青年で、アカシアと桑の木のかげでわたしたちを慇懃に迎えた。わたしたちはテーブルのそばに腰をおろした。茶碗がはこばれてくるうち、わたしは、カシム・ベクが病気のスウェーデン医師のことをなにも耳にしなかったかどうか、不安でいっぱいな気持でたずねた。きいていなかった！ありがたい！　それではまだフンメル生存の希望がある。死のうわさなら、もう砂漠をつっ走ってひろがっていることだろう。

八時四五分だった。こんもりと茂った木の葉の中では、すでに熱っぽい朝の風がざわざわと鳴っていた。わたしたちが差し出されたお茶をまだ飲み終らないときに、一人の召使いがヨーロッパ人の訪問名刺をカシム・ベクの前の机においた。わたしがそれをとり上げてみると、フォルケ・ベリマンなのだ！　わたしは夢を見ているのかと思った。いそいであたりを見まわすと、ちょうど庭の戸が開いた。そしてそこにベリマンがはいって来たのだ——いつものように毅然として、落ちつき、微笑していた！　わたしは急いで彼のそばに行った。

「まるで天国にいるみたいな感じです」と彼は言った。

「フンメルは生きているね？」

「ええ、たしか生きています。少なくとも昨日、わたしが最後に見たときはまだ生きていました。快方に向かっていることは明らかです」

「ありがたい——で、どこにいる？」

「キルギス・タムです。クムシュの南東四、五キロのところです」

「そこへ行けばすぐ会えるのだね？」

「彼の馬がつぶれてしまったのですよ。牧草もなければ豆粕などの飼料もないのですから。クム・ダリヤの基地からクルク・ターグのシンガーへ、トラックで運ばれたのです。イェオリはこの旅行でモーター・オイルの最後の一滴まで使いきってしまいました。フンメル博士は、空気が平地より涼しいシンガーで、体力をつけるために二、三週間とどまっていました。それから一歩一歩、燃えるように暑い山岳地帯の砂漠を進んだのです」

内陸アジアの旅につきもののあらゆるみじめさ、あらゆる面倒、散々待たされてきた苦労のすべてが、旅の途中でときたまあたえられるこのような奇遇の忘れがたい瞬間によって十分むくわれたのである。ベリマンも、カシム・ベクの庭でいっしょにたべたこの日の朝食の味をそれほど早く忘れることはないだろう。とくにわたしたちが彼に、ストックホルムの彼の家ではすべてがうまく行っていることを伝えることができたのだから。

　カシム・ベクは、三頭のいい馬と十分な飼料を用意するように命じた。そしていっしょに若いコサックのコンスタンチンが、クムシュのフンメルの隊商のもとに赴くことになった。コンスタンチンは、かつて河を渡るときフンメルのもとで働いたことがあったが、いまはベリマンとトクスンへ行ってきたのである。それにしてもわたしたちは急がなければならなかったので、一〇時にベリマン、カシム・ベクに別れを告げ、スゥ・バシ谷をのぼった。両側に山のある谷底を、こまかい粒子の油断のできぬ砂地と、くねくねと曲がった小さな川とを渡って、山のほうへ向かった。一一時、わたしたちの車はエンコした。二台の二輪馬車がちょうど峠からおりてきたので、たっぷり補償金を出して馬を二、三頭借り、わたしたちの車を引っぱり出してもらった。しかしそれからしばらくすると、また立往生してしまった。今度は川の真中である。死にもの狂いでいろいろやってみたが、うまく行かなかった。数時間坐りこんで相談しあった。村へ帰って、そこで馬を借り、クムシュへ馬で行くべきか？　サポシニコフ氏はそうしているうちに小さな石堤をきずき上げ、川の水をわきへ導き、自動車のそばを流れるようにした。そしてとうとう引っぱり出すことに成功した。さらに上に行ったところの谷のなかでは、川の水はなくなっていた。砂や川原石はすっかり乾いていた。暗くなってくる。左手の岩壁から澄んだ水がほとばしり出ているところを通る。やがて谷をふさいでいる岩塊のふもとに到着する。

闇がこくなってくるころ、最初のけわしい坂をのぼる。こういう山岳地帯で自動車を危険にさらすのは、常識で考えられぬ暴挙である。ヘッドライトの光も十分でない。夜明けを待つのが一番いいのである。

わたしたちは、記念額のかぎってある崖のくぼみのそばで停車する。車がバックしないように大きな石をタイヤのうしろにあてがう。腰をおろし、おしゃべりしながら九時まで煙草をふかしている。それから川原石のなかで寝ることにする。五時半、こまかな雨のために眼がさめる。雨は強くなる。夜明けに山の頂上へ散歩をこころみる。通り路がわずか二〇メートルぐらいの幅のところの、巨大な岩のあいだに、堅い岩でできた枕木みたいなものがある。これは砂と水の中からあらわれてでた高い段のような岩である。自動車でもこれをこえられそうもない。雨はひどくなってくる。わたしたちは、頭に屋根がほしくなって自動車のところに戻ってくる。雨がやんだとき、わたしたちはまたその岩塊のところに行く。セラトが用心しいしい、車でその上にのり上げてみる。谷の左側に、車をこえさせることのできる平坦なところのあるのが見つかる。わたしたちが道をよくしようとしていると、一隊の二輪馬車のキャラバンが峠をおりてくる。厄介な岩塊のすぐ上でその馬を放し、すこし谷をくだったところにつれて行って草をくわせている。そのキャラバンの人夫七名が車のむきをかえ、もち上げて岩の上を越えさせてくれた。それは実にうまく行った。

わたしは持主のアブドゥル・セミと話をし、相当のお礼をするから、わたしたちにその二輪馬車と馬と二、三人の人夫を貸してくれないか、そしてわたしたちをクムシュにつれて行ってくれないかとたのんだ。しかしそれはだめだった。というのは、彼は自分の馬のために十分飼料をもっていなかったからである。セミとは反対に、彼の人夫はよろこんで、通りにくい場所に石の橋をつくってやろうと言った。彼らは仕事にかかった。しかしまもなくそれもうまく行かないことが分かった。道の真中に鋭くとがった石がいくつもでているのである。それをかくそうとすれば、道全部を修理しなければならないだろう。おまけにこういうおそるべき地形のところで、いつまでもぐずぐずしているうちに、わたしたちのガソリンの貯蔵も少なくなってきて、もう四一リットルしか残らないことになった。それでわたしたちはこれ以上やらないことに決心し、さっきの泉のところへもどった。ここでアブドゥル・セミは砂地の上に毛布をひろげて、羊の冷肉、パン、茶などをならべた。わたしたちは砂糖、ロシヤ菓子、煙草などを寄付した。アブドゥル・セミは数か月前、カシュガルの戦闘で負傷し、その後スウェーデン伝道会の病院で養生していたという。熱っぽい言葉で、彼はそこでうけた親切な治療と看護の話をしてくれた。

こんなおしゃべりをしながらも、わたしたちは、この〝けっこうこの上ない〟道路事情によって生じた状況を討議した。毎年毎年こういう道路でどうしてがまんできるのかふしぎな気がした。爆破するか、少々コンクリートを使えば、谷を通るすばらしい道をつくることはいかにも容易なのだから。わずか二、三〇〇メートルのことなのである。労働力が十分あるなら、本来の道路の上に砂や比較的小さい砂利をいっぱい敷くことだってできるはずである。わたしたちが二月初めと六月初めに通ったとき、アルガイ・ブラクのそばの峡谷道はそんなふうにできていた。しかしあれから大雨が降って、こまかな砂などをみんな流してしまい、非常に重い岩だとか、中位の大きさの岩だけが残ったのである。平和な時代には、あらゆる商業交通はこんな道のために難儀な目に会うし、戦争ともなれば、軍の補給は麻痺してしまい、悲惨な結果を招来することになる。金樹仁《チンシュージン》軍事主席が金を人民からしぼりあげても、それを道路建設にでも使うならば、すくなくとも有益なことをしたことになるのだが。しかし彼は自分のことしか考えていなかったのである。

三時頃、三頭の馬に引っぱられ、青いおおいをした北京風の小さな馬車が上ってきた。そのなかにトルコ婦人が一人、十二歳の娘といっしょに乗っていた。アブドゥル・セミの親戚のものだった。彼は婦人に、だれかが死んだというような通知を伝えた。彼女ははげしく泣き出した。泣き声は谷に反響した。すぐみんなは車をたがいに交換し、彼女は彼の二輪馬車で谷をのぼって行き、セミは彼女の北京風の車で谷を下って行った。彼はわたしたちに、トクスンから燃料と羊の肉を送ることを約束してくれたので、わたしたちは金を渡した。しかし注文した品物を、わたしたちは全然うけとることができなかった。

時間がたつうちに、ほかの旅人たちもアルガイ・ブラクにあつまってきたが、それはこのすばらしい泉の水を飲むためなのであった。そのなかにトルファンからアクスゥへの旅にある三人の商人がいた。一人が、わたしの手紙をフンメル博士にとどけてやろうと約束してくれた。午後はいくらか静かになった。山をのぼるものもあり、あるいはくだって行くものもある。まだのこっているのは一〇人ぐらいであった。彼らは茶を飲みながら席をうつしておしゃべりし、馬にも水を飲ませたりしている。しかしそのながめにも、色はなやかな生気がなくなってしまう。落ちつきと静かさがせまい谷の上に沈んでくる。けわしく切りたった岩壁のあいだにひびくこだまも沈黙してしまう。嵐のまえの静かさである。

　空は急速にくらくらくなり、青灰色の雲が山々のすぐ上を流れて行った。あたりは夕暮のようにくらくなった。つぎに雷がごろごろというのがきこえ、それはだんだん近づいてきた。そしてこだまがその大きな音を反響させた。戦線の大砲が猛然と口火をきったように、雷鳴が急にとどろきわたった。まるで山の峰全体が深い地底にでもくずれ落ちるように、稲妻がぎらっと光り、あたりがざわめいた。闇は一秒ごとに、ぱっと光りかがやく電光によって引きさかれた。嵐はひどくなってきた。おそろしい自然の大災害が切迫したかのような感じだった。と、大きな重い最初の雨粒がおちてきた。谷の上手のほうには、事実、豪然たる雨音がきこえた。わたしたちみんな自動車にはいった。いましがたのんびり休んでいた旅人たちも、袋や荷物をまとめた。そして泉のすぐ上にほとんど垂直に立っている岩壁に向かって、一散に走りはじめた。四時五分になると嵐は本格的になった。豪雨もわたしたちのいるところまでやってきた。降りつけ、そそぎかけ、沛然たる勢いで流れ、はしばみの実ほどの大きさの雹《ひょう》が、谷底の川原石のなかをとびはねた。砲火のごとき雷光は、わたしたちの車の屋根にも集中攻撃をあびせてきた。わたしたちはいまにも押しつぶされるのではないかと、ただその瞬間を固唾をのんで待つばかりだった。トルコ人の旅人たちは、岩壁の一個所に体をぴったり押しつけていたが、そこだけは少々おおいかぶさるような具合で、あられをふせいでいた。しかし雨水は岩壁をつたって流れおちていたから、かわいそうにたしかびしょぬれになっているはずであった。むかしここに立っていた小さな旅館は戦争中に破壊されてしまったのである。馬は頭を垂れ、雨水がそのおおいからしたたっていた。彼らも落ちつきを失っていて、あられがぱしぱしとあたると神経質に体をひくつかせた。

わたしたちの自動車は、垂直な岩壁からほんの数メートルしか離れていなかった。わたしはここにいる自分たちに危険が迫っていると思った。いつなんどき、上で岩塊がくずれ転落してきて、わたしたちを木端《こっぱ》微《み》塵《じん》にしないともかぎらなかった。岩壁にそうて小さな川ができはじめていたが、それは急速に水嵩がふえ、えんどう豆のスープのように黄色くなった。そして小川はすでに、わたしたちの前のタイヤのところまできていた。セラトも危険を見てとり、谷底の少々高くなっている中央へバックさせた。ここだといくらか安全な感じがした。しかし右側にも小川ができて、こちらへだんだん近づいてきた。わたしたちは水にかこまれた大きな島の上にいるようだった。右の流れも同じように急速に大きくなってきた。しかし今度は、轟々たる流れが島を横切って矢のように流れてきた！　それはまっすぐ車のほうへ進んできた。おそろしいスピードでふくれ上がり、あっと言うまもなく両方がいっしょになった。いまやそれは一本の唸りをたてて流れる川となり、谷いっぱいになってしまった。いたるところ、岩のわれ目に白墨のように白い瀑布ができていた。そのどよめきは筆舌につくしがたかった。わたしたちの話し声は消されてきこえなかった。雨とあられは車の屋根でばしばしと音をたて、泡だち波うつ奔流となって流れおちた。

サポシニコフ博士は危険の迫っているのを見てとった。はげしい激流が刻々と高まってくるのだ。水は車の足台に達し、内部にまで浸入してくる。もう一、二分すれば、わたしたちは終わりだった。ねこのように溺れて死んでしまうのである！　しかしうまく河床の岩塊によじのぼることに成功しても、自動車は破壊されてしまうだろう。谷の幅は三〇メートルもないのである。もしこの豪雨がつづくならば、激流は二、三メートルの深さになる。そうなるとわたしたちの運命はきまってしまうのである！

まだ一つ、助かる見込みがあった。川原石が河床にぎっしり並んでいるのである。エンジンはまだあやうく水の上にでていた。セラトはいそいで外におり、あたりの地勢を一瞥《いちべつ》し、砂州の上のほうに水がまだ深くない通路があるのを見つけた。濡れねずみになって、セラトはまた運転台に坐り、全速力でバックさせた。エンジンは唸ったが車は動かなかった。彼がどうにも車を動かせないとすると、わたしたちは屋根によじのぼるか、岸か岩のほうへ徒渉《かちわた》りするかしかなかったのである。しかし、早まってはならない！　車が動いたのだ。黄色い泡を浮かべている大波をつききって、車は雄々しくも山のほうへ進み、まもなく水の浅い個所に達した。岩棚が谷のほうへせり出している左手に、昔の宿の廃墟があった。馬の死骸や衣服や制服のぼろ切れが見つかった。もうひと頑張りして、セラトは車を左の岸の段丘の上にもって行く。そこは水面から約一メートルぐらいのところにある。雨はいくらかこやみになったが、水は、ありとあらゆる小谷からあいかわらず滝となってほとばしり落ちている。昨夜すごした例の岩のくぼみのところでは、岩の上からすばらしい瀑布が落ちていた。豪雨がもし昨夜おそってきたら、わたしたちの状況はほとんど絶望的といってよかったであろう。いたるところから枝谷が、アルガイ・ブラクの主谷のほうに流れこんでいるのである。そしてそれぞれの谷が激流をはこんでくるので、狭い地溝のなかは急速に水嵩をますのである。しかしロシヤ人の医者の注意深さとセラトの器用さのおかげでわたしたちは助かり、いまは落ちつきはらってこの感銘深い光景をながめることができた。

六時頃雨はやんだ。最後まで流れていた滝の水もとまり、黄色い奔流も急速に水がひいてしまった。一時間ほどすると、もう谷を流れる水は一つもなくなってしまった。わたしたちは河床の真中に車をすすめ、そこにおりて、おしゃべりしながらきわめて簡単な食事をとった。燃やすものがなにもないので、茶をわかすこともできなかった。暗くなってきた。わたしたちは車にはいった。また雨が降ってきたからである。そしてまたわたしたちのまわりに、おそろしい光景が現出した。青白い稲妻がたえまなく、山の上で光った。はげしい突風が谷の中を荒れ狂い、車のまわりで吼えたてた。厚い雲が敷ぶとんのように峰々の上におおいかぶさっていた。わたしたちは、いつでも例の馬の死骸のところに戻る用意をしていた。しかし今度は雨は危険にはならなかった。真夜中、わたしたちのおしゃべりもやんだ。車のクッションに体をらくにしてもたれて眠った。わたしたちは、このアジアの一地方でいまだかつてヨーロッパ人が経験したこともない光景の目撃者となったのである。はげしい豪雨はこの地方ではかなり珍しい事件だからだ。同様に、夜、柳の木も燃料もなく、ただ水しかない場所で過ごすなどという旅も珍しいことだった。

翌朝目がさめると、太陽は山々の上に輝き、水気をかわかしてくれた。わたしの杖とオーバーを使って、日かげをつくることにした。泉で顔を洗ったりひげをそったりしていると、コンスタンチンとトルコ人のハイディンが三匹の馬をつれてきた。馬にはフンメルの隊商の飼料がつけてあった。少々燃料ももっていたので、やっとわたしたちは茶にありつくことができた。前の晩、数人の商人たちが約五五キロはなれたクムシュで、フンメルに会ったという。フンメルは病気のため、非常にゆっくりと旅しなければならなかったので、七月六日以前にはアルガイ・ブラクへ到着できなかったのである。つまり、もう一日待つ時間があったわけだ！　コンスタンチンとハイディンはしばらく休んだのち、クムシュへの旅をつづけなければならなかった。二人はわたしたちの食糧を少々と、フンメル宛ての手紙を持って行った。

わたしがサポシニコフ博士をさそったこの旅は、まことに〝結構きわまりないお楽しみ旅行〟であった。博士はまともな食事には一度もありつけなかった。熱い茶のでることもまれで、焚火をするなんて一度もなかった。夜の宿も結構なんて義理にも言えたものではなかった。七月六日の晩も雨はこやみなく降ったが、この前のよりはひどくはなかった。そのかわりこまか雨できれ目がなかった。一晩中、わたしたちは車のなかに坐ってすごした。坐って眠るというのは本当の休息にはならないのである。しんから疲れ果てて、一〇時になってもまだ車のなかでうつらうつらとうずくまっていたが、旧知の、トルファンの金持の商人モズル・バイが近づいてきて、わたしを起こした。彼はフンメルが近くまで来ていると報じた。わたしは飛び上がって、半ばねぼけ、顔も洗わずにその場所へ急いだ。数メートルも行かぬうちに、二人の騎馬のものが近づいてくるのを認めた。先頭はトルコ人で、もう一人のほうの馬の手綱をとっている。こっちのほうはインド人みたいに焼けた男だったが、まぎれもないスウェーデン語で、

「おはよう！　早く起きたって何の役にもたちませんよ。もう一度寝て下さい！」

それはわが親愛なるフンメル博士だった。わたしがさっそく抱擁し挨拶したのは当然であろう。彼はいのちがあるだけでなく、かなり健康そうにみえた。むろん病後でもあり、つらい旅のあとなので痩せて疲れてはいたが。サポシニコフ博士とセラトもやってきたので、わたしたちは岩山の麓に毛布や枕をひろげ、病人のために快適なベッドをこしらえた。しばらくすると、三頭の馬と五頭のろばからなる、フンメルの小さな隊商が到着した。この隊商はフンメルの荷をはこんでいて、そのなかに担架のこわれたのがあった。これはわたしたちが火を起こして茶をわかすのに至極好都合だと思った。最後にクムシュまで無駄足をつかったコンスタンチンも到着した。彼は近道をえらんで行ったので、フンメルに会うことができなかったのである。これでわたしたちはみんな集まったわけで、二、三時間ここで休憩しようということになった。

やがて岩山の頂上のほうからエンジンが響き、そして谷に反響する叫び声がきこえた。それはアクスゥから戻ってくるウルムチ政府の二台のトラックだった。わたしたちが引きとめられ待つことを余儀なくさせられた岩の隆起のところで、一台のうしろの軸が折れた。この車はポンコツとして残らなければならなかった。そこで人々は道を少し修理したので、もう一台のはこの障害をのりこえることができた。この車の状態も悪かったが、まだ使用に耐えるようだった。しかしこわれたほうの車の荷物を全部と、みんなで二〇人の乗客をひきうけねばならなかった。

そのなかにモズル・バイもいた。ひとの話では、ウルムチ政府はロシヤから八〇台のトラックを買ったが、そのうちすでに一五台が使用にたえなくなったそうである。

道路をなんとか走れるようにしないで、高価な自動車を買うなんて不思議な話である。わたしたちの任務はまさに、道路改良の提案を南京政府に差し出すことなのである。しかしすべての人にきわめて重要なこの企画に対して、わたしたちは新疆《シンキャン》側のなに一つ支持をえられないのである。わたしたちに与えられたのは、これ以上ない難題であるが、新疆《シンキャン》省内の道路をしらべる許可さえも拒否されているのである。

午後わたしたちはトクスンへ向かい、九時、砂漠のなかに宿営する。七月七日、ダワンチェンの峠をこえ、いろいろな事件に遭遇したが、とうとう向こう岸の河の中でエンコしてしまう。ちょうど通りかかったトルコ人の小さな隊商に報酬を与えて引っぱり上げてもらわなければならなかった。五時過ぎ、長い道を走ったが、この道は右はボグド・オーラと、左は塩水湖と境を接していた。くらくなってくる。ヘッドライトがつけられる。丘陵地帯へはいる。もう四キロも走ればウルムチの南門に達することになる。そのときわたしたちは、大して深くもない溝にはまりこみ頑固な粘土のなかで動かなくなってしまう。雨が降りはじめる。セラトは必死になっていろいろやってみる。が、駄目である！　わたしたちは、遅かれ早かれ馬の隊商が通りかかって引っぱり出してくれるのでないかと希望をいだいていた。しかし時刻がおそすぎた。市門は暗くなると閉められるのである。セラトは円匙をとり出し、タイヤから粘土をこそぎ落とした。しかし車はやはり動かなかった。あんまり深くのめりこみすぎたのである。雨のため窓をしめ、わたしたちは最後のろうそくのきれっ端に火をつけた。それから最後の食物をたべた。ビスケット、チーズ、チョコレート、そしてメロン。残念ながら、そとは漆黒の闇だし、しかも牛馬の死骸や、ありとあらゆる汚物でよごれた地方にいるので、飲料水を見つけるのは不可能であった。わたしたちはそれぞれ隅っこに坐っておしゃべりをした。病気あがりのフンメルにはまったくひどい迎え方であった。それもいまはどうでもよい――わたしたちは眠気をもよおした。つぎつぎに口をつぐみ、うとうとと眠りこんだ。

実にいやな夜だった！　一晩ぐらいなら車のなかに坐って過ごすのも我慢できたかも知れない。が、三晩つづけてというのはさすがにひどすぎるのだ。眠っては、はっと眼がさめ時計を見て、まだ半時間しかたっていないことを確認する始末である。夜のあけるのを空しく待ちわびる。時間はきわめてゆっくりとたって行く。ようやく一番近くの丘、小さな茂み、庭などの輪郭の見わけがついてくる。さらに一時間。光はだんだん強くなってくる。そのとき一五人の中国人の一団が通りかかる。しばらくためらったが、彼らは、いい報酬がもらえるならよろこんで仕事をしようと言いだす。これでわたしたちも、ようやく出発することができる。つつがなく町のなかへはいり、サポシニコフ博士をその病院のまえでおろす。八時ちょっと過ぎ、わたしたちのキェルケゴール家に到着。この家にその後、例の後任の陳《チェン》は、妻と三人のかわいい子供をつれて引越ししていたのである。

わたしたちがフンメル博士救出行のため南門を通過するとまもなく、外務部の王《ワン》氏は興奮して、かんかんになって尤《ヨウ》のところにあらわれたという。王《ワン》氏は最高権力者の命令をうけて、尤《ヨウ》にさんざんお小言を浴びせた。尤《ヨウ》はいきさつを説明したが、むろん信じてもらえなかった。そこで王《ワン》はアプレソフ氏のところへ急行し、つぎのように言ったそうだが、それをアプレソフ氏はわたしに話してくれた。

「盛《シェン》督弁は、ヘディン博士が特別許可証も旅券もなく町を去ったことに、ひどく驚き、かつ気分を害しておられる。フンメルの病気が創作であることは、火を見るよりもあきらかである。病気は、ヘディン博士がウルムチを去って自分の探検隊へ行くために、口実として使われたのである。博士は、国境をこえて甘粛《カンスー》に行くつもりなのである」

アプレソフ氏は、からかうような調子で答えたという。

「第一に申し上げたいことは、陳 徳立《チェンテーリ》氏に対して、ヘディン博士のためにウルムチを出る許可を要求したのはわたしだということ。第二に、博士は探検隊に不足しているオイルを手にいれるために、ここにかならずもどってくることを知っておいてもらいたい。甘粛《カンスー》へ逃げるなどとは話にならない。第三に、博士はわたしの侍医であるサポシニコフ博士をつれて行っている――このお医者は逃げはしない」

王《ワン》は黙ってしまった――〝面子《メンツ》〟を失うと、なにか言うのはむつかしいものである。王《ワン》氏は、ここちよげに笑う領事にみちびかれてドアまでつれて行かれた。

14 フンメルとベリマンの帰国

つぎの数日、雨がはげしく降った。小路は泥の川と変じた。ある日技師のC・C・龔《クン》が到着した。ほとんど同時に——フォルケ・ベリマンも姿をあらわした。二人は小さな隊商をつれてクム・ダリヤのわたしたちの本営、第七〇宿営地を去り、いろいろな道を通ってクルク・ターグを越えたのである。龔《クン》はトルファンの南で、渇きのためにそのらくだをみななくしてしまった。彼とそのお供のものもあやうく生命を失うところだった。

このつらい時期に起こったことをなにもかも語ることは不可能である。わたしたちは、この第三回目の捕われの数か月間は、たえざる緊張の生活だった。この野蛮なままとり残された町ですごしたわたしたちの生活がどんな状態だったか分かっていただくために、日記帳から、いくつかのエピソードと事件をひろいあげてみようと思う。

フンメルとベリマンの帰国に必要なロシヤ側のヴィザは、即刻かつ、らくにもらうことができた。権力者の盛《シエン》督弁もわたしたちを愛想よく迎えいれ、二人の帰国者に対して旅券をあたえ、チュグチャクを経由してこの省を立ち去る許可をあたえることを約束した。にもかかわらず、出発までになおほとんどひと月かかった。サポシニコフ博士は診断書を書いてくれた。博士はその中で職務上の宣誓をして、フンメルは敗血症のため熱帯病研究所で治療をうける必要ありと書いてくれた。たとえそれがいかにつらくても——彼はその健康のために、探検隊を去らねばならなかった。病状はたしかに快方に向かってはいた。しかし途中でまた悪化する可能性もあった。わたしは、長い旅を彼一人でさせることに責任をもつ自信はなかった。そこでフォルケ・ベリマンをお供としてつけただけであるが、これはわたしには二倍の損害を意味していた。この危機にある不安定な時期に二人のスウェーデンの友人を失うことが、わたしにどういう意味をもっているか、書こうにも書けない気持である！

　わたしたちのために骨折ってくれたこのロシヤ人の医師の奉仕に対して、どういうふうにお礼の気持をあきらかにしたらいいだろうか？　報酬を彼がことわるのはたしかだった。幸いなことにフンメルは一九二八年、自分の医薬品の装備の一部を残していったが、そのなかに一級品といえる外科手術道具の箱があった。これはサポシニコフ博士によろこびと感嘆をよびおこした。これに対して薬品のほうは、外務部長陳《チェン》徳立《テーリ》が買うといい、彼はロシヤ・ルーブルで代金を払った。この商売はフンメルとベリマンの帰国にあたって、わたしたちの財政状態を大いに改善してくれた。

　わたしたちの旅費は八か月分と計算されていたが、すでにもう九か月も旅にでていた。戦時中の新疆《シンキャン》での生活は高くつき、さらに金の価値は低下していた。それに南京への帰りの旅が目のまえにさしせまっていた。それでわたしたちは、鉄道部長顧孟余《クオメンユ》博士に電報をうち、メキシコ・ドルで二万ドルを追加として送ってくれるように頼んだ。この電報には、ほとんど三か月返事がなかった。

小部隊の救援隊が、クム・ダリヤのイェオリ、エッフェ、陳《チェン》のもとに派遣された。指揮官はコサックのコンスタンチンだった。彼は親切な市長が用立ててくれたアラビヤ馬に乗って、第七〇号基地へ補給物資を運んで行った。なかでも、わたしたちが幸運にも手にいれたガソリンとオイル、さらに食料品とお金、車力として二人の東トルコ人、護衛兵として三人の中国兵らが彼のもっていった主なものだった。

なんども尤《ヨウ》とわたしは、盛《シェン》督弁を儀礼的に訪問をした。彼はいつもわたしたちを慇懃に愛想よく迎え、のぞむものはなんでも約束した。しかし約束はなに一つ守られなかった。それでわたしたちが手紙を書くと、これには数日後返事があった。そのなかで彼はガソリンを約束したが、それは一向に来なかったし、特別の探検隊宿舎も約束したがそれも完成したことがなかった。

おそらく人間の魂にとっては、試練をうけて忍耐心を強くきたえられることは有益であろう。わたしたちは、自分の経験から、終身懲役の囚人はどんな気持でいるかを学んだのである。毎日ひねもすわたしたちはヴェランダに腰をおろし、庭のひまわり、トマトの花、きょうちくとうなどにひとみをこらしていた。時はなんとゆっくり過ぎ去って行ったことだろう。それでもわたしたちは少しも落ちつかなかった。たよりない感じがし、なにか起こるにちがいないと思いながら待っているのだった。釈放を渇望しているのだが、その時は一向にやって来なかった。わたしたちはうらやましげな眼つきで、天山《ティエンシャン》を越え〝神の山〟のほうへ進んで行く雲のやすみのない流れをたえず追っていた。青灰色の竜のような雲やヴァイキングの船のような雲に乗って、砂漠のほう、その大いなる静寂のほうへ戻ることができたらなあと思った。夕暮れになる。低気圧の雲がウルムチへ集中している。見とおしもきかぬ濛々たる埃が、庭で魔女の踊りを踊っている。ひまわりの茎が、魔神に荒々しく狩り立てられて従順に身をかがめている。ものすごい雨がざあざあと降ってくる。わたしたちは自分の部屋に引き上げる。

北からやってくる旅人たちの報告では、マナス河やその他ジュンガリア地方の河はひどく水嵩がましたという。フンメルやベリマンはどうして切りぬけられるだろうか？

盛《シェン》督弁は龔《クン》を説得して、自分のところにとどまり道路工事を手伝わせようとさそいをかけた。実はそのためにわたしたちは来ていたのである。にもかかわらずわたしたちは捕えられ、スパイ扱いなのである。町の城壁ごしに外をのぞいたりすると、たちまち逃げるつもりじゃないかと疑われるのである。

盛《シェン》督弁はわたしたちのトラックの一台を買った。わたしたちは値段を高くしておいたが、メキシコ・ドルで二五〇〇ドルまでさげられてしまった。金額はロシヤ銀行で払いこまれるはずだという――明日。しかし金は二、三週来なかった。そしてあいかわらず「明日」というのである。

アプレソフ氏はモスクワの政府から、わたしたちの探検に関して電報による問いあわせをうけとっていた。それには、わたしたちは襲撃され、危険にさらされているという噂だが、説明を求むとあった。アプレソフ氏は、自分は毎日わたしに会っており、探検隊全員は無事であると返信した。

しばらくして、二万ドルに関しわたしたちは南京へ新たに督促をおこなった。残念ながら、自分たちが意志に反して抑留されていることを通知することができなかった。電報は督弁自身によって検閲されるからである。しかしわたしたちは、お願いしたものをお送りいただかなければ、餓死の覚悟をしなければならない。南京から援助がなければ、自動車を全部売らなければならない。盛《シェン》督弁もロシヤ人も自動車をほしがっていると書いた。そんなことにでもなれば、二輪馬車でシルクロードを通るか、鉄道でシベリヤを通るかの二方法をこころみることになるだろう。とにかく町を出る許可がもらえたら！　ノヴォシビルスク経由でモスクワへ旅するものは、無害な人間だと見られていた。しかし東へ旅行するものは危険だったのだ。なぜならそこに南京があるからである。ここの役所の幹部たちは、南京政府が新疆《シンキャン》の政情について新たな報告をうけることを望んでいなかった。

八月一日、町で政治的集会があった。会は七時間半つづいた。そのさい盛《シェン》督弁は演説を行なった。

「戦争はすっかり終結した。馬仲英《マチュンイン》は敗北し逃走した。いまやいたるところ平和と幸福が支配し、農民は家に帰って田畑をたがやしてもいい。それぞれのものは自分の権利を享受すべきである。完全なる自由がある。どこへ旅行しようが差支えない。いまや黄金の時がはじまり、再建の時がきているのである……」

しかし彼は、すっかりあらわになった困窮の洪水のために商業が窒息してしまったことや、トルファンやハミへは旅行禁止だということについてはひと言も言わなかった。

演説者のなかに一三歳の少女も目についたが、彼女は《大馬》に対する怒りを大胆にも爆発させてしゃべりまくった。「わたしたち女は、このやくざ者どもが女性に加えた暴行によって、男以上に苦しんだのである！」

戈《クー》氏は、ひょっとすれば首の飛ぶかも知れないような演説をやった。彼は南京からここへ派遣された男で、盛《シェン》督弁と上海―ウルムチ―ベルリン間の航空路の交渉に来たのである。しかしこれまでのところ、彼は一歩も動くことはできなかったのである。

「新疆《シンキャン》の督弁はすばらしい総督である。しかし部下がみな悪く、省のために最善をつくさないときには、総督は新しい馬《マ》仲英《チュンイン》になるであろう。空路であれ陸路であれ、いい連絡路が必要である。カシュガルへ自動車で二、三日、飛行機で数時間しかかからないのに、現状ではひと月もついやして行かなければならぬというのはスキャンダルと言ってよろしい」

演説のさい中に盛《シェン》督弁は立ち上がって出て行った。しかし戈《クー》氏は顔をしっかりあげていた。そしてもっと不思議だったことは、いままで三か月以上も出発許可を待ちわびていたのに、まもなく出発していいということになった。

八月二日、勝利の祝宴が行なわれた。ものすごい人の列が督弁の衙門《ヤーメン》の前庭に集まった。先頭を一五〇〇の兵隊たちが、灰緑色の制服をつけ、ロシヤ製の武器をもって行進した。靴をはいているのが数人、ほかは長靴をはいていた。行進の態度に非のうちどころがないというわけではなかった。三角や四角の小旗が兵士たちの頭の上にはためいていた。白や赤の幅広の布が二本の竿のあいだに張られ、列をつくって横切って行った。書かれている文字は例によって中国語と東トルコ語、ロシヤ語などで、「帝国主義打倒！　日本打倒！」というのである。それから幼年学校部隊が音楽いりで旗とともにつづき、役人、小学生、少年少女がそれに従ったが、それぞれ手に旗をもっていた。しんがりは大学生をのせた六台のトラックだった。全体はいかにもお祭らしい印象をあたえた。六つの音楽隊が耳も聾せんばかりの音をたてた。家という家の角には赤や緑の小片がはりつけられ、屋根や物売り台には旗がかかげられていた。国民党旗――青天白日旗――や、上のほうの旗竿ぎわに、青天白日旗をいれた紅旗――共産党の青天白日万地紅旗――が見えた。五台の飛行機が町の上空を飛び、幾千となく赤や緑や白やの紙片をまいた。それらには中国語やトルコ語で宣伝文句が印刷してあった。わたしたちはそれをいくつか拾いあげ、尤《ヨウ》がその内容を翻訳してくれるのをききながら、大いにたのしい時間をすごした。

「帝国主義の前衛はうち破られたが、帝国主義そのものはまだ生きていて、われらが新疆《シンキャン》を併合せんとこころみている。帝国主義はこの省と中国全土を征服しようとしている。そのくせ帝国主義の旗手たちは互いに争うにいたるであろう。そして新たな世界大戦が進行するのである。われらは第二次大戦になんらかの役割を演ずるにはあまりに弱体である。地獄で苦しむようなのがわれらの運命となるであろう。それゆえにわれらの要求はつぎのごときものとなる。帝国主義を打倒せよ。第二次大戦に断乎として反対しつづけよ！」

別のにはこうあった。

「市民諸君！　同志諸君！　馬仲《マ》英《チュンイン》は滅ぼされた。彼はわれらをあらたに苦しめるために二度と新疆《シンキャン》へ来ることはできない。このゆえにわれらは、この祭典を祝う理由をもっているのだ。われらは新政府の見通しのよさが勝利をもたらしたことを感謝する。政府はわれらとともに、すべての部族が統一するのが必要だと考えたのである。ただこの統一によってのみ、われらは馬仲《マ》英《チュンイン》の蹂躙から救われたのである。いまわれらはその勝利を祝う。われらは今後新政府をどこまでも支持し、新疆《シンキャン》を発展させるべく手をかすであろう。そのときわれらは平和を手にし、永遠に幸福で福祉社会に生きることになるだろう！」

この誘惑的な調子、その出所がどこかすぐ見わけることができる。新疆《シンキャン》の各部族の望んでいるのは、数百年来中国のもとでしていたこと、つまり平和に生活するというだけのことではないか。無能な省督弁金樹《チンシュージン》仁が、反乱と内戦に対してすべての門戸をひらいたのである。民衆は困苦に陥って、回教徒の馬仲《マ》英《チュンイン》将軍に援助を求めた。ところが新しい省主席盛《シェン》督弁は、自分の権力が馬《マ》将軍によっておびやかされていると思ったのだ。そして彼はロシヤにたより、望んでいた必要の支持をとりつけたのである。かくて新疆《シンキャン》は次第に、確実にロシヤの勢力下にすべりこんで行ったのである。二、三〇年前の外モンゴルとまったく同じように。この用心深い帝国主義の形式を、宣伝ビラは少しも警告しようとしないのである。ロシヤに用心しろと言わずに、日本に用心しろと言っている。とにかくロシヤの宣伝については、一九三四年夏の時点ではなに一つ気づいていない。ロシヤの利害からすれば、軍事面、財政面、商業面で新《シン》疆《キャン》を手中にしているだけで十分なのである。新疆《シンキャン》の東部国境は、中国本土とのいっさいの交易をさまたげるために完全に閉鎖されているのである。

そうしているうちに凱旋行進は、トルコ人の店や屋台のあいだにはさまれた町の狭い、汚ない大通りを進んで行った。商人や少数のお客さんたちが、気のぬけたような興味のない眼つきで、この騒々しい色はなやかなカーニヴァルをながめていた。彼らにとっては、帝国主義などという言葉はわけのわからぬたわごとなのである。馬《マ》将軍に対して勝利をおさめれば、黄金やゆたかな収穫がもたらされると約束されても、こんな物価高のご時勢になってみれば、なにも彼らは信ずることはできないのである。小麦をもっているのは少数の農民にすぎなかった。餓死することを恐れて、彼らはその貯えを売りに出すことを用心していた。政府の倉庫に引きわたすように強制された場合は別であるが。

八月四日の晩、わたしたちがおしゃべりしながら部屋に坐っていると、省政府の官房庁から手紙が配達されたが、宛名は「北西自動車道路遠征隊殿」となっていた。尤《ヨウ》がそれを翻訳してくれた。

「われわれは、南京政府外交部から電報を受領した。外交部への報告によれば、スヴェン・ヘディン博士と北西自動車道路探検隊の一行一〇名、北京の郵便局主任キェルケゴール、地質学者パーカー・陳《チェン》は新疆《シンキャン》で盗賊に襲われ、捕えられ、アクスゥへ連行されたという。この盗賊団はある回教徒の首長の指揮下にあることが確認された。どうか直ちに軍隊を派遣し捜査を行ない、援助してもらいたい。返事を待つ」

署名は外交部で、日付は六月一三日。

「この電報の内容が真実にもとづいているかどうか、われわれはおたずねしたいと思う。上記の郵便局主任と地質学者はいまどこにいるのであろうか。どうか捜査を行なって返事をたまわりたい。よろしくお願いする」

わたしたちはこの奇怪な手紙に、涙のでるほど笑いこけた。南京では、キェルケゴールがわたしの探検隊に属していないこと、パーカー・陳《チエン》は天文学者であって、地質学者でないことを知っていなければならないはずである。話全体は、おそらくただコルラで襲撃された事件と、クチャとアクスゥへ行く途中自動車を押収された事件にもとづいているだけだった。南京がこの知らせで度を失ったことは理解できる。しかしウルムチの地方政府は、わたしが《大馬》によって捕虜としてアクスゥへつれていかれたものでないことは知っているはずである。キェルケゴールのことも当たってはいなかった。彼は六月一八日、コペンハーゲンへ帰る前に、役所へ別れの挨拶をしに行っているのである。こんなに簡単な事件がもうこんなに派手な混乱をひきおこしているのだ！　こうなると大きな影響力をもった問題はどう説明して明らかにすべきか、どういうふうに重大な決意をすべきか、わからなくなってくるのである。

尤《ヨウ》の官房庁宛ての返事も『ジムプリチスムス』〔ドイツの有名な諷刺・滑稽雑誌〕の一隅にのせてもいいようなものであった。それは非常に長く詳細で、わたしたちの体験と郵便局主任の帰国を簡潔に分かりやすく描写してあった

八月七日午後五時四五分、わたしたち三人のスウェーデン人が部屋にいたときのことだ。ベリマンは大声で朗読していた。そこにかなりはげしい、縦横にゆれる地震がきた。コップにつ

いだ茶がひっくりかえり、壁の漆喰が数か所落ちた。窓ガラスがきしんだ。フンメルとベリマンはヴェランダへ飛び出し、庭へ走りでた。一種奇妙な好奇心から、わたしは一瞬残って、屋根がくずれ落ちてこないか見ようとした。屋根はそのままだったが、部屋が回転したように思えた。わたしは不快な目まいを感じ、先の二人のあとを追った。そのときはもう地殻はふだんのように静かになっていた。隣近所では三軒の家がこわれた。くずれ落ちる煉瓦の屋根の下になって、四人が死んだという。

二日後きいたところでは、三〇人が夜の二時に反政府秘密運動のために逮捕されたという。そのなかに地方銀行総裁蘇《ソー》氏がいた。ほかの五人は白系ロシヤ人である。訊問には督弁と陳《チェン》徳立《テーリ》が出席した。督弁は蘇《ソー》にたずねた。

「わしはいつも君の友人ではなかっただろうか？　いつも君に非常に大きな顧慮を払っていなかっただろうか？」

「その通りだ。わし個人に関しては文句をいうことはない。しかし君は省の貧しい、不幸な人民をどう扱ってきただろうか？」

報告によれば、一五人の逮捕者が銃殺されたという。政治犯の牢獄は省主席の衙門《ヤーメン》内にある。ああ、牢獄の壁が口をきくことができるなら！　そのときこそ残虐と非人間的な拷問についての報告をきくことができるのだけれど！　処刑者の死骸は市門の外に放り出された。

ひと月以上、わたしたちはフンメルとベリマンのために、ウルムチを去る機会の来るのを待っていた。フンメルの体の具合はよくはならなかった。あいかわらず熱があった。ほかのいっさいのことと同様に、出発準備も不必要に長く遷延させられていた。しかしいまはすべての用意がととのった。八月一二日夜、一〇台のロシヤのトラック隊がチュグチャク、バクティ、そしてその鉄道駅へ向かって出発することになっていた。今度はほんとうに真面目な話であることは、アプレソフ氏が一一日に二人の別れの挨拶に答礼するために寄ってくれた機会にわかった。

八時には中国人街の南門はとじられるはずであった。トラック隊はロシヤ人街から出発するので、時刻に注意していなければならなかった。わたしたちは最後の会食をした。ゆっくりと時間はすぎて行った。わかれわかれの道をとって未知の運命に向かうためにお別れをしなければならない時刻が迫ってきた。測りがたくも恵み深い天の摂理によって、わたしたちは八か月離れていたのにまためぐりあったのである。だからわたしたちは一九三四年八月一一日の晩が歴史的なものになったことを、ともども喜びあうことができたのである。

ベリマンは八時ずっと前に用意をととのえていた。フンメルのほうは事をのんきに考えていて、八時半になっても尤《ヨウ》にいろいろ指示を口述していた。ベリマンは絶望してしまった。二人がこの機会を逸すると、もうひと月待たなければならないことだろう。九時一〇分前になってやっとフンメルは鉄のごとき冷静さをもって、ヴェランダのわたしたちのところに来た。郵便局の馬車はいつでも出発できるようになっていた。スウェーデン行の少ない荷物はもうつみこまれていた。心からなる抱擁！　彼の忍耐と誠実に対して感謝をのべ、スウェーデンへの挨拶を伝える！　庭の門はランタンの灯をかかげて開けられる。最後の握手。鞭をくれる音。遠くからはもう馬車の輪のひびきしかきこえなくなる。

　これでわたしはまったく一人ぼっちとなった。わたしたちの屋敷には墓場のような静寂がひろがっていた。わたしは部屋にはいって、倚り掛り椅子に沈みこんだ。人間がいくつかの瞬間を忘れておられること、そしていやなときの思い出が人生のたのしい日を何年ものあいだ暗鬱にしないというのはいいことだ。一時間して尤《ヨウ》が戻ってくる。その報告では、市門はとじられていたそうである。衛兵はあけることを拒否したという。「町をこんなに遅く去ることは許されない。――旅券がありますか？　よろしい。では衙門《ヤーメン》に電話してみます」という返事。電話。そして門はあけられた。馬車は自動車の溜りへ走った。朝の五時になってやっと、トラック隊は進発したという。これで長い、冒険的な旅がはじまったわけである。わたしたちの仲間は、なにごともなくノヴォシビルスクへつき、そこで友人のドイツ領事グロースコップ氏に迎えられ援助をうけることになった。

　八月二九日、フンメルとベリマンがベルリンに到着して、やっとわたしはグロースコップ氏から電報をもらい、二人がつつがなくその町についたと知らされた。これはうれしい便りだった。これでもう二人のことを心配しつづけないですんだからである。

15　突発事件

八月一四日、南京の鉄道部長から電報がきた。「自動車道路遠征のために予定した期間は、すでにすぎてしまった……。われらは貴下がいま南京に帰られるように望む。しかし遠征隊ははじめの計画によれば、チュグチャク、クルジャ、あるいはカシュガルへ行かねばならないはずである。いま帰れば、遠征隊はその任務を果たさなかったことになる。貴下が旅行を中止するのをなぜよしとしたか、理由を至急あげてもらいたい」

この電報は、わたしたちがその上司の官庁である鉄道部長に、「これ以上ウルムチにとどまるのは自分たちには意味がない、なぜならわたしたちは三本の道のうちの一つを通行する許可をもらうことができないからである」と通知したことへの返事だった。

わたしたちは盛《シエン》督弁へあらためて嘆願書を書いた。上記の電報にもとづき、カシュガル行の二〇日間のためにトラック一台、一トン半のガソリンを貸してもらいたい。わたしたちのトラックはまだクム・ダリヤにあり、旅をするガソリンもオイルもないからであるというのである。わたしたちは、この旅行が実行容易であるという証拠をあげた。一七日後に返事があった。慇懃かつきっぱりした拒絶である。新疆《シンキャン》省は自動車不足である。現存の車は戦争遂行のために必要であるというのだ。

二一日、鉄道部長はもう一度至急電報で、わたしたちは省内の三つの道の一つを通って来なければならないと主張してきた。しかし督弁がこの三つの道を政治的理由から閉鎖しているとはわたしたちは、残念ながら返事できないのである。こういう返事の発送を、盛《シェン》督弁がゆるすはずはなかったのである。だいぶ以前ベリマンはフンメルとチュグチャクへ旅したとき、道路の状況についてノートしておいた。それはあとでこの二人の報告につけくわえられた。それでわたしたちは、自分たちにあたえられた任務を、この点に関してはいくらか果たしえたわけである。

わたしたちの立場は、おだやかな表現をつかえば、奇妙なものだった。わたしたちにはカシュガルへ行くのが一番望ましかったが、この許可がえられないからである。鉄道部長は、わたしたちが旅に出ないのを非難したが、わたしたちは自分たちがじっとしている理由を部長に知らせることができなかったのだ。わたしたちは盛《シェン》督弁へたてつづけに手紙を書き、この問題に対する返答を求めた。ロシヤからは、ガソリンとモーター・オイルをあたえるという約束があったが、金を払わないうちは渡してくれない。あなたはわたしたちの車の一台を二五〇〇メキシコ・ドルで買ったのだが、車を所有するまでは金を払ってくれない。車はしかしクム・ダリヤにあって、ガソリンとオイルがなければこちらへ持ってくることができないのである。あとになればなるほど状況はわるくなるではありませんか！

指令のなかにある禁止事項に従って、わたしたちは新疆《シンキャン》への旅の途中、考古学的発掘をしたことはなかった。しかしベリマン、パーカー・陳《チエン》、そしてわたしはクム・ダリヤ河岸でいくつかの古墳を発見し、それを発掘した。発掘品を、——その中には人間のどくろもあったが、わたしたちは持参していた。それらをわたしたちは南京の係りの官庁にわたすつもりでいた。この発掘品から、昔のシルクロードに関する問題がはっきりする可能性があった。まえもって徹底的な考古学的研究をしないで、計画の自動車道路をつくることはほとんど不可能であるだろう。つまり西安府《シーアンフ》からカシュガルまで道路をつくれば、これが九分九厘まで昔の、いわゆるシルクロードを通ることはまちがいないからである。

八月二六日、わたしは七月七日発の鉄道部長の電報をうけとったが、これは劇的緊張を頂点にもたらした。それはこうである。

「教育部長から本官は手紙をうけとった。内容つぎのごとし。「ヘディン博士は、許可なくロプ・ノール及びタリム河付近で考古学的宝を発掘した。これは国法に違反し、本省の訓令にも反する。この違法行為は貴下の職務範囲の責任下にある。どうかこの件を調査の上、教育部長へ結果を通知下されたい。ヘディン博士及びその探検隊員は、考古学的発掘をなす権利をもっていない。このことは以前通達した訓令に明記してある」——本官はこの問題を調査すべく求められたので——もし申し立てが真実にもとづいている場合には——貴下の行動は不当だと申し上げざるをえない。発掘をただちに中止されたい。発掘品を所持する場合には、残らず教育部へ引渡してもらいたい。貴下の即答を期待する」

電報をもう一度読み下したのち、わたしは自分のおかれた立場を理解した。わたしは友人の尤《ヨウ》に、自分はもう一日だって鉄道部長のもとに勤務していることはできない、すぐ辞任しなければならぬと言った。尤《ヨウ》は絶望して、そんな話に耳をかそうとはしなかった。龔《クン》もひどく驚いた。彼の言うには、探検はただ、わたしの名前とわたしが外人であるということで救われるのである。わたしが探検隊を去ったら、ほかの隊員もみな無期限に拘留されるのは必定だというのである。

とりあえずわたしたちは、鉄道部長宛ての返事を起草する決心をし、それをその日のうちに電報で発送することにした。それは非常に長い文章になった。まずわたしたちは、探検の目的と目標について注意を喚起した。そして自分たちが内戦のなかにまきこまれ、危うく射殺されそうになったことをくりかえした。そして三月終わり、盛《シエン》督弁の訓令にもとづいて二か月間ロプ・ノールへ引きこもっていたこと。そこで二隊に分れたこと。一隊はクルク・タークを通って東方へ道路を探しに行き、他の一隊はあらたな河がもたらす灌漑の可能性をしらべに行くことになったこと。つぎに墓地の発掘について報告した。これらの墓は毎日危険にさらされている。風や天候や、なかんずくロプ・ノール湖のさまよう水のために破壊され、埋没されるという危険である。この墓は中国の古代の知識をあたえるのに適当なので、わたしたちはそれらを放っておかないほうがいいと考えたのである。自分たちは墓をひらいたが、発掘品を部長に引きわたすつもりで持ってきたのである——わたしたちはつづけて書いた。「貴下の電報はわれわれをひどくおどろかせました。われわれは南京にて、発掘品を貴下へじきじきお渡しするつもりです。それによってわれわれの発掘したものが、どんな〝宝〟であるか証明するでありましょう」

電報はわたしと中国人の探検隊員によって署名され、検閲のため盛督弁《シェン》へ送られた。二日たって、長すぎるという付箋がつけられて送りかえされた。それで原稿を手紙にして送ることにした。尤《ヨウ》は内容を抜粋してそれを電文で送った。

八月二九日、わたしの至急電報を鉄道部長へ発送した。

「貴下の七月七日の電文受領、考慮中。それがあやまれる報道にもとづくため驚愕す。大臣閣下がデマ製造者に信をおかれ、小生を非難せらるることは、小生の声望、名誉をいたく失墜させるものなり。今後この種の侮辱にさらされること、小生の本意にあらざるゆえ、ここに辞表を提出せんとす。小生この省を去る許可を得ば、ただちにスウェーデンに向けて出発する用意あり。以上通告するものなり」

この電報が発送されたあとで、わたし自身の電報と同時に打電されたもう一つのほうの電文について知らされた。それは中国人の隊員だけの署名のあるものだった。わたしはあとでその複写をもらったのである。これはわたしを支持する感じのいい文章で、とくに、わたしが去ったら、遠征隊は完全に解散の運命に見舞われるという内容をふくんでいた。

二つの電報の写しは、盛督弁《シェン》から九月二日返されてきた。それらが彼を面白がらせたことはあきらかである。というのは彼は自筆で、わたしの辞表の電報の朱印の下に〝即刻発送〟と書き、中国人隊員のほうのに〝直ちに発送〟と書いてあったからである。

これまでより早く、九月五日にはもう鉄道部長から、わたしの電報に返事があった。

「貴下の八月二九日の電報、たしかに受領せり。綏遠《スイユアン》—新疆《シンキャン》の道路建設のうち、カシュガルへ至る延長可能性の調査はきわめて重大なり。貴下の知識と経験は広汎なる分野にわたり、貴下の名は全世界にあまねく知られたり。貴下はその職務を大いなる責任感と大いなる精力とをかたむけて遂行せられたり。この事はきわめて嘆賞に値し、満足すべきものなり。本官は貴下が、課されたる任務を果たすためにその職にとどまり、事業を継続せられんことを切に願うものなり。顧孟余《クオメンユ》」

それからほどなく、わたしたちは、要求した追加額が承認され、北京のドイツ・アジア銀行に金が振りこまれたという通知の電報をうけとった。これでわたしたちの地位は確実になった。

九月四日、尤《ヨウ》とわたしは夕方の六時、ヴェランダに坐っていた。そのとき屋敷の門の前で、聞きなれたサイレンの音がひびいた。わたしたちはいそいでおりて行った。門があけられた。するとわたしたちのトラックの一台、〝忠実なエズル〟が中庭へはいってきた。イェオリ、賈《チア》逵《クウェイ》、チョクドゥン、それにコサック人ニコライがとびおりてきた。体をしゃんと伸ばし、愉快そうに、日焼けしたイェオリがわたしたちのほうへいそいでやってきた。

「ほかのひとはどこです？　生きているんですか？」

「みんな元気だよ。絶好調だよ」

「そいつはうれしいですね！　これでみんなの心配はふっとんでしまいました」

わたしたちは三週間前、二輪馬車にガソリンをつんで、セラトをコルラへ派遣しておいたのである。コルラでセラトはこの全員にであった。もともとこの全員はすぐウルムチへ出発することもできたし、そうしていればもう一、二週間前にわたしたちのところに着いていなければならないところだった。しかしベクティエイエフ将軍の副官プロシュクラコフ大佐が、数か月前トラックでコルラにやって来たとき、そこにわたしたちの残してきたトラックのあるのを見つけた。プロシュクラコフは、わたしたちの車のエンジンのきわめて重要な部分が自分のに必要なのでとりはずしてしまったのである。そこでイェオリはコルラからトクスンまでの道を、二度往復しなければならなくなった。そのためガソリンをひどくたくさん使ってしまい、一隊はトクスンより先に進むことができなかったのである。トクスンから、イェオリは《エズル》だけをウルムチへ運転してきた。そして九月六日、あらたなガソリンをもってトクスンへ帰り、のこっているものを連れてこなければならなかった。しかし九月八日、陳《チェン》、エッフェ、ジョムチャも到着したので、わたしたちはみんなそろったわけである。わたしたちは喜びの宴を張ったが、これはこの旅の美しい思い出の一つとなっている。

コルラに残してきた荷物の一部はロシヤ兵に盗まれていた。盗まれたエンジンの部分品も代りを手にいれることができなかったので、あとでこの破損した車はウルムチへ残して行かなければならなかった。

ウルムチのこのみじめな穴に、わたしたちはまだどれだけ長く引きとめられるのであろう！いまは遠征隊全員と五台のトラックがウルムチに集まっていたので、役人たちはわたしたちの出発をさまたげようとして新しい策略をねることに憂身をやつしていた。一三日、盛《シェン》督弁の副官があらわれて、省内のすべての考古学的発掘品は法律によって持ち出すことが禁止されているから、ここに残しておかねばならないという命令を伝えてきた。さらにその副官は、他の副官たちはロプ・ノールへ行って、わたしたちが何をしたか、どこにいたのか調べる命令をうけているとも言った。わたしたちは人の住まぬ地方をただ訪問しただけなのだから、まったく結構なことを考えついたものだと思う!

翌日命令が来て、わたしたちの荷物全部を検査のため迎賓館へもってきてくれと伝えてきた。墓地発掘品をいれた二つの大きな箱だけは、鍵をかけてヴェランダにおいてあった。副官はくりかえした。貴下たちの手でロプ・ノールへかくされてある宝をしらべるため、調査隊はそこへでかけるはずである。「それを発見したら、貴下らはみな牢獄入りである」この調査がつづいているあいだ、わたしたちはウルムチで待っていなければならないのである。ロプ・ノールにもどこにも針一本隠してないことを、わたしたちが名誉と良心にかけて誓っても何の役にもたたなかった。

同じ日、わたしたちみんながアプレソフ氏のところに昼食に招かれたとき、この事情を彼に報告した。彼から聞いたところでは——彼もまた聞きなのだが——盛《シェン》督弁は、わたしたちがロプ・ノール発掘のさい高価な宝をみつけたという報告をうけたというのである。この宝はわたしたちの手によって、コルラ市内あるいは市外にかくされているという。カシュガルへ行っていいかと、わたしたちが再三再四願いでている理由は、コルラにかくした宝を掘りだしに行こうというためなのである。そしてそれをカシュガルへ持って行き、そこで英国総領事に委託し、その助けでインドへ運びだそうというのである。このお伽話に盛《シェン》督弁は信をおき、わたしたちの発掘品は封印をされ持ち出しをとめられたのである。

九月一七日、わたしたち六人は盛《シェン》督弁からよび出しをうけた。彼は低い机のそばに坐って、政府のものとなにか相談していた。わたしたちの通された接見室の隣りには、一〇人のトルコ人や中国人が坐っていて、面会の許されるのを待っていた。

長く待つまもなく、督弁がはいってきて、わたしたちと例のお茶の机のあいだに席を占めた。まず彼は、この国の外に黄金を密輸出することのないようにわたしたちに言った。まだ金輸出禁令は効力をもっているからという。おびただしい金がトルファンを経てひそかに外に持ち出されたと彼は断言した。「われわれ自身が、新疆《シンキャン》で調達されるすべての黄金を必要としています。われわれがロシヤから買った飛行機、弾丸、その他の戦時物資はその黄金で支払われるのです」

二台のトラックが修理されたらすぐ出発する許可をもらいたいというわたしたちの頼みに対して、彼は答えた。

「いつでもほしいときに旅券はさし上げましょう。自動車の修理にどのくらいかかりますか?」

「約一〇日です」

「それでは申しましょう。あなた方は一〇月一日にウルムチを出てよろしい」

彼はつけくわえた。

「わたしは南京中央政府から命令をうけています。一切の考古学的発掘を禁じ、さまたげよというのです。その禁令のなかには、とくに墓をあばくことも含まれています。この禁令に違反するものはただちに牢獄入りでしょう」

わたしたちは発掘の経緯《いきさつ》をすべて報告した。ベリマンがかなり大きな墓所を発見したこと。それはすでに数十年前、トルコ人によってほとんど荒されたものであること。ただたくさんのがいこつと布のぼろが残っていただけであること。ただたちが高価な宝を発見し、それをコルラに隠したと報告したようです。「だれかが閣下に、わたしたちは、帰り途を古城子《グチェンツ》経由にしたいとたのんでみた。盛督弁《シェン》は冗談を言うのが好きだった。

「いいですか、博士。あなたは新疆《シンキャン》に魅惑されていらっしゃるし、この省の住民はあなたに好意をもっています。だからここにとどまってくれませんか！　そしてわたしたちを助けて、この省の発展改良につくしてくれないでしょうかね！　尤《ヨウ》さん、龔《クン》さんも同様にわたしたちには貴重な人です。技術者を海岸地方から呼びよせることはらくでないのです。だからわれわれは、ソヴィエト・ロシヤにやむをえずたよらなければならないと思っているのです」

こういう会見の内容は、鉄道部長に電報で知らせるのがつねだった。盛督弁《シェン》が自ら電報のすべてを読んでいることをわたしたちは知っていた。これで彼は南京に顔をうり、わたしたちが彼の慇懃さをどんなに高く買っているかを承知していたのである。

九月一八日は奉天（今の瀋陽）陥落の記念日だった。悲しみの行列が町をねりあるき、盛督《シェン》弁の火を吐くような演説があった。

中国人とトルコ人の多彩にいりまじった汚ない、東洋のこの町は今日はいかにも生き生きした表情を示していた。市門のなかに二輪馬車、北京風の荷車、騎馬のもの、トルファンの綿荷をつけたろばの隊商、旅のもの、行商人、ぼろを着た子供、おちぶれた賤民などがひしめいていた。真紅の宣伝ビラにはつぎのような啓蒙的な文句が書いてあった。

「三年前の九月一八日、日本の帝国主義者たちは、われらのものである満州を、自己を危険から守ると称し、わが国土へ不当な侵入を企図せんとの目的をもって征服した。政府は抵抗もせずに満州を放棄した。そのことによって政府は、三〇〇〇万の同胞を帝国主義者たちの圧力のもとに引きわたしたのである。しかし経済的観点からすれば、この侵略は帝国主義者たちにある種の困難をもたらしている。植民地の不公平なる分割によって、いつか帝国主義者たちのあいだに戦争が勃発するであろう。第二次大戦の勃発を前に、多様な帝国主義者たちは足もとを固めようとしている。単なる軍事的冒険によって、日本の帝国主義者たちは、きわめて短期間に満州を占領した。彼らはあきらかに中国本土へ間をおかず侵略を続行するであろう。例えば日本は、この戦争の終わり、万里の長城にそうて独占的に北支の一切の経済的・軍事的利権を押えてしまった。いまや日本は官吏を派遣して、新疆《シンキャン》に不安を起こそうとしている。すべては、わが省をも侵略せんという意図でなされている。北京——綏遠《スイユアン》——蘭海《ランハイ》間の鉄道を星星峡《シンシンシア》まで延長しようという計画も、ただこのために練られている。それによって彼らには、新疆《シンキャン》侵略の機会がつかめるわけである。新疆《シンキャン》の市民はこのことを認識し、すべてのこの穢わしき犬をうちころし、これを省外に放逐しなければならぬ。九月一八日のこの記念日を敬して、われらは新疆《シンキャン》全省を防衛し、その権利と国土を守り、その多種の部族を統一、帝国主義者を攻撃して、奪われた全国土をふたたび奪回すべく最善をつくさなければならぬ。あらゆる部族を糾合して確固たる統一にまとめるためには、部族はすべて同権のものとして待遇されねばならない。われわれはいついかなるときにも、帝国主義に対して断乎警戒の念をといてはならない。彼らにあたえる返答はつぎの一つしかないのだ。血だ！　帝国主義くたばれ！」

穢わしき犬に対するこの怒りの爆発は、わたしたち遠征隊に向けられているのである。わたしたちの任務が南京中央政府から課されていることや、この任務は新疆《シンキャン》までの、あるいは新《シン》疆《キャン》内での輸送能率のいい道路をつくるにあるのだが、それが中国人と、中国人に依存している諸民族のためなのだということには、ひとこともふれてないのである。そして久しくわたしたちは引きとめられ、前に述べた三つの道の一つを通ることを禁じられているのである。この事実は、わたしたちを敵とかスパイとか考え、ひたすら省のために働いている友人とは見ていないことをはっきりと証明している。

ウルムチでは婚礼の祝いもあった。ときどき死者も町からはこび出された。九月はじめ、老総督李永《リーユン》の奥さんが亡くなった。一九日にはもうこの白ひげの、愛想のいい、でぶでぶした老人は、あらたな結婚にふみきる用意をしていた。彼の選んだのは、三〇歳の、きわめて醜怪なる婦人であった。新夫婦とお客さんは一二台の車でまわってあるいた。彼らが通りすぎたあとすぐ、上級裁判官の柩が通った。先頭には巨大な紙提灯がかつがれていた。それにつづいて棺台、つぎにゆらゆらゆれる持運びの椅子、そして高い竿の先につけたいく本かの長旒《ながはた》。小さな子供たちの一群が行列をつくってそのうしろについて行く。彼らは赤い着物を着、とがった帽子をかぶり、大きな日傘をもっている。紅の衣をつけた仏僧と道教の僧が白い布でかざった車のお供をして行く。車には亡くなった裁判官の魂がはいっている。そのうしろに銃剣をつけた一団の兵士がついている。そしてそのあとにやっと白い喪服の親族たちの、本当の葬式の列がつづくのである。彼らは音楽隊のあとを車で進んだが、ほかのお客たちは徒歩で汚ないところを行くのである。白い聖幕の下に柩が棺台にのせられてやってくる。一六人がそれをになっている。裁判官の娘と白衣のほかの婦人たちが、その泣き声で道をいっぱいにする。裁判官の遺骸はまずお寺にはこばれ、そこで埋葬に縁起のいい日を辛抱づよく待つのである。

外交部での宴会は、野蛮な会に堕してしまった。食事はロシヤ式で、料理人も給仕もロシヤ人だった。大部分の中国人は多かれ少なかれ酔っぱらっていた。一人の高官はふらふら歩きまわって、自分の気にいったお客のだれかれとなく、髪のなかに老酒をつぎこんだ（わたしは、彼から目をかけられていなかった）。数人の東トルコ人が物静かに上品にテーブルについていたが、アルコール飲料には手もふれなかった。彼らは表情一つ動かさなかった。しかし彼らの考えていることは推察できた。平和をこいねがうために彼らは出席していたのである。しかし郷に入って郷に従うことができなかったのである。彼らは宴会の主催者とその民族を憎んでいながら、酔っぱらったこんな連中の庇護のもとに立つのを恥じていたのだ。

九月二二日、わたしは中国の顧問のソヴィエト将軍マリコフを訪ねた。将軍は盛《シェン》督弁の軍事面の右腕であり、たいへんな勢力をもっていた。わたしはこの機会に、若いハンネッケンの悲劇的な運命について、将軍と語りあった。ハンネッケンは一九三三年秋、北京から蘭州《ランチョウ》へ旅をした。ここで彼は一人のロシヤ系タタール人に会ったが、言葉を知っているので彼は気にいった。ハンネッケンは、この男が八年もの間殺人罪で牢獄にいたことなど全然知らなかった。同じ年の九月、ハンネッケンはハミに来て、七角井子《チコシンツ》への旅をつづけた。ここで道はわかれていた。右の道は古城子《グチェンツ》へ、左の道はトルファンへ向かっていた。ハンネッケンは左へまがった。しかしまもなくそのタタール人は、古城子《グチェンツ》へ行くほうがいいとすすめた。ハンネッケンもこの道をとることに決心したが、一向に古城子《グチェンツ》に到着しなかった。それ以来彼の消息は絶えてしまったのである。カトリック神父が、彼の運命をはっきりさせるためにできるだけのことをしてくれた。ひとの語るところによれば、ハンネッケンは一匹の大きなグレーハウンドをもっていた。いつも彼に忠実につき従っていた雌犬だった。粛州《スーチョウ》出身の馬仲英《マチュンイン》軍の一人の兵隊が、この白と黒のまだらの犬に注意をひかれた。この兵隊が一九三四年ふたたび粛州《スーチョウ》に来たとき、ハミの毛皮商に似たような犬の皮を見たと報告した。兵士の確信によれば、この皮は例の犬のものだという。というのはこんな同じような特徴をもった犬の皮は二つとないからだそうだ。この兵隊はこの犬が主人に忠実だったことを知っていて、犬が主人といっしょに殺されたと確信していた。ロア僧正とハベルル神父の見解では、この若いドイツ人ハンネッケンはキルギス人か、例のタタール人に殺されたというのである。二人とも一切の生存の希望を失っていた。

いまわたしは、マリコフ将軍にこの悲しむべき物語を話した。将軍はきわめて注意深くわたしの話をきいたのち、二、三の質問をした。わたしが将軍をわずらわして申しわけなかったと言うと、

「いや、いや、とんでもない。こちらこそお礼を申し上げたいくらいです。探偵小説には大いに興味がありましてね」と答えた。

そして将軍は、わたしの話の一つ一つの要点をくわしくノートした。

「この問題をはっきりさせるために、全力をつくしてみましょう。まずわたしが調査したいのは、一九三三年の九月と一〇月、馬《マ》仲《チュンイン》英軍と戦っていたとき、どの将校が七角井子《チコシンツ》から古城《グチェン》子《ツ》の道路に配置されていたかということです」

「ええ、そうです」とわたしは答えた。「ハンネッケンがもう生きていない場合でも——これは大いにありそうなのですが——彼の死を確認することと、その不幸な運命についてくわしい情報をうることはきわめて重大だろうと思います。多分、彼の日記か、彼のもちものは見つけられるでしょう」

わたしはまた、行方不明のハンネッケンの母親、ハンネッケン将軍夫人が、息子をさがすためにマンフレート・ベーケンカンプを派遣したと語った。ベーケンカンプは、故ヒンデンブルク将軍の紹介状をもっていた。故将軍は、亡くなったハンネッケン将軍の古い友人であった。

すでに報じたように、わたしは盛《シェン》督弁に、わたしたちの帰り途は、古城子《グチェンツ》、七角井子《チコシンツ》を経由する道路を使わせてほしいとたのんであった。わたしがとくにこの道をえらんだのは、そこ

に住んでいるキルギス人の一部族にあい、ハンネッケンのことをききだすことができるかもしれないという希望があったからである。残念ながらこの計算は当たらなかった。わたしたちがここにあんまり長く引きとめられているうちに、前記の二つの村のあいだの谷底では河の源流まで凍ってしまい、道にはすべてうすい氷がはって、わたしたちの重い車では渡ることができなくなったからである。

16　ウルムチでの最後の日々

九月二七日、一人の副官と二人の中国人秘密警察員がわたしたちの箱をきわめて念入りに調査した。鳥の剝製はみなフンメル博士の手で包装され、中には綿や木綿がつめられ、紙にくるんで紐でゆわえてあったのだが、その一羽一羽が警察の手でひらかれた。この荷は文字通り鳥の羽のように軽いのであるが、わが密輸摘発隊員の断言するのには、わたしたちが鳥のなかに黄金をつめこんでいないか確認せねばならないというのである。

その日はわたしたちにささやかな勝利をもたらした。わたしたちは荷物の全部を盛督弁《シェン》の衙門《ヤーメン》にもって行けという命令をうけたのである。ある大広間に、わたしたちの日用品、器具その他をいれたすべての箱がひらかれた。二つの別の部屋では、長いテーブルの上にロプ・ノール湖での発掘品のすべてが展示された。そこには絹や織物の布切の全部、銅貨、靴、サンダル、木製や陶製の皿、弓、矢、その他がずらりと並んでいた。素人の眼にはすべては、放り出されたがらくたの山のように見えた。

そしていよいよささやかなお芝居の上演となったが、そのプログラムはわたしたちに好意をもっているアプレソフ氏がこしらえたものなのである。午前八時半、遠征隊員がその場にあらわれるはずであった。すぐそのあと、アプレソフ氏がロシヤ領事館のヤシノフスキー、スタルコフ、ミヒェルマンとともに到着した。つぎに陳《チェン》 徳立《テーリ》があらわれ、最後に省主席盛《シェン》 督弁が姿を見せた。まじめくさった顔つきをして、ひどく緊張した様子で彼は徹底的に見てまわった。一つ一つの物品の前に立ちどまり、手にとり、ひっくりかえし、四方八方から検討し、ひどくつっこんだ質問をした。尤《ヨウ》とわたしとが案内役で、すべてに答えることができた。ときには、ロプ・ノールの発掘に参加した陳《チェン》が案内をひきうけることもあった。

わたし自身は自分用の荷物のほうが一番心配だった。それにはわたしの日記、スケッチ、地図がはいっているからである。さらにその中には、陳《チェン》がクム・ダリヤの北の湖を描いたすぐれた地図が何枚かはいっていた。尤《ヨウ》と龔《クン》の箱には、二人やベリマンの手で描かれたゴビ砂漠を通る北方自動車道路の地図もはいっていた。またベリマン作製の、クム・ダリヤから南にのびている河の流れの地図もあった。彼の発見は、わたしたちのもっとも重要な地質学的成果の一つであった。副官たちは以前に、これらのすべてのうち何一つ、省外にもち出してはならないと脅迫したことがあった。そうなれば、この旅行はまったく無意味だったということになる。アプレソフ氏はわたしの心配を知っていた。氏はいつもの愛想のよさで、盛《シェン》 督弁と話しあうことを約束してくれた。そして休憩時間に、氏はわたしのところに来てささやいた。

「あなたのプライヴェートな品物は開ける必要はありません。箱にはみんな役所の証明書がはられますし、盛《シェン》 督弁の印がおされますから。すんだらボーイはその箱をまた自動車につんで運び出してもよろしいのです」

すばらしい！　これで万事オーケーである。

いよいよこのお芝居のクライマックスがくることになった。盛《シェン》督弁は役者みたいな物腰になり、右腕をテーブルごしに伸ばして大きなゼスチュアをつくって言った。

「みなさん。こういう品物はわたしにとってなんの値打ちもありません。これらはわが省になんの利益ももっていません。みんなまた箱につめて下さい。特別の旅券を差し上げますから、国境の外にもちだしてもよろしい」

こういって彼は、シーザーみたいに昂然として、自分の事務室に戻ってしまった。わたしたちがアプレソフ氏に心から礼を言うと、氏は部下をつれて衙門《ヤーメン》を出ていった。氏はこのお礼の言葉をうけるに値いしたのである。なぜなら氏は事実、遠征隊を救ってくれたからである。省主席はただアプレソフ氏のことを考えて、あんなに寛大に見のがしてくれたのである。わたしたちは彼には、単なる不安と当惑をあたえる歓迎すべからざるスパイの一団にすぎなかった。これに反して総領事は彼をたすけて戦いに勝利をもたらせてくれた人である。氏の援助がなかったら、盛《シェン》督弁は新疆《シンキャン》の王座を《大馬》にゆずらねばならなかったであろう。

町の郊外数キロのところに応急に作られた飛行場があった。それは《大馬》がもともとあったのを焼いてしまったあと、つくられたものであった。そこには四〇〇メートルの競技用トラックをもった運動場があった。ここで九月三〇日、今年の大〝オリンピック・ゲーム〟が催された。わたしたちはものものしく招待された。入口には盛《シェン》督弁が自ら出迎えにでていた。彼はわたしたちを大きな見物席に案内してくれた。そこにはテーブルや椅子が備えてあった。そしてテーブルの上に、賞金や銀のカップやそのほか小さなものがならべてあった。

新たに選ばれた文官知事、ロシヤの総領事、その他町の貴賓が出席していた。競技トラックのまわりには、白系ロシヤ人、赤系ロシヤ人、中国人、東トルコ人、トルグート人、キルギス人その他がいっぱいとりまいていた。ここでわたしは、東トルコ人の指導者ホージャ・ニアズ・ハジと知りあった。彼は土着の回教徒の旗手であり、聖地巡礼者であり、半ば宗教的な意味をもつホージャという肩書の持主でもあった。彼はあまりいい印象をあたえず、手足がやけに大きく、不恰好で、黒いひげをはやしていた。わたしは彼にその国の言葉で話しかけたが、彼はただ「そうだ」とか「ちがう」とか言うだけで、ほかのだれとも口をきかなかった。多分もし軽率な言葉を吐いたら、首がとばされるのではないかと恐れていたのであろう。戦争でははじめ彼は《大馬》とともに行動した。馬《マ》将軍はとにかく回教徒だったからである。つぎに馬《マ》将軍に反抗し、いくつかの戦いで破られた。盛《シェン》督弁からは彼は王侯のように迎えられた。彼には自身の廷臣がおり、親衛隊ももっていた。彼の東トルコの人民は、自分たちが異教徒、あるいは不純物として憎んでいる中国人の権力下に彼が身を寄せてしまったことに甘んじることはできなかった。盛《シェン》督弁は、賢明な、要領のいいやり方で彼の力を奪ってしまった。つまり彼を文官の副知事にしたのである。これは実質をともなわぬ肩書で、彼を首都にしばりつけ直接監視下におくことができるのである。彼の服装はまったくヨーロッパ風だった。このことはすべての正統回教徒にとって癪の種であった。彼らは予言者マホメットの頭のおおい、つまりターバンだけをホージャ、あるいはハジにふさわしいものと見なしているのである。

このアジアの中央でのオリンピック競技については、そのほか別に述べることはたくさんない。障害物跳躍、駅伝競走、レスリング、耐久競走などなどが披露された。すべての訓練はこういう未開の国にしてはわるくはなかった。テントでは昼食が供され、ようやく退出してもいいことになった。翌日も競技は続行され、盛《シェン》督弁は短距離競走に参加した。賞品を授与するとき、彼は省の防衛にとって体育競技がどんな意義があるかについて熱弁をふるい、帝国主義と日本についても若干〝例の〟お愛想をふりまくことを忘れなかった。

一〇月二日、わたしは病気になった。サポシニコフ博士が呼ばれたが、深刻な顔をした。翌日博士は尤《ヨウ》に治療の指示をあたえ、十分用心するようにすすめた。

「チフスですか?」とわたしはたずねた。しばらく考えたのち、博士は答えた。

「そうですね。もし知りたいとおっしゃるなら、チフスかも知れないと申し上げてもいいのじゃないかと思います。熱がつづくようでしたら、わたしたちの病院に来てもらいます」

大事をとって一〇月五日、わたしは病院へはこばれた。すべてがわたしたちの意図にさからっていた。わたしたちは、一〇月一日出発するはずだったのである。それがいま……? わたしは万一のことがあって、最後の大いなる死の門出が迫っているとしたらと考え、妹たちに心の準備をするようにと電報を書いた。アプレソフ氏はなんどかわたしを見舞い、電報の件をひきうけてくれた。すべての危険がすぎさったときに打ち明けてくれたが、あまりはやばやと親戚をびっくりさせるのもどうかと思って、氏はこの電報をついに打たずじまいだったという。わたしは氏の独断を祝福した。熱は三九度八分までのぼった。幸いなことにわたしたちはみな、コルラでフンメル博士から予防注射をうけていたのである。

　チフス――これはわたしたちのかかった病気のなかで、まだ体験していない唯一のものだった！　チフス――この言葉はなにか威厳のある、恐怖をよびおこす、死の充満したひびきをもっている！

　病院生活はながくならなかった。サポシニコフ博士はわたしを模範的に診察した。わたしはこのことを博士に、いくら感謝してもしすぎることはない。一〇人のロシヤ人看護婦とタール人看護婦が、最上の看護を惜しむところなく示した。彼女たちはそれぞれ体験した自分たちの人生の運命を物語ってくれることによってわたしの時間をつぶしてくれた。

　いまなお噂話は、かげろうのように空中をとびまわっていた。その一つの噂では、わたしの病気はインチキで、わたしは中国本土から有力者の来るのを待つために、病気を口実にしているというのである。青海《チンハイ》の馬歩芳《マブファン》は、ハミのヨルバルス・ハンとともにトルファン盆地を侵略しようとしていると主張されていた。中国人と東干《トゥンガン》族との争いが安西《アンシー》の東部地方で勃発したという報道もはいっていた。そこのシルクロードをわたしたちは旅しようとしていたのだ！

　数日はゆっくりとすぎて行った。冬がはじまった。一一日夜は――三・二度であった。一三日は、病院でのわたしの最後の日であった。熱は上がらなかった。わたしは郵政局主任の家に帰ることを許されたが、そこでは全遠征隊員が待っていて、わたしを歓迎してくれた。

　最後の数日はお別れの訪問に費された。盛《シェン》督弁はわたしたちから、金貨で三五〇〇メキシコ・ドルを借金していた。それから数か月たったいま、その額をアルタイの金の延べ棒でうけとった。そして特別の持出し許可をそれにつけてくれた。これはわたしたちの帰りの旅にとって危険な荷物だった。

　サポシニコフ博士が、わたしは恢復したからいつでも出発していいと言ったとき、わたしたちはこれでいっさいの障害がとりのぞかれたと思った。しかしこれはわたしたちにしては、あまりに楽観的にすぎた。陳徳立《チエンテーリ》は、二二日に二台の乗合バスが出発すると伝えた。盛《シエン》督弁は、二つの旅の団体に同時に一つの護衛部隊がつくことができるように、このバスといっしょに出発してほしいと望んでいるという話であった。長い交渉ののち、一九日を出発日ときめることに意見が一致した。ほとんど同時に一人の副官がはいってきて、新疆《シンキャン》の道路について詳細な報告を出すことを要求した――頑強に、これまでわたしたちがはいることをこばんだ道路についての報告なのである！

　一六日午後、尤《ヨウ》と他の数人の中国人たちは盛《シエン》督弁から会議にでるように言われた。それは非常に長くかかって、ようやく彼らは戻って来た――そしてわたしはまたいい結果を期待できなくなってしまった。議題は、われわれの帰途及びバスの帰途についてであった。盛《シエン》督弁は言明した。

「ヘディン博士になにか起こったら、わしに責任がある。博士が襲われたり殺されたりしたら、全世界の人が、襲撃はわしがやらせたのだと言うだろう。そうなるとわしは、すべての人々に面子を失ってしまう。省内での博士の面倒はわしが十分にみてやらなければならぬ。今晩ピチャンへ電報をうって、部隊を七角井子《チコシンツ》と車軲轤《チエコウロウ》へ派遣するように要請しようと思う。命令は二〇日前には実行に移されないだろう。だから二一日に出発してもらいたい。いつ出発するかは、誰にも知らせてはならない。キルギス人の盗賊団は市場《バザール》にスパイを放っていて、その首領に通報しており、首領はそれに従って襲撃を準備するのだ。またハミから安西《アンシー》への道はあぶないと警告したい。ヨルバルスの報告では、星星峡《シンシンシア》には六〇人の盗賊団がその本拠をもっているという。こういう情勢をよく考えて、来たときのゴビを通る道を帰ってもらいたい。二一台の二輪馬車がちょうど古城子《グチェンツ》から七角井子《チコシンツ》の旅の途中、キルギス人の盗賊に襲われ、掠奪されている。全員が殺害された。新疆《シンキャン》と外モンゴルとの国境やアルタイでは、キルギス人の盗賊団が掠奪を行なって、隣の国々まで深く侵入している。そこのソヴィエト当局はわしのところに文句を言ってきて、彼らにどういう態度をもって臨んだらいいか問いあわせているくらいである。「打ち殺してくれ」とわたしは返事している。それで盗賊団は遠く新疆《シンキャン》内まで追撃されている。われわれは外モンゴルとは協定して、国境の両側に軍事基地を設置しているのだ」

　わたしたちの時間を空費させようというつぎの小細工が考えだされ、たとえば別れの宴会を延期し、しかも宴会をしないでは出発など考えられないというふうにやられるのではないかと心配だった。しかし一七日、副官が赤いカードをもってきたが、それには招待者の名前がみな書いてあった。署名して招待を受諾したことを確認した。

　別宴の食事は豪華だった。盛《シエン》督弁は、酒も煙草もやらないといういい習慣をもっていた。彼はお客さんにはみな好きなようにさせておいた。すばらしい演説がつぎつぎ行なわれた。主催者《ホスト》が口をきった。

「この粗末な食事でもって、われわれはお客さんたちに〝ごきげんよう〟と〝さよなら〟と申しあげようとしている。第一にこの挨拶をスヴェン・ヘディン博士にさしあげたいと思う。博士はたびたび新疆《シンキャン》に来られて、われわれの省の地質、博物、考古学の研究をなされた。いま博士はふたたびわれわれのところに来られ、古代のものをたくさん発見された。この蒐集品は中国本土へ持ち帰られ、精細に調査されるはずである。これらは世界の別の部分の人々に対しても、興味のあるいくつかの問題を解明するのに寄与することだろうと思う。その地質学的研究とならんで、ヘディン博士は今度も交通路を研究なされてきた。これは新疆《シンキャン》と中国本土にとって、大きな意味をもちうる事業であろうと思う……」

盛《シェン》督弁がその演説をつぎのような言葉で結んだのは、彼の名誉となるであろう。

「自分としてきわめて遺憾なことは、博士がこれまで経験された以上の強力な支持、よき待遇を、時勢のために十分あたえることができなかったことである」

この演説は通訳によってロシヤ語に翻訳された。わたしの答辞、謝辞は中国語に翻訳された。これにつづいていくつかの、いかにもぴりっと皮肉のきいた挨拶だとか、外交的な、あるいは非外交的な慇懃さの一斉射撃とかが、縦横無尽にテーブルの上を往復した。ようやく最後の土壇場になって、みんな心に思っていたことを言ったのであった。わたしたちは、なごやかにむつまじく別れた。

翌朝八時、わたしは尤《ヨウ》の呼び声で目をさました。

「盛《シェン》督弁が奥さんと娘さんをつれて、お別れの挨拶に来ています」

ウルムチの街をパレードする軍隊

わたしはベッドから飛びおき、顔もあらわず大急ぎで衣服をつけたが、わたしたちの部屋には〝閣下〟がその家族と辛抱づよく待っていた。督弁はわたしに自筆の旅券を手わたした。それには、わたしたちが荷物の全部を税関検査や衛兵検査なしに持ち出していいという証明が書いてあった。この書類は、ここに記載されてある規定に従わないものに対してはきびしい罰則を適用するという脅しの文句で終わっていた。さらに彼はわたしに、自分自身及びその家族の写真を二、三枚と、かなり大きな翡翠《ひすい》一つ、黒い子羊の皮を一つ贈りものとしてくれた。最後に彼は、その日の朝、郊外で行なわれるはずのパレードに出席してほしいとたのんだ。

わたしたちがパレードの広場に行くと、すべての招待者は一段と高い石の上に集まっていた。かがやく太陽のもとに軍隊が行進していった。約一三〇〇の歩兵、騎馬砲兵の一二個中隊、すばらしい馬に乗った騎兵隊、一列の装甲部隊等々である。音楽が奏せられ、祭りのような気分があふれていた。督弁の慇懃さは人目をひいた。わたしたちが退出すると、彼は車のところまで送ってきて、車が動き出すと軍隊式に挨拶した。

かくて最後の日が来た。その日は、悪夢のようにわたしたちの胸にかぶさっていた最後の数日間の心配を散じてくれた。ひとの話では、督弁の弟と中国人の数人の高官がわたしたちの車でお供をし、わたしたちの行動の自由を奪おうとするのではないかということだった。しかし幸いなことに、ぎりぎりの瞬間に、この人たちは乗合バスで行くことに決定された。

もう一つ、尊敬に値いするハンター師とカトリック伝道会の人々に「ごきげんよう」を言った！　夕方の七時、盛《シエン》督弁に最後の訪問をする。わたしたちの中庭には二台のトラックが出発準備を完了していた。アプレソフ氏のおかげでロシヤから手にいれることのできた、新たなガソリンの荷と食料とが積みこまれた。かくして最後の夜が、その暗黒のとばりをわたしたちの捕われの庭におろしてきた。

17　解放の時

一九三四年一〇月二一日、北京を出立してからちょうど一年目に、わたしたちに解放の時の鐘が鳴ったのである。八時、乗用車と二台のトラックは屋敷の門をでて行った。わたしたちは、中国人街の南門、トルコ人地区の南関《ナンクアン》、ロシヤ地区の洋行《ヤンハン》を通りぬけた。これらはそれぞれ国によって分かれていた。ロシヤ総領事館で車をとめ、アプレソフ氏に別れを告げた。愉快そうに上機嫌で彼はとび出してきて、わたしたちと郊外でもう一度会うために近道をえらんで行きますよと言った。わたしたちは乗合バス会社の庭に停車し、陳　徳立《チェンテーリ》に別れの挨拶をした。そこへアプレソフ氏が通りかかり、ずっと遠くの郊外でわたしたちのために、ウォトカとぶどう酒で別れの小宴をしようと思うと言った。南門の衛兵所では手もふれずにわたしたちを通してくれた。口には言いあらわしがたい愉快な気持で、わたしたちはウルムチを去った。この町こそわたしたちにほとんどいい日を恵まず、ただ多くのいやな日のみあたえた町ではあるが。みんな解き放たれた思いで、快適な車のなかで、からだをうしろにもたせかけて、もう一度あたりのすばらしい景色をながめるのだった。車のごとごと走っているのを感ずるのもいい気持だった。車輪がひとまわりするたびに、ウルムチから遠ざかるのであり、南京、北京、そして

ダワンチェン付近で川にはまりこんだ自動車

故国へとわたしを近づけるのであった。アプレソフ氏にはでくわさなかった。多分氏の運転手は、あんまり早く道路から横に折れてはいったのだろう。領事はいまごろどこかに腰をおろして、空しくわたしたちを待っているにちがいなかった。もう一度氏に会って、その好意にお礼を言う機会を逸したのはかえすがえすも残念なことであった。

わたしたちは、よく知った道をダワンチェンに行った。夕方になり、ものの影が村の上に落ちていた。谷月のかがやきがだんだんとつよさをましてきた。谷のなかが暗くなったとき、わたしたちは河についた。道路は左の谷の側で少々下り坂になっていた。そのため三度河を横切らなければならなかった。最初の渡河のとき、わたしたちはトラックのうしろだった。河の真中でエンコしてしまい、六人がかりでまた引っぱり出してもらった。二度目の渡河のさいは、泡立って流れる急流のなかにはいったので、水が車のなかまで浸入してきた。わたしたちはまたエンコしてしまった。大急ぎで、助けられるものを助けなければならなかった。ケーブルと綱がとり出された。一台のトラックがわたしたちを急流からひっぱり出した。最後に三番目の渡河をも無事切りぬけた。岸で、テントを張るのに都合のいい、石ころのない場所をさがした。ここで最初の宿営地を張った。賈逵《チアクウェイ》が雄羊の肉、パン、バター、チーズ、茶などを夕食として出してくれた。ふたたび天を仰いで寝るのはすばらしかった。河はざわめき、風は木々のなかで音をたてて吹いていた。

朝の冷気をついてダワンチェン峠のせまい回廊《コリドール》をのぼり、向こう側のけわしい坂を下る。小麦や布地をつんだ馬やろばの隊商にいくつかであう——地域交易がふたたび活発化したしるしである。ひと月前に中国人の運転手の運転する数台のロシヤの自動車が、この峠を下ったことがあった。その運転者が操縦の自由を失い、ものすごい勢いで転落しひっくりかえって、四人が死んだということであった。

絵のように美しい、赤い回廊《コリドール》をぬけ、煉瓦のように赤い砂埃をまき上げる。分かれ道に来る。トクスンへの道は右、トルファン行は左とわかれている。日が沈む。のこぎり状の山の背や峡谷のいりみだれた、ぎざぎざした地形の上に、満月がのぼってその黄色な顔をみせる。道はたえず下りである。とうとう標高は海面と同じところまで下ってしまう。まもなくトルファン到着。ここで一泊する。

翌日、トルファンの東門を出、やがて絵のようなセンギムの谷にはいる。ピチャンの司令部で一人の将校がでてきて、護衛の哨兵はすでに道路ぞいに配置してあるから、安心して旅をつづけてもらいたいと知らせてくれる。はなやかに、すらりとのびているピラミッド型のポプラの下を通り、灌漑用運河、そしてちょっと面白い形の橋をこえる。まもなくまたなにも生えていない砂漠にでる。一三六キロ走って夜営地を設営。晩は寒く、寒暖計は零下八・三度を示す。

旅はさらに東へつづく。トルコ人の報告では、道路をわたしたちのためにあけているいくつかの巡察隊《パトロール》にあったという。わたしたちはくねくねした谷をまたいくつものぼる。五時に七角井子《チコシンツ》につく。ここにわたしたちのために、五〇人の兵隊が配置されてあった。部隊の指揮官は言った。

「もしまっすぐハミにいらっしゃるなら、二〇人の兵隊をあなたの車でつれて行ってもらいたい。道が安全でないのです。わたしたちはあなた方に対して責任があるので」

わが護衛兵たちはトラックによじのぼる。旅をつづける。月がのぼる。まもなくまた砂漠にでる。

一〇月二五日、かがやくばかりに明るい、静かな朝、わたしたちは旅をつづける。計器の示すところでは、乗用車はいま一万一二六三キロ走ったことになる。あらたな夜が近づいてくる。うすぐらくなり、日がくれてからやっとわたしたちはハミの一番はしの数軒の小屋のあたりに到着する。ここで一風かわった出迎えをうける。セラトが先頭を走り、尤《ヨウ》、陳《チェン》、わたしの三人が乗用車に乗ってエッフェが運転してすぐそのあとにつづく。運河にかかっている小さな橋のそばで、一二人ほどの兵隊がこっちへ飛んできて銃をわたしたちのほうへ構えるのである。セラトにとまるように命令する。セラトはすぐ車をとめる。わたしたちはおりて、いったいこれはどういうことだとたずねる。彼らのほうも横柄な調子で、わたしたちが何ものであり、どこへ行くつもりなのかときく。指示をもらうために、彼らは伝令をヨルバルスのところに派遣する。そのあいだわたしたちは待っていなくてはならない。みんな引き金に人さし指をかけている。しばらくして町にはいることを許される。兵隊たちはトラックによじのぼったり、あるいは乗用車の足掛け台に乗ったりする。ゆっくりと暗い通りにはいるが、ところどころの店に石油ランプがついているだけである。ヨルバルスの家の前で車をとめる。ここにハミの絶対権力者でもある、師団長ヨルバルス・ハン、またの呼び名〝虎侯〟が、三〇人の親衛隊にとりまかれて立っている。わたしは彼に挨拶し、二、三話しかけ、わたしの車に乗るようにすすめる。しかし彼は、まず中国人の文官知事劉《リウ》をつれて行きたい、そしてわたしたちといっしょに用意をしてある家に行こうと答える。そこでわたしたちは、二月まで住んでいた家に車をやる。せまい中庭にはすでに、わたしたちと同時にウルムチを出た二台の乗合バスがついていた。

まもなく自信たっぷりな〝虎侯〟と知事もやってくる。わたしたちは半時間ばかり彼らと歓談する。二台のバスは数日ハミにとどまり、食料を用意するという。わたしたちにも一日待ってもらいたいと言った。なぜならヨルバルスが歓迎の宴会をしたがっているからだという。わたしは彼に言った。わたしたちはこの種の催しに、ウルムチで十分すぎるほど招かれている、いまはぜひとも翌日、一〇月二六日に安西《アンシー》へ出発したいと思っていると。そこでヨルバルスは、翌朝一〇時に朝食に招待することにきめた。そうすれば一二時には出発できるだろうという。安西《アンシー》までの道は安全だった。星星峡《シンシンシア》付近で悪事を働いていた盗賊団は追い払われてしまったそうである。安西《アンシー》の司令官は電話で、わたしたちの到着時刻をたずねてきていた。南京政府は彼に指示して、わたしたちに最上の歓待をあたえるように言ってきたという。

ベーケンカンプは――まえに書いたように――ハンネッケン夫人の委託で、その息子を探すように新疆《シンキャン》に派遣されていたが、ハミには三か月滞在したそうだ。わたしたちが到着する前の日に町を出たが、行先はたしかに安西《アンシー》であった。彼の出発は逃亡に似ていた。ひょっとすれば追跡されるのではないかと思い、追跡をおくらせるために、その宿にくだらぬものをつめた箱を二、三置きっぱなしにして行った。しかしヨルバルスは追跡などになんの興味ももっていないように見えた。ハンネッケンを探しだせる希望はあると思うかとわたしがたずねると、彼は外交官みたいに答えた。

「わたしはハンネッケンの死骸を見たことはないから、死んだと断言もできない。しかし彼がまだ生きているとは思えない。希望をいだくことはすべてまちがいだと思う」

わたしたちがウルムチを去るとき、一四人のひとが、わたしたちの車に同乗したいとたのみに来た。数人は、その乗車賃を適当に払いたいとも言っていた。しかしわたしたちは一種の官吏なので、みなの申し出を冷たく拒否したのだった。つまりお客をのせる資格はないと考えたのである。これらの人々の一人がグスタフ・ゼーデルボームだった。しかしこの人はその後マナスへ旅行するという口実で、自分のらくだをつれて近道をとってハミにやって来た。ハミの西門で彼は、町をぐるりとまわって、町の東の砂漠に宿営したある隊商と合流した。彼がいまその旅仲間と東へ進んだならば、帰化《クエイホア》までの全道程をべつに何事もなく旅しただろうと思う。

しかし彼はなかなか大胆不敵な男で、買物をするためにハミの市場《バザール》を訪ねた。わたしたちが出発したあとでは、彼が唯一人のヨーロッパ人だったので、彼は秘密警察の注意をのがれられず逮捕され、牢屋にいれられた。その後ウルムチにつれ戻されたが、外交交渉によって釈放されるまでここにとどまらなければならなかった。

翌日またわたしたちに試練が迫ってきて、それからやっと解放の時の鐘が鳴った。それはヨルバルスのところでの朝食である。ヨルバルスは東トルコ語で演説をし、それにわたしが答辞をのべた。わたしたちみんな、ひょっとすればあわやという瞬間に、引きとめられるのではないかというかすかな不安を感じた。乗合バスの乗客たちは、最後の瞬間までエッィン・ゴル経由帰《クエイホア》化行の旅はいっしょにしようとすすめてやまなかった。そうすれば襲撃されたときには、わたしたちがその武器でみんなを防ぐことができるというのである。しかし今度もまたわたしたちは無情にふるまい、自分たちの宿に急ぎ、のこっているものを梱包し、ヨルバルスと劉《リウ》につきそわれてハミを出た。二人は約五キロのところでとまり、わたしたちに「ごきげんよう」を言った。わたしたちはエンジンが持ちこたえるかぎり全速力で走った。できるだけ早くこの危険な界隈から逃げだすために。ヨルバルスと劉《リウ》はトラックでわたしたちのお供をしてきた。劉《リウ》は、盛《シェン》督弁によって、別の車でハミに派遣され、ホージャ・ニアズ・ハジの家族を迎えにきていたのである。ヨルバルスは、ホージャの数人の家族とその一台の車を先に送りとどけ、もう一台の車とホージャの弟、その娘、妾のほうはこらしめのために引きとめておいたからであった。

北のほうに天山《ティエンシャン》山脈の支脈がそびえていた。それは砂漠の海のなかにまるで巨大な岬のようにつき出ていた。わたしたちはハミと安西《アンシー》とのあいだの古代の隊商路にでていた。路はよかったり難儀だったりした。ところどころで、かたく、乾いた、黄色い草の生えた帯状地帯を通った。長流水《チャンリウシュイ》、つまり〝長い奔流〟という小さな村で、わたしたちはその晩をすごすことにした。宿営地は一〇九号であった。

夜の気温は零下五・八度に下がったが、お昼になると太陽は燃えるようにあつかった。砂漠の道はあるいはよく、あるいはでこぼこしていた。北西のほうの山々は色がうすくなり、遠くに消えて行った。ときたま大昔の粘土造りの家の廃墟のそばを通ったが、ひとの気配さえ感じられなかった。小さな丘の上に望楼の廃墟がそびえていた。苦水《クシュイ》、つまり〝にがい、冷たい水〟の近くで道は分かれていた——右は敦煌《トンホアン》へ、左は安西《アンシー》へ。苦水《クシュイ》村に野営したが、ここは廃墟となっていて、さし掛け小屋のようなところに二、三人の騎馬郵便屋が住んでいた。彼らはこの村について、こんな話をしてくれた。

ここから《大馬》がハミへ二度目に進撃するすこし前、一一人の東トルコ人の商人が安西《アンシー》で買った商品をもってハミへ帰ろうとしていた。彼らは星星峡《シンシンシア》で、甘粛《カンスー》と新疆《シンキャン》の国境をこえていいという許可をもらっていた。当時《大馬》の参謀長で、わたしたちの友人である黎《リー》海如は、知事としてハミにいた。彼は一一人の商人の隊商を襲い掠奪せよという命令を出した。命令は実行され、一一人は殺され、商品は奪われた。この不法行為がハミに知られたとき、犠牲者の家族たちは賠償を要求してきた。黎《リー》は、隊商を襲ったのは盗賊団であり、その行為に自分は責任をおうことはできないと宣言した。この事件は新疆《シンキャン》の暴動の火にあらたな油をそそいだ。わたしたちがトルファンで彼のところに厄介になっていた当時、彼の機嫌がわるかったなら、わたしたちを容易に同じようにとりあつかうことができたかも知れない。しかし彼はたとえわたしたちの武器をおそれていたにせよ、またその立場に不安以上のものを感じていたにせよ、そんな態度にはでなかった。《大馬》が当時ちょうどウルムチで撃破されたばかりだったから。

一〇月二八日、かがやく太陽、さすような南風のなかを時をうつさず出発する。砂漠の土はしっかりしていて、かたい砂利でおおわれている。波状の地形は、風の落ちた海のようにわたしたちの前にひろがっていた。両側に低い丘が見える。茶や布地をつんだ四〇頭のらくだの隊商にあう。持主はケリヤの商人で、八年前にその故郷を出、商品を粛州《スーチョウ》にはこんだのだという。動乱や戦争のために帰られなかったのだが、いまやっと勇を鼓して出発したというのである。隊商の鈴の音は、お葬式にでも行くように荘重にひびいた。

二五〇メートルのぼって波状の地形の頂上に達する。ここからおそろしく荒涼とした、不毛の砂漠のはてのない展望がえられる。草一本見えないし、野生の動物一匹いそうにない――死の静寂が領している。ときどき望楼やくずれ落ちた城壁の廃墟のそばを通る。ときにはそれらは旅人を、はげしい嵐からどうにか守ってくれることもあるようである。砂泉子《シャチュアンツ》、つまり〝砂の泉〟にはその名の如くいい水のあることは例外であった。苦水《クシュイ》から四八キロ走って、五〇〇メートルのぼり、小紅柳園《シャオホンリュウユアン》で、海抜一六〇〇メートルのところにでる。そこでは道は、低い丘や山の背や隆起した地形のあいだを走っている。そして灰色の、こまかい粒子の花崗岩、ペグマタイト、結晶状の板岩からできた岩壁のあいだの峡谷について走っている。山々は次第に重要さをましてくる。わたしたちは、平坦な峠を一八五〇メートルまでのぼる。右側に小さな寺星星峡《シンシンシア》が見えるが、破壊され打ちすてられている。無数の石塁がこの仏教の聖地へ行く道のしるしとなっている。寺の世話をしている僧はいない。そのくずれた壁は、灰色の岩のあいだに赤く光っている。近くにある小さな村はただ数軒の小屋からできているだけである。郵便屋がたった一人の住民である。配達夫は仕事にでて、留守である。主任の報告では、前の晩、わたしたちを迎えるために、安西《アンシー》から数人の兵隊が村に来たという。わたしたちの消息をきくことができなかったので、みなまた引返したそうである。

　寺をとりまいている丘の上に、古い要塞の廃墟や城壁がそびえている。ここを二つの省の境界線が走っているが、今日ではもう国境守備兵は見張りに立っていない。

　夜、零下八・二度。早々に出発。数知れぬ石塁とピラミッドが道路の両側をふちどっている。道はあるいは砂と砂利をこえ、あるいは岩塊のあいだを走っている。しばらくすると谷はつきる。地形はひらけ、南へのひろやかな展望がえられる。狭い回廊が平野へのびている。ここにはぽつんぽつんと草むらがある。見すてられた金鉱のそばを通る。防禦濠が不安な時代を証明している。南東に向かう。右にはもう大分前から山なみが見えていたが、これは西から東へ伸び、北山《ペイシャン》につづく山脈である。とうとうその東端の支脈のそばを通る。それから山なみは、わたしたちの背後に消えてしまう。地形のそう深くない区切りのところに、ぽつぽつと草むらがある。四四頭のらくだの隊商が安西《アンシー》からハミへ小麦を運んでいる——交易がふたたび活発になりはじめたのである。大泉《タチュアン》、つまり〝大きな泉〟には、郵便屋が家族と三頭のろばといっしょに住んでいる。道の両側に、遠くまで見える、小さな望楼のある丘がもり上がっている。つぎの村、小泉《シャオチュアン》、つまり〝小さな泉〟には人が住んでいない。ふたたび小さな山のあいだにはいり、そのため道を地図にうつしとる作業がおくれる。数百メートルの間隔をおいてはかもしかの群れにあう。第一一二号基地は、海抜一八七〇メートルの高さの平坦な場所につくられる。わたしたちはあらかじめこまらないように、水は小泉《シャオチュアン》から持ってきていた。

一〇月三〇日、空は奇妙な曇りかたをしていた。しかし太陽がでる頃はまた晴れあがった。南風がわたしの車のまわりを吹いていた。わたしたちの道は山岳地帯へはいっていた。昔は大きかった村だが、いまはすっかり破壊された紅柳園《ホンリュウユアン》、つまり〝タマリスクの庭〟という村には、郵便屋が一人と数匹の犬が住んでいるだけであった。この道であう荒廃は、すべて《大馬》のしでかしたものである。一九三三年、馬《マ》将軍がこの道を安西《アンシー》からハミへ進撃したとき、すべての村や農家を破壊してしまったのである。一つには南京から追手がくるかも知れないと思って、それをはばむためであり、一つには自分の兵隊の脱走や寝返りをふせぐためなのである。

一一時ちょっとすぎ、ひどく異様な光景がくりひろげられた。砂埃につつまれて、わたしたちのほうに向かってくる一台の自動車があったのだ。それはわたしたちに、安西《アンシー》からの最初の歓迎の挨拶をもってきたのである。その持主のバルト人タンベルクが自ら運転席に坐っていた。彼はオッペンハイマー包装商会に勤めていた。そして五台の車とともに、新疆《シンキャン》省産の羊の腸

安西の東門

皮（腸詰用）をとりに安西《アンシー》まで来たのである。カルガンの若い伝道師の息子アルムブラートが彼の下に働いていた。三人目の同乗者はドイツ人パウクである。彼は安西《アンシー》の航空会社「欧亜航空」のガソリン倉庫支配人であった。羅《ロー》――中国人――が市長と司令官の代理で挨拶した。しばらくおしゃべりしたのち先へ進むことにする。岩がちの丘陵と小高い丘のあいだをぬけ、平坦な砂漠にで、小さな村を二つ三つ通り、隊商や牛車の列のそばを走って竜王廟《ルンワンミアオ》に向かう。これは疏勒河《スーローホ》の神にささげた町である。四時、疏勒河《スーローホ》の右岸に達する。平たい、草の生えていない両岸のあいだに、河は二筋になって流れている。あるところでは凍っていて、いまは秒量ほとんど一立方メートルもながれていない。わたしたちはトラックをおりて乗用車のほうにのりかえる。ひどい道路を走り、銃眼をつけた安西《アンシー》の城壁に向かう。西門で兵士たちにとめられる。兵隊たちは、わたしたちが市内にはいるまえにその到着を報告しなければならないのだ。

それからわたしたちは、市長の衙門《ヤーメン》に行く。市長は丁重に迎え、わたしたちのために五つの部屋を準備させる。市長が尤《ヨウ》とわたしと話しているあいだ、パウクとベーケンカンプが到着する。このわたしたちの友人は、わずか五日でハミから安西《アンシー》へ馬で来たのである。

安西《アンシー》は小さな、貧しい、みじめなオアシスである。全住民は九〇〇家族ぐらいだと推定されるが、そのうち三五〇家族は市中に住んでいた。さらに町には四五〇人の守備隊がいる。彼らは東干《トウンガン》族で、西寧《シーニン》の馬歩芳《マブファン》の指揮下にある。五〇人の守備隊のいる敦煌《トンホアン》は、安西《アンシー》より裕福な町だという。守備隊は農民の犠牲において生活しているのだが、農民はなにも補償金をもらっていない。農民の養わなければならぬ兵隊がふえればふえるほど、彼らは貧乏となりしぼりとられるのである。ほかの文献によると、このオアシスは住民六〇〇〇、町は住民四〇〇〇ぐらいはあるという。人口調査の行なわれない国では、住民の数についてははっきり実態をつかむことは不可能である。わたしたちがさらに東のほうで会った収税吏の保証するところでは、安西《アンシー》の全地域には九四〇家族が住んでいて、玉門《ユーメン》には九六〇、敦煌《トンホアン》には二五〇〇家族がいるという。嘉峪関《チアユークアン》は一〇〇家族である。これらの小さなオアシスの町には、普通一つか二つの小学校がある。

安西《アンシー》ではニュースとデマとを雨霰とばかり降りそそがれた。町のヨーロッパ人たちの耳には、わたしたちが《大馬》に捕えられ、カシュガルに連れて行かれたという話がとどいていた。兵隊をのせた数百台のトラックが、新疆《シンキャン》を奪回せんために西安《シーアン》から粛州《スーチョウ》に行く途中にあるともいう。それに対して粛州《スーチョウ》では飛行場が建設され、四五万リットルのガソリンがそこに運ばれたという。わたしたちの冒険の時期はあきらかにまだ終わってはいないらしいのだ。東へ行く途中で、わたしたちはこの軍隊と会うだろうし、その指揮官には多分、わたしたちの経験が役に立つだろうという。ひょっとすると指揮官はわたしたちをむりやりに回れ右させて、自分に仕えるように言うかも知れない等々。

　わたしたちがもう少し早く星星峡《シンシンシア》に到着していたら、一身上によくないことが起こっていたかも知れない。八〇人の盗賊団がここに屯ろしていたのである。ハミにいた彼らのスパイは、七〇頭のらくだをつれ、そしてじゅうたんやその他の品物、コータンの砂金などをつんだある隊商が、かくかくの日に、ハミを出発して安西《アンシー》の方角に向かったと彼らに報告していた。この隊商が〝星の隘路〟（星星峡《シンシンシア》）のそばの狭い谷についたとき、この馬賊団に襲われた。数人の商人が殺され、高価な荷をつんだらくだは奪われてしまった。生存者はハミへ逃げた。ハミ、及び安西《アンシー》から軍隊が出動して犯罪者たちを追跡した。彼らは四人の盗賊を見つけ、安西《アンシー》に連行した。彼らは翌日首をはねられた。馬賊の残党はぬすんだ品物をもって馬鬃山《マツンシャン》に逃亡した。巡察隊は彼らを追撃しているといわれる。

　パウクはちょうど新しい飛行場の建設にあたっていた。これは上海―ウルムチ―ベルリン間の航空路のために使用されるのである。飛行場の大きさは東西一〇〇〇メートル、南北八〇〇メートルである。一五〇人の労働者が建設に従事していた。ふつう粛州《スーチョウ》からハミまで二時間半かかる飛行機は、将来は万一のとき安西《アンシー》に中間着陸できるはずである。いまのところ飛行機の交通はふるわなかった。

ベラ・セチェーニ伯は一八八三年、ロッツィとクライトナーをつれて、中国本土と甘粛《カンスー》の横断旅行に成功した。地質学界では、彼の旅行は当然偉業と見なされた。安西《アンシー》は伯の終着点であり折り返し点であった。ずいぶん昔のことだが、わたしはセチェーニ伯やロッツィと、そのすばらしい、成果にみちた旅について話しあったことがある。それから五〇年以上たって、わたし自身が安西《アンシー》にはいったのである。わたしは——故郷にはいったというほどでないが——やはりなにか故国へぐっと近づいたような感じをもった。わたしは、安西《アンシー》から敦煌《トンホアン》を経て西のほうへ、いろいろなすばらしい、出来事の多い旅をつづけた。北山《ペイシャン》とガシュン・ゴビを通ってロプ・ノール低地まで達したのである。この長い旅は、欧亜航空の中国人の非常な好意によって可能となったのである。支配人は、安西《アンシー》のパウクの管理下にある倉庫から、ほしいだけのガソリンとモーター・オイルを売ってくれたからである。

いろいろ苦労をかさね、つらい試練を味ったのちに、新疆《シンキャン》を脱出することについに成功したのである。わたしたちが今度自由意志から新疆《シンキャン》省にもどれば、他愛なくまた捕えられたかも知れない。そんなことになれば、たぶんいまごろはどこか湿った牢獄でやつれはてているこ とだろう。そしてそのときこそ、スパイだとうたがわれても文句のいえないところであろう。

しかしこのアジアの未知の内陸部の旅は、ロプ・ノール問題と密接に関連しているので、これについては『さまよえる湖』という本のなかで発表したいと思っている。

18　シルクロード

西暦紀元前一三八年、漢朝の偉大な武帝の治世に、約一〇〇人の使者が張騫《ちょうけん》の指揮のもとに月氏に派遣されたことがある。この民族は、匈奴によって西へ追われたのち、大宛《だいえん》、つまり今日のフェルガナに住みついた。匈奴は中国人の危険な敵であった。武帝は、この使者を派することによって、月氏を同盟者としてわが手にいれようとしたのである。しかし張騫は成功しなかった。彼は多くの冒険をのりこえ、匈奴のもとに一〇年牢獄につながれたのち、大帝に報告をさしだすことができた。張騫は、今日の東トルキスタンのオアシスや諸民族について語り、西方の国々、インドやペルシアに行く道について報告している。彼はまた、カスピ海まで伸びている巨大な大国、高い文明をもった民族、大いなる富についても語った。皇帝は中国の貿易と勢力を西へ伸長するため、この国々の意義を認めた。とくに皇帝をとりこにしたのは、ふしぎな〝血の汗を流す〟という一種の馬（「汗血馬」）の話で、この馬は超自然的な雄馬と雌馬とのあいだにできたのだという。

皇帝の騎士たちは、これまでは小さなモンゴル産の草原の馬に乗っていたが、これは匈奴が使っているのと同じ種のものであった。皇帝は考えた。大宛の血の汗を流す雄馬でもって、国産種の馬を改良することができるだろう、それによって匈奴の騎馬隊を圧倒する騎馬隊をつくることができるだろうと。武帝はそこで、十分な数の優良種を手にいれる任務をもった使者をいく人か派遣した。しかし彼らはみな手を空しうして帰ってきた。ついに皇帝は新たな使節団を編成した。彼らは、大宛の王に贈るために数千金の黄金で鋳造した馬をもって行った。しかし使節は捕えられ、うまく逃げたものも途中で殺された。

武帝は、この屈辱を耳にすると、血の復讐をする決心をした。帝は六〇〇〇人の騎馬隊をもった一軍団を大宛に送った。しかし敦煌《トンホアン》の西、水のない砂漠を通ったとき、軍兵の大部分が死んだ。残ったものもすっかり弱りはてて大宛に着いたが、あっさり打ち破られてしまった。もとの軍勢の一〇分の一だけが、生きて敦煌《トンホアン》に戻った。

武帝は怒りに怒り、六万の軍隊、三〇〇〇頭の馬、それに牛、ろば、車、らくだなどの大輜重隊をもった新たな軍勢をさしむけた。この軍隊の半分が目指すところに到着し、大宛の首都を包囲した。王とその人民は、三〇頭の血の汗のでる馬と、さらに良質の三〇〇〇頭の雄馬、雌馬をさし出さなければならなかった。中国の威信は回復された。皇帝はようやく中国の馬の種を改良するための種馬場をつくることができたという。

この二度の遠征のことを漢朝の年代記（『漢書』）が報告している。中国人はこの遠征によって西欧文明と接触したのである。あたらしい道が、商品や思想の交換のためにひらかれた。とくに仏教がこの国へもたらされてきた。この世界史的事件は、張騫の賢明さ、勇気、才能におうているのである。彼はすべての時代を通じて、内陸アジアを探検してまわった最大の人物の一人である。

つぎの時代、匈奴は南甘粛《カンスー》から放逐された。それによって西方諸国との貿易のための主要道路の一つがひらかれた。秦の始皇帝によって建設がはじめられた長城は、武帝によってさらに西のほうへのばされた。長城にはいまや交通・交易の守りとして望楼をもつにいたった。この道路のことを皇帝道路、またの名シルクロードという。その要塞や防禦施設は、約二〇年前考古学者オーレル・スタインによって徹底的に調査され記述された。

皇帝道路を通って中国本土から輸出されたすべての交易物資のうち、上質の中国絹が、量から言っても重要さから言っても、第一位を占めていた。中国絹は二〇〇〇年前には、世界貿易上もっとも高く評価され求められた商品である。

紀元後約一〇〇年頃、マケドニアの絹商人マエス・ティティアヌスは、その代理業者を東トルキスタンにもっていた。彼らはセレスの国、つまり絹を産出する民族の国へ赴き、自分たちの旅日記といっしょにその主人のもとに帰ってきた。マエス・ティティアヌスの手から、この日記はティルスの地理学者マリヌスの手にうつった。この報告は、有名なアレクサンドリアの地理学者プトレマイオスが、わたしたちによって今日東トルキスタンと呼ばれている国を描写したとき、典拠として役に立った。

紀元後二二〇年、漢が亡びて三国時代となると、中国本土には分裂と滅亡があいついで訪れることになる。しかし絹の取引はかわることなく、太平洋から地中海への無限の道を利用して行なわれた。二六〇年、二七〇年頃になっても、中国の町楼蘭《ローラン》の生活と商業はあいかわらず活気をもっていた。わたしは幸運にも、一九〇〇年三月二八日、この町の廃墟を当時水のなかったロプ・ノール湖の近くで発見した。楼蘭《ローラン》は、この主要な幹線道路シルクロード上の関門であり、警備隊の町であり、重要な交通の要地であった。ここに来るためには、隊商は西に対する中国文化の最後の前哨である敦煌《トンホアン》から、おそらく荒涼とした砂漠を横断しなければならなかった。それからやっと彼らはロプ・ノールに達するが、楼蘭《ローラン》はこのタリム盆地の最初のオアシスなのである。

絹の取引がなぜ楼蘭《ローラン》を経由するのをやめたのだろうか、なぜ住民がこの町を見すてたのだろうか？　それは河――タリム河下流――がそれまでこの地方全域の水を供給していたのであったが、紀元三三〇年頃にその流れを変えてしまったからなのである。今度は南東、そして南へと流れはじめ、カラ・コシュン湖をつくったのである。つまり南ロプ・ノール湖である。これは一八七六年、N・M・プルジェワルスキーによって発見された。

楼蘭《ローラン》そのものは、まるで地表から掃きすてられたように、完全に忘れさられてしまった。マルコ・ポーロは一二七三年、西から東へとその有名な旅行をくわだてた。彼はロプ・ノール湖の南近くを通った。この昔の町の存在については、マルコ・ポーロはむろんなにも知るところはなかった。町はすでに一千年眠りつづけていたのだ。楼蘭《ローラン》はさらに数世紀眠りつづけるはずであったが、突然その長いまどろみから起こされたのである。その廃墟が示した発掘品によって、わたしたちは古代の世界を結ぶ道路、二千年前に中国本土と西欧とのあいだにあった連絡について新たな知識をえたのである。

中国人たちは――すでに述べたように――陝西《シェンシー》、甘粛《カンスー》を通って西安《シーアン》から、おそらく長城の西側の一番はずれの門嘉峪関《チアユークアン》までの大通商路を〝皇帝道路〟と呼んでいるのである。そこからカシュガルまで、西へ向かってつづいている道はいまでも〝天山南路《ティエンシャンナンロ》〟と呼ばれている。この名前はまた、天山《ティエンシャン》の南にある省の名でもある。

シルクロードという言い方は中国では一度も用いられたことはなかった。この言い方を採用したのは、おそらくフォン・リヒトホーフェン男爵が最初であろう。彼の中国についての有名な本のテキストのなかで、彼は「シルクロード」のことに言及し、地図のなかで〝マリヌスのシルクロード〟と書いている。一九一〇年、アルベルト・ヘルマンは非常に貴重な本を『中国本土とシリア間の古代シルクロード』という題で出版した。

西安《シーアン》から北西、そして西へ向かい、敦煌《トンホアン》にいたるまで、シルクロードはたった一本の道路である。敦煌《トンホアン》、あるいはそこから西のほう、遠くないところにある玉門関《ユーメンクアン》、すなわち〝翡翠の門〟からは道は三本にわかれる。一本はコータン、一本は楼蘭《ローラン》、北のほうのはハミとトルファンを経由する。さらに分れて、東トルキスタンの西の部分ではじまる道もある。一本はイシク・クルを通っているが、ここで烏孫《うそん》の人々は絹との物々交換の仲介を行なった。もう一つの道はフェルガナを経て、サマルカンドあるいはタシュケントに向かい、アラル湖畔のアラン族の国を通って、昔のオクサス川、すなわちアム・ダリヤの古い川筋ウスボイでカスピ海へと通じていた。ここから道はクラ川をのぼってファジス、黒海、ビザンツへと通じていた。第三番目のは、月氏、つまりトハラの国を横切り、バクトリア、マルギアナへと進む。この道はパルチアの首都へカトンピュロスやメディアの都市エクバタナ、パルミラ、アンチオキア、あるいはティルスを通り、ここでは絹織物工業がもっとも見事に栄え発展したのである。ヘルマンのあげているもう一つの古いシルクロードは、ヤルカンドからパミールを経て月氏国へ向かうもの、他の一つはヒンドゥークシュの〝中空に架かる路〟を経て、北西インドのガンダーラ、カブール、南イラン、ホルムズ、ブシールへ、あるいはセレウキアを経てペルシア湾、南アラビアへ向かうものである。ここからエジプト人との物々交換貿易が行なわれたのである。

武帝以前にも、中国から絹が輸出されたのは明白である。クリミア半島のケルチでは、ギリシアの植民地の絹が発見されたことがある。アレキサンダー大王の将軍ネアルコスも、北方からインドへ来た〝絹地〟について語っている。

いずれにしても需要の多い、高価なこの商品は、中国本土内のシルクロードにはそれほど多くの痕跡を残すことはなかった。絹の輸送はそのほかのアジアの中においていろいろな隊商路によって行なわれたが、そのもっと西のほうでは痕跡は一層少なくなっている。

一九〇一年、わたしは楼蘭《ローラン》でいくつかの絹の切れっ端を見つけた。それは多分中国のシルクロードの遺跡の最初のものであったらしい。同じ場所で、スタインは一九〇六年と一九一四年に、大量の絹を発掘した。パルミラへ向かったフランスの考古学探検隊は、墓のなかから中国絹をあつめた。一九三〇年から三一年にかけて、フォルケ・ベリマンがエツィン・ゴルで漢時代の発掘品を蒐集したもののなかには、少しばかり絹製品、その他の織物類がふくまれていた。わたしたちの旅では——一九三四年春、クム・ダリヤを出発して新ロプ・ノール湖へ向かったのだが――パーカー・C・陳《チェン》とわたしとが、楼蘭《ローラン》最後の興隆期の（すでに述べた――『さまよえる湖』参照）墓から、絹製の屍衣を見出した。これは若い女性のなきがらをつつんであった。ベリマンは、クム・ダリヤの南の砂漠の墓で、同時に同じような遺品をかなりたくさん発見した。

つぎの章に簡単に述べるつもりであるが、シルクロードは、安西《アンシー》と西安《シーアン》のあいだに走っていて、長さ約一五〇〇キロある。同じ道が安西《アンシー》から先、北山《ペイシャン》を通って新ロプ・ノール湖とクム・ダリヤの北岸に沿いコルラに向かっている。この部分は約九三〇キロ、大部分が未知の地方を走っている。この地方をわたしたちは水路を二隻のカヌーでのぼり、北山《ペイシャン》には二台の自動車ではいった。わたしは自著『さまよえる湖』でこの報告をするつもりである。

西安《シーアン》から安西《アンシー》、カシュガル、サマルカンド、セレウキアを経てティルスへいたるシルクロードは、全体として、直線距離では約七五〇〇キロあり、すべての湾曲部をいれると一万キロと推定される。これはほぼ赤道の四分の一にひとしい。

誇張ではなく、この貿易道路は、すべての民族、すべての地球上の地方においてもっとも長いものであり、文化史的見地から言ってもっとも重要な連絡路である。西安《シーアン》（昔の長安）、洛陽《ローヤン》、その他二〇〇〇年前の大きな、重要な商業中心地にいた中国商人たちは、自分たちの隊商によって西方へ運ばれる無数の絹の梱《こり》が最後にどこでおろされるのか、きっと知らなかったにちがいない。彼らにとって重要なことは、最初の仲買人から金をうけとることであった。トハラ人、バクトリア人、パルティア人、メディア人、シリア人などがこの貴重な商品をはこんで行った。ティルスやそのほかの地中海の港のフェニキアの船人にいたってやっと、ローマが最大の買手であることを知っていたのである。しかしローマの都市貴族たちの夫人や娘たちは絹にくるまっていたが、この引っぱりだこの布地がどこからくるのかぼんやりとしか知らなかった。彼らは絹《セリクム》と生糸《ゼリカ》がセレス人とかいう民族によってつくられ、はこばれてくるという知識で満足していた。この民族はどこか遠いアジアの東にいるそうなという程度である。あきらかにラテン語の絹は、中国語のスー（糸）、セ、セル、朝鮮語のシルから来ている。

キリスト生誕前後の数世紀中、シルクロードでは多彩な、たしかに非常に美しく絢爛とした生活がくりひろげられていたにちがいない。中国の記録もほかの文献も、このことについてはほとんど言及するところがないが、上述した発掘品からいろいろと推測することが可能なのである。わたしは『さまよえる湖』のなかでこの話をしてみようと思う。その本では商業の組織、宿屋、宿泊所、軍事監視哨と運送の警備、行進をする軍隊、使者、巡礼者のことも語るつもりである。また砂漠の乾燥した地方の水の運搬、通訳、言語、国の境界地における税と検査の事情も書いてみるし、普通の輸送手段、牛車、ろば、馬、あるいは騎馬の使者による郵便輸送のことも書こうと思う。さらに万里の長城や望楼のことにも言及したいと思う。望楼はその本来の任務のほかに、さらに距離を里（一里は四四二メートル）で示す役目ももっていたのである。

南京政府にあてたわたしの手紙は第一章で書いたが、この中にわたしは、皇帝道路がふたたび活気をとりもどせばどんなにすばらしいだろうと示唆しておいた――そしていまわたしたちは、中国本土からアジアの中央部にいたる交通路をさぐるためでてきたのであった。そのさい、ここの大部分を自動車道路として使用するためには、工事と管理になにが必要かを調査しようとも考えた。本当のシルクロードは、ウルムチから帰るときにやっと通ったのである。この地方の報告はつぎの章でこころみたいと思う。

この旅でわたしたちは長城を見た。それは何マイルも何マイルも、いく日走ってもまるで終わりのない灰黄色の蛇のように、砂漠のなかを伸びていた。中国を北方の蛮族から守るというその任務は、すでに完了していた。わたしたちは数知れない望楼を見たが、それはシルクロードに沿うて沈黙しながらも、過去の偉大さを雄弁に証明していた。そしてまるでうつろいやすき無常の法則に永遠に反抗しようとするかのように、脈搏のように整然とあらわれ、道路の砂埃のなかに光っていた。冬の霧も幾世紀の歳月も、それらにはなに一つ手を出すことはできなかったのだ。わたしたちは、シルクロードが今日崩壊の底にあることを見たのであった！　活気が消えうせ、交易が死滅して行くうちにも、この道路は町々、村々、そしてたえず不安と腹立たしいほどの貧困のうちに生きる人々を結びつけていた。ただ空想のなかで、わたしたちは過去の色はなやかな多くの情景、隊商や旅人たちの、この絶えることのないカーニバルを思い描くだけである。わたしたちは毎日、心のなかで、鞍のうしろの革の袋に手紙をいれている郵便配達夫に出あい、馬がくびのまわりにさげている鈴のひびきをきくのであった。わたしたちの耳には、この道に二千年以上にもわたってひびいた調べさえきこえるのである。そしてまた、時の強いはばたきの音さえも。

＊

昔の交通路を自動車道路として使用することができるかという点では、つぎのような数字がさしあたり道路状況の概念をあたえてくれるであろう。一九三四年一二月一八日から一九三五年二月八日まで、つまり五三日かかってわたしたちは安西《アンシー》から西安《シーアン》までの道程を走破した。そのうちの三五日が旅の日数で、したがって平均速度は一日わずか四二・八五キロである。地図作製とか、深く狭い谷であんなに時間をとらなかったら、もっと早く前進できただろうと思う。西安《シーアン》につく最後の日には地図作製は無用であったが、道はきわめて悪かった。にもかかわらず一六〇キロ走破した。もし地図にわずらわされなかったら、この二つの町のあいだを本当はもっと短時間で征服できたことだろう。

個人的に言えば、シルクロードを這うように走ったこの旅ののろさには、わたしは別に文句をつける気はない。そのため暇がたっぷりあって、道路や風景や町々、村々の生活、人間、交通、要するにわたしたちの眼前に展開される現実をつぶさに自分のうちにうけいれることができたからである。しかしわたしは大抵、空想の世界に生きていたことを告白しなければならない。その印象深い光景と活気ある生活をもった過去のなかか、技術的可能性へのすばらしい見通しをもった未来のなかである。

中国にとって、その内陸アジアの領地との大きな連絡路を建設し維持することがどんなに重要であるか、わたしはすでに語ったことがある。政府がすでにこの超人的な企図をとりあげたということを中国のいろいろなところできいて、わたしはうれしかった。西安《シーアン》―蘭州《ランチョウ》間の鉄道も建設中だった。いまの中国の経済状態からすると、鉄道を安西《アンシー》を経由してウルムチ、カシュガルへ延長することは、非常に賛同されている計画であるが、困難といっていい。さしあたりは自動車道路で満足したほうがいいことは明白である。そのほうが安あがりで、建設日数もほんのわずかですむのである。

ながい旅のあいだ、わたしは心のなかで、河や小川や灌漑用運河や谷に橋がかけられ、自動車道路が草原や砂漠を通って安西《アンシー》へ、敦煌《トンホアン》へ、北ロプ・ノールへと向かい、クム・ダリヤ河に沿いコルラへ、さらにクチャ、アクスゥ、カシュガルへと伸びて行くさまを思いえがいた。道路が忠実に昔のシルクロードの隊商路や車のわだちのあとを辿れば、カシュガルにおいても決して終点になることはないのである。すでにロシヤ人たちは、オシュからテレク・ダワンを経てカシュガルに向かう自動車道路を建設中であり、もう出来上がったとも伝えられているからである。いずれにせよ、わたしたちの時代の技術者にとっては、幾百とないカーヴをつくって四〇〇〇メートル以上の峠《パス》をこえる自動車道路をつくることなど、大したことではないのである。

オシュで、ロシヤ領トルキスタンに現存する自動車道路に接続することができる。ここからは苦労も危険もなく、タシュケント、サマルカンド、ブハラ、メルヴへ、そしてイラン国境をこえてメシェド、テヘラン、最後にケルマンシャーを経てバグダッドへ走ることができる。イランの自動車道路はすばらしいし、シリア砂漠を通ってダマスクス、あるいはアレッポに至る自動車道路も同じように立派である。そこから道は小アジアを経て、アンカラ、イスタンブールへとつづく。イスタンブールからは、ヨーロッパ全土へ道がひらけている。

ロシヤと友好的な共同作業を行なわないと、この無限に長い自動車道路は完全なまとまりあるものとはならないだろう。しかし中国側が必要な、財政的犠牲を払い、またソヴィエト・ロンヤから諒解をとりつければ、この計画は、地球上の他の、多くの技術的大事業とくらべると、比較的簡単なのである。いや、中国人のつくった、もう一つの建築物、つまり万里の長城と比べると、こんな道路はとるにたりないのである。自動車旅行の愛好者が自分の車で新疆《シンキャン》を発し、カシュガルまでシルクロードを走り、西アジアを走破してイスタンブールへ、それからブダペスト、ウィーン、ベルリンを経てハンブルク、ブレーマーハーフェン、カレー、ブーローニュへ行くことが可能な時代は遠くないと主張しても、これは決して熱にうかされたたちもないたわ言ではない。直線距離で一万二〇〇〇キロあるいは一万六〇〇〇キロの道を走ったのち、大西洋岸に自分の車で上々のコンディションでついたなら、自らの情熱にしばらく満足をおぼえることであろう。しかしそのときはまた、ぼう大な、忘れがたい経験を味わったことになるだろう。つまり旅行者は、古代世界を巨人のように横断したことになり、地球上で考えうるかぎりもっとも興味ある、有益な自動車旅行をしたことになるからである。彼はたくさんの人々のうずまく、絵のように美しい中国本土や、ゴビの周辺のオアシス、敦煌《トンホアン》と楼蘭《ローラン》のあいだの謎にみちた砂漠、野生のらくだの荒涼たる原生地などの思い出を抱いて帰ることができるだろう。また、さまよえる湖や、いまちょうどクム・ダリヤ河畔に生じつつある新たな植物地帯を一瞥することも可能だろう。またタクラマカンの北辺の砂丘や、ヒマラヤ山脈の麓の東トルキスタンのオアシスを見ることもできるだろう。内陸アジアの太陽が、旅人を日焼けさせることもあるだろう。彼は砂嵐の唸り声、冬の雪嵐の狂奔を決して忘れることはないであろう。たとえそれがかりそめのつきあいであっても、徒歩の、あるいは騎馬の旅人とも知りあえるだろうし、道の端に憩うているらくだの隊商の静かな行列と知己をむすぶこともできるだろう。

テレク・ダワンの西の国々からは、別の世界の思い出をうることができるだろう。サマルカンドのタメルラン時代の絢爛たるモスク、円屋根や高尖塔が陶器のように色さまざまにかがやいているブハラの宗教学院、学問・知識の伝統をもったメルヴ、今日でも巡礼がイラン全土から集まるイマム・リザの墓所の寺院《モッシエー》、ペルシアのお伽の国、ハジ・ババの故国、カリフの町であり『千一夜』の主要舞台であるバグダッド。アンカラ、イスタンブールから、旅人は西方の騒々しい生活にはいりこみ、憂鬱な思いで、アジアの大いなる静寂、砂漠の平和を追想することだろう。しかしそれでも大西洋岸につけば、新鮮な潮風を砂のつまった肺にいっぱい吸いこみ、たのしい気持になることであろう。

しかしこういう大動脈、地球上でもっとも長い自動車道路は、ただ遊覧旅行者のためにのみつくられるのではない。そのねらいはずっと大きいのである。それは中国本土内の交易の連絡をらくにし、東と西を結びつけるための新しい道をひらくことになるであろう。それは二つの大洋、太平洋と大西洋とを結びつけるであろうし、またアジアとヨーロッパという二つの大陸を、また黄色人種と白色人種の二つの人種を。また中国文化と西欧文化という二つの文化圏を結びつけるであろう。異った民族を接近させ、結びつけ、一つにするために適当と思われることならすべて、よろこびをもって歓迎されるはずである。とくに誤解と嫉妬が彼らを引きはなしている時代においては。

　こういう計画は不可能で実行できないという人は、二千年前にこの計画が実現していたことを忘れているのである。当時西安《シーアン》とテュルスのあいだを活発に動いていた交通は、五百年にわたって維持されていたのである。かの時代、それぞれの国々のあいだには血なまぐさい戦争がたくさん勃発したが、シルクロードはそれらの国々のなかを通っていたのだ。にもかかわらず平和な交通がたえることなくつづけられていた。というのもすべての人々が、この世界貿易最大かつもっともゆたかな動脈の一つの、意義と有利さを見ぬいていたからなのである。

　学問研究にとっては、あらたな幅がひろげられることだろうし、そこには今日より容易に近づくことができるであろう。暗黒のアジアは、文化と発展をうけいれるに便となるであろう。シルクロードをふたたびその死者たちからよみがえらせ、今日の交通手段として開こうとする国民政府は、たしかに人類に対して大いなる奉仕をするわけであり、自ら記念碑を建てることになるだろう。隊商の鈴や笛のひびきが、エンジンやクラクションの音にとってかわったときには、多分ありし日のロマンチシズムは失われてしまうであろう。しかし内陸アジアは大きいのだ。古代の旅の風習が残る余地は十分にある。タクラマカン砂漠は、飛行機以外の乗物によっては、その平和をみだされることはないであろう。クラスノヴォドスクからサマルカンドを経てアンディジャンへ行く鉄道は、古代の西トルキスタンの生活をかがやけるものとしている絵のような光彩を、それほどいちじるしくくもらせることはできないであろう。

こんなもの思いにふけりながら、わたしたちはシルクロードを東に向かって長い旅をはじめたのである。過去のはなやかな像は西の地平線下につぎつぎに沈んで行ったが、毎日東のほうから朝の太陽とともに、すばらしい、新たな未来の展望が浮かび上がってくるのであった。

19　万里の長城へ

一九三四年一二月一四日、はげしい砂嵐が荒れくるった。わたしたちは地球上のもっとも荒涼とした砂漠ガシュン・ゴビから安西《アンシー》へ戻った。ここで数日滞在。自動車の点検をし、荷物を梱包して積む。四日後、城南の綏遠《スイユアン》門《メン》を出る。まもなく別れ道にでるが、敦煌《トンホアン》への道は西、中国本土への道は東へとわかれている。

南のほう一キロのところに、低い山がみえる。北のほうには黄色く光っている草原がのぞまれる。いまわたしたちはシルクロードにいるのだが、道は砂利の砂漠のなかを走っていた。南《ナン》山《シャン》山脈がだんだん近づいてくる。北山《ペイシャン》は遠くのほうにかすかに浮き上がっている。左手に安《アン》西《シー》の東門への道がぼんやりと見える。飛砂のため、道は閉鎖されている。まるで死んだような、見すてられた地方である。ときどき、燃料をのせた荷車とかろばに乗った旅人とかのそばを通りすぎる。一度、歌ったりふざけたりしながら徒歩で旅をしている二人の老人と一人の男にであった。こういう貧困の国でどうして冗談など言っておられるのであろう？　安西《アンシー》の警備隊は、ちょうど今日解散され、東へ帰るといわれる。彼らはすべての穀物と一三〇頭の羊を報償金もあたえずに持って行くそうである。わたしたちはまたこの一隊に出あって、なかば野蛮な、この東干《トゥンガン》族の連中から金品をむしりとられるのではないかと予想した。人の住まぬ村小王《シャオワン》堡で、東への郵便連絡の最初の宿場のそばを通った。北に向かって地形はかすかに下りぎみになり、疏勒河《スーローホ》が近い予感がする。河をこえると、地形はほとんど気がつかぬほど北山《ペイシャン》の麓に向かって上りになっている。疏勒河《スーローホ》の岸には低いヤルダン段丘が見える。

ちょうど郵便屋が馬に乗ってやってくるが、その馬の首には鈴の輪がまいてある。二〇頭のらくだの隊商が小麦をはこんで西へ行く。青銅の鈴が韻律ゆたかにひびきわたる。このメロディーはたしかにかつて漢時代にもひびいたはずである。しかしこの道では今日ではもはや、絹の梱は輸送されていない。道はところどころ、二メートルぐらいまでも深く切れこんでいることがある。こんなに道に摩滅ができるには、無数の牛車や隊商が通る必要があっただろう。この道の年齢はたしかに数世紀あたりにちがいないから。

一二月一九日の朝、ちょっとした災難のために、わたしたちの忍耐力がためされることになった。乗用車の運転手はエッフェで、乗客は尤《ヨウ》、陳《チェン》そしてわたしだった。エッフェは赤い小旗を道路に打ちこまなければならなかった。彼らは、シルクロードの地図のために羅針儀測量をしていたのである。セラトの運転台に坐っていた龔《クン》は、その小旗をまた集めた。イェオリは《エズル》で隊のしんがりをつとめていた。彼が視界から消えてからながい時間がたった。二〇キロばかり走って、王家泉子《ワンチアチュアンツ》村でわたしたちは停車し、イェオリと連絡をとろうとした。イェオリの車はエンジンが故障し、助けに行かなければ直すことができなかったのである。セラトは引きかえし、《エズル》を村に引っぱって来ようとした。村には数家族が住んでいたが、その近くでわたしたちは野営地をつくった。小さな粘土の家がわたしたちの作業場となった。いうことをきかないエンジンが取りはずされ、小さな部分に分解された。二、三のベアリングが摩滅し、新しいのととりかえられねばならなかった。イェオリ、エッフェ、セラトは数日働いたり、磨いたり、掃除したりした。そのうちだんだん冬景色になってきた。一二月二〇日の夜、零下二一度になった。翌日雪が降った。一面まっ白になった。この遅延によって、わたしたちは近づいてくる例の警備隊に出会うことからまぬかれたらしい。一二月二三日、旅をつづけようとしたとき、兵隊たちはすでに通りすぎたあとであった。

道はあいかわらず土のなかに深く切れこんでいて、幅はわずか三メートルである。幸いなことに交通量はいうに足りなかった。ところどころには、道をゆずりあうことができるように、小さな側道がついていた。もっともせまいところで、二輪馬車の先を一人の男がこちらへ歩いて来たが、彼は向こうから牛馬でも来ないかと思って警告の叫び声をあげていた。

布隆吉《ブルンチ》（ブルンギル）は、くずれた城壁をもった小さな町で、市門の一部に大きな穴が口をひらいていた。町の一番大きな部分は荒野だった。ところどころに古い墓が見えた。北東の一角にだけ、約三〇の貧しい中国人家族が住んでいた。ほとんどの住民が、わたしたちが東の、同じようにこわれた市門を出て行くのを見送っていた。

かた土の草原をこえて南東に向かい、疏勒河《スーローホ》から遠ざかる。五台の牛車が燃料を草原から町へはこんでいる。草をたべているかもしかを二、三度驚かせる。北にも南にも山脈が見えるが、いまはかなり距離があるので、ぼんやりした青灰色の影絵のようである。左手に氷のはった沼がひろがっている。ちょっと離れて北のほうに、もう一つ隊商路が走っている。きじが草のなかからさっと飛びたつ。古い望楼のそばに一四三号基地を設営。この地方の名は七道溝《チータオコウ》という。夜、寒さは二二度に下る。クリスマスの朝、あたり一面は霧氷でまっ白になる。

　幅六〇メートルの、水のない河床を横断する。けわしい岸の段丘の上で羊の大群が草をはんでいる。七道溝《チータオコウ》村を通過する。村はただ数軒の灰色の粘土の家と土塀、そして散在する農家から成っている。運河の堤の上を飛び上がったり、よろめいたりして走る。車は低いところを走るので、たえずぬかるみにはまりこむ危険にさらされている。そのたびに円匙をもち出さねばならないので、一行はみんなストップさせられる。

　簡単な構えの市門を通り、大きな三道溝《サンタオコウ》村のまがりくねった道をはいる。わたしたちのボーイの数人がいそいでバザールの店からクリスマスの買い物をしてくる。このあたりの家の建て方と、新疆《シンキャン》のトルコ風の町や村の建物とのあいだにはほとんど差がない。同じくよごれて埃だらけで、同じく貧しげである。人々は、喜捨《きしゃ》のお金に手をさしのべている、同じような飢えた貧乏人たちばかりである。いたるところ廃墟が目につく。この地方はいぜんもっと人口稠密であったといわれる。住民たちは移住したり、飢えたり、管理が悪かったりで、年々へって行ったのである。良心のない将軍たちが自分の軍隊を養うために圧迫を加えたのが、もっともいけなかったのである。この軍隊たるやたえず新たに内戦をおこして、他の将軍たちと戦うという目的しか持っていないのである。すべてのものにいつも新しい租税がかけられる。だから農民が倹約しても、自分自身の生活を維持していくにも十分でないのである。おそるべき戦争が最近甘粛《カンスー》を襲った。そして残った住民が、その支配者から膏血をしぼりとられた。そのくせ三《サン》道溝《タオコウ》すなわち「第三の谷」の村は安西《アンシー》のつぎにもっとも栄えている、もっとも大きな村と見なされている。安西《アンシー》は市庁があり市長のいる町である。三道溝《サンタオコウ》は、この地域のもっとも東の村である。東で玉門《ユーメン》と接している。

わたしたちは市場《バザール》の店のそばでちょっと停車する。わが有能なる料理人は、なしと野菜と花火をいれた籠をわたしたちにクリスマスの贈物として渡してくれた。それから東門を出、幾本かの水流のある、幅一二〇メートルの河床を横断する。河の向こうでは道はひどい砂地となって、わたしたちの車にはおもしろくない。そこで引き返して、ずっと上流まで車の重さに堪える氷におおわれた河床に従って進む。しばらくあとで一風かわった風景のところにはいる。それは風と河水によってけずりとられた粘土沈積地に似ていて、ロプ地方の特異な地形である。これはトルコ人から〝ヤルダン〟と呼ばれている。

道の両側に数群のかもしかの群れが見える。彼らはわたしたちに別におどろいたふうもないが、適当な距離をおいている。エッフェは車をとめ、銃をとりだしてそっと忍びよる。彼の姿は灌木と土地のでこぼこしたあいだに消える。発射。かもしかは矢のようなスピードで逃げる。しかし一頭は横たわったきり動かない。こんな美しい動物を殺すのはまさしく罪である。おまけにクリスマス・イヴの日なのだ。えものは解剖される。これで夕食のための新しい肉を手にいれたわけである。

行手に、黒い線、植物地帯が浮き出ている。これが疏勒河《スーローホ》が近いことを示している。河は小さな町玉門《ユーメン》のそばを流れている。しばらくして河の西岸につく。テントをつんだトラックが先に行っていたので、わたしたちが到着したときには、野営地はもうほとんど出来上がっていた。河は幅三〇メートル、深さ四メートルの切れこんだ河床をもち、約六〇センチの深さの水がながれている。クリスマスを祝う場所としては、河床と向こう岸にある菜園が適当だと見当をつける。小さな橋がここで河にかかっている。わたしたちは玉門《ユーメン》の町の一番西の端にいるのである。市門からは河と橋によってへだてられている。

一九三三年のクリスマスは、はなやかに気持よく祝われた。当時、わたしたちはちょうどエツィン・ゴルに到着して、森のなかでテントを張ったのである。フンメルもベリマンもまだいっしょにいた。二人は、一年のこの最大の祭に敬意をもって対するために、時を失わずに準備に当たったものであった。しかしいまは二人はいなかった。この自動車の旅の第二回目のクリスマスを、わたしは同行のスウェーデン人としてはイェオリとエッフェとだけで祝うのであった。

わたしたちはひどく疲れていたので、特別お祭らしい飾りをする時間がなかった。しかし中国人の仲間もキリスト教徒で、クリスマスをわたしたちと同じように重要視していた。乗用車のなかでちょっと休んでいると、六時頃知らせがあって、わたしのテントのすべての用意がとのいましたと伝えてくる。わたしはテントの中が、無数のろうそくによって輝くばかりに明るく、祭らしくなっているのを発見する。卓布をかけられたテーブルの上には、青い七宝焼の茶碗とか、玉門《ユーメン》の市場《バザール》で買った菓子をのせた皿とかがいくつかあった。わたしのベッドの上のテントの布には、陳《チェン》が「クリスマスおめでとう」という文句をとりつけたが、その大きな字は赤い紙を切りぬいたものであった。このクリスマスの挨拶のまわりに、クリスマス人形の一群がぶらさがってゆれていた。ただ今度はもみの木だけがなかった。

八時に食事がすんだ。そこでわたしたちは、スウェーデンの習慣に従って蓄音器を鳴らし、〝クリスマス・スープを浸して〟わたしたちの祭のごちそうをたいらげた。晩おそくなって〝クリスマス・スープ〟ではなく、まず昔のおごそかなクリスマスの歌をきいた。『暁の星はなんと美しくわれらを照らすことか』を。しかし一番すばらしいのは、わたしたちがみんな健康で、出あう危険をことごとく立派に克服したということであった。自分たちが、もう一か月半もすれば海岸へ到着できるという意識のために、気分はいやが上にも昂揚した。

そして灯りが消えた。クリスマスの夜の星は、大いなるアジアの上にきらめいていた。

疏勒河《スーローホ》の長さ一三メートル、幅六メートルの橋を渡って、クリスマスの最初の朝、玉門《ユーメン》の西門淑徳門《シウテメン》に向かった。門はアーチによって飾りつけてあった。ここでうすい青灰色のユニフォームをつけ、黒い毛皮の帽子をかぶった五人の兵隊にとめられた。背には外套をまいたものと、予備の靴をせおっていた。指揮官はわたしたちの旅券を見せてくれという。しかし彼はわたしたちの名刺だけで満足し、それを市長の衙門《ヤーメン》にとどけた。わたしたち自身もそこまで行っていいという。そこでは秘書に迎えられ、待合室に通される。これは謁見室にひとしいものである。町の文官の最高役人がはいってきて、わたしたちを食事に招待する。わたしたちは辞退して、つぎに総司令官馬耀齢《マヨウリン》のところに行くと、この人も同じような招待をする。彼の話によると、警備隊は二五〇人で、中国人と東干《トゥンガン》族とから成るという。町の住民は四〇〇家族であるが、東干《トゥンガン》はそのうち三〇家族で、残りは中国人だそうで、モンゴル人も東トルコ人も玉門《ユーメン》には住んでいない。住民たちは貧しく、衣服や食物を買う金はほとんどないという。収穫は不安定である。馬耀齢《マヨウリン》氏は交通連絡が改善されることを重要視していた。氏は、南京政府が三年内に甘《カン》粛《スー》全土に鉄道を敷設してくれることを希望していた。くずれ落ちた家々のあいだの狭い汚ない道路上に、小さな子供たちが走りまわっていた。彼らはただ毛皮の上衣を着ているだけで、そのほかには一糸もまとっていない。

それからまもなく、わたしたちは東門を通って玉門《ユーメン》を去る。道はあいかわらず深く切れこんでいる。しばしば古い城壁の廃墟のそばを通る。ある村にはいると木が数本生えている。ここには田舎の人々と牛車などが見える。粗末なこわれそうな橋をわたって、凍った河や泉を通過する。

一二月二六日、すぐ近くの右に南の山なみを、左には低い黒い丘を見る。小さな凍った湖のそばに村が一つあり、その近くにいい水の湧く泉がある。この地方の住民も貧しげに見える。今年の収穫は中程度だったそうだ。それとははなはだしく矛盾しているのは、六つの村の名前のはじめの二つ（赤金峡・赤金堡）の字である。赤金《チーチン》、つまり〝赤い金〟というのだ。道は土のなかに深くのめりこみながら、凹凸のある草原のなかを走っている。牛やらくだや馬にとってはここはすばらしい牧草地である。しかし土地はいまは荒廃している。古い道標の前に五つの小さな塔がある。それらは先のほうを切られたピラミッドに似ていて、時の流れにひどく疲れきった感じであった。

お昼頃、海抜約一八〇〇メートルの高さの谷の中、恵回堡《フイフイプ》にはいる。ここに四角な城壁にかこまれて、小さな町がある。その市場《バザール》の通りで燃料を買う。左手の道の端に小さな寺院がある。地形はひどく厄介な形状を呈している。谷道、峡谷、回廊のあいだをまがりくねって道がついている。二、三時間するとこの峨々たる地形はおわりになる。ふたたびわたしたちは、東のほうへ下りになっている開けた草原へ出る。道には、小さな粘土のかたまりがあって特徴的であるが、これに一〇キロ行くうちに一一から一五もであう。ここで海抜一九〇〇メートルの分水嶺をこえる。それから地勢はゆっくりと下りになり、平坦な、ほとんど完全に不毛といってい い平地になる。とうとうわたしたちは狭い峡谷を通って、両側に見えるいくつかの石塁に従って進む。段丘の隘路をはいって、中国本土への関門をなしている有名な嘉峪関《チアユークアン》につく。万里の長城についたのである。これはかつて人間の手でつくられたもっとも巨大な建築物の一つである。アーチ型の迫持のある門、門に付属した家、のこぎり壁のついた城壁などは、数百年前に修繕されたか、新たに建てられたものである。全体は複雑にいりくんだ建てかたになっていて、古いものと新しいものがいりまじっている。小さな寺と墓地の近くの野原に、第一四六号野営地を設営する。

翌朝、古い門や新しい門をもったこの独自の建物の城壁の上にのぼる。門のなかの家、扉、天井がアーチ型になった廊下、監視兵のための小さな、絵のように美しい屋敷などがある。この上から古い町のほうにすばらしい見晴しがえられる。わたしたちの眼下に、粘土造りの家と、道路、小路がひろがっている。それらは特別の城門の内部に、一辺が約一〇〇メートルの四角な地域を形づくっている。

すべては念いりに堅牢に建てられている。門のアーチ、石の板をしいた床《ゆか》、すばらしい見通しのある門道、すべてが同じように趣きがあり魅力がある。塔の上部構造は木でできていて、反《そ》り屋根をもっている。下の階はぐるりと柱で支えられ、いわば柱廊になっている。全体はとにかく大がかりで、中国本土のすばらしい前衛基地といっていい。本来の入口の門はいまはもうない。新しいのととりかえられているが、それも堅牢・重厚な建築で、同様に堂々として上品な感じをあたえている。しかし町の古い門はまだ残っている。それぞれが名作である。北京の城壁におけるごとく、ひどくくずれおちた傾斜段をよじのぼると、城壁の上の凹凸部にでる。ここから、外の銃眼と内部の胸壁のあいだに絵のように美しいパノラマが展開している。高い段のついた木の階段が塔の上部までつづいている。それぞれの階は木の床《ゆか》板で、そこにぽっかりわれ目ができていることがあるので注意しなければならない。塔のなかにかなり大きな青銅の鏡がさがっている。さらに数か所に四阿《あずまや》ふう

嘉峪関の市門

の小さな寺がある。砂漠の風が昔ながらのメロディーを歌っている一番上の塔の階の窓からは、四方八方におどろくべき眺望がひろがっている。すぐ足もとには、その四角形の地域に家が蝟集している町嘉峪関《チアユークアン》が見え、その北東に城壁をもたない、比較的新しい家のかたまりがのぞまれる。そこから遠くないところ、墓地のそばにわたしたちの宿営地がある。城壁の凹凸の巨大な鋸状の線は、いろいろな家のかたまりと農家とをとりまく品のいい枠をなしている。

この長城を南のほう北大河《ペイタホ》の河岸まで一〇キロにわたって見物する。別の方角へは、同じように北東に向かって伸び、そして南東、東、東南東へとつらなっている。ここから、粛州《スーチョウ》に向かって走っているシルクロードをはっきりと認めることができる。北には、果てしのないゴビの大砂漠がひろがっている。南には、雪の筋をいくつもつけた南山《ナンシャン》山脈の一番近い山なみが浮き上がっている。そのまえのほう、三〇キロから五〇キロのところに森があるが、その松や唐檜《とうひ》は、粛州《スーチョウ》や嘉峪関《チアユークアン》での新しい建築物の木材として使用しなければならない。

芸術家ならこのすばらしい場所で、何か月も何年もすごすことができるであろう。毎日絵やスケッチの材料となる新しいものを発見することであろう。この傑作といっていい作品を後世のために維持することは、骨折りがいのある仕事であろう。それらはいま、中国のほかのすべてのものと同様に滅亡に瀕しているのだ。北京や南京では、古代のものを維持するための団体ができている。ここでは、数百年を経た門の腰板や土台石が、馬仲英《マチュンイン》の軍兵に引っぺがされているのである。また別のところでは、わたしたちの眼の前で、望楼の梁や板がこわされて焚火用に使われている。煉瓦石が城壁からはぎとられて、新しい建築のために使用されている。

はかなさと破壊欲とがこれらすべての美の上をかすめて行くが、当局は一指もふれようとはしない。

長城の前に比較的古い城壁の廃墟があるが、これはオーレル・スタインによって調査されたことがある。これにも監視のための望楼がつけられていて、敦煌《トンホアン》のほうまで伸びている。それは漢の皇帝の長城のうち、西のほうの一番はずれの要衝である。

かつて西方の国々を攻めるために戦場に引っぱり出された中国の兵士たちは、「玉門関《ユーメンクアン》を通ってふたたび帰ることができますように」と願うのをつねとしたという。嘉峪関《チアユークアン》から西のほうへ遠征にでた兵士たちは、「わが行手にはゴビ砂漠があり、わが背後には嘉峪関《チアユークアン》がある」と言った。意味するところは、彼らが人生において愛するもののすべてが、嘉峪関《チアユークアン》の東の安全な城壁の内部に、そして万里の長城の内部にあるというのである。

この関門を通って無数の軍隊が出かけ、あるいは政治的使節が旅立ったのである。ここを隊商をつれた商人も通ったし、この門のアーチの下を、絹をつんだ数知れぬ牛車が車輪をきしませながら、内陸アジアから西欧へと向かう長い旅路についたのである。このアーチ型の門に口がきけたら、尽きることのない、お伽話のように面白い冒険談の数々を物語ってくれることであろう。「天下雄関」――〝世界最強の門〟――この字が大きな門の外側の黒い板に彫りつけてある。銘刻は約一二〇年前に、嘉峪関《チアユークアン》の警備隊を指揮していた李《リー》将軍がつくったものだという。

真昼の太陽は、わたしたちに時刻の歩みを思いおこさせた。胸をしめつけられるような残り惜しさを感じながら、わたしたちはこの高い展望台を立ち去った。そしてお墓のあいだでわたしたちを待っていた自分たちの車のところにもどった。

20　粛州《スーチョウ》と甘州《カンチョウ》

嘉峪関《チアユークアン》をすこしあとにすると、はやくもまた不毛の砂漠にでてしまう。しかしこのあたりに生きものが全然いないというわけではない。かもしかの一群が風のように早くかけていたり、間道をらくだの隊商が歩いていたりする。距離は、上部を平らに切った小さな粘土の円錐型のもので示してある。これを歩台《プタイ》（プは距離、タイは塔の意）といって、東トルキスタンの道にときたま見うけるものと似ている。ほぼ二キロごとに簡単な造りの、絵のように美しい古い監視塔がたっている。これらは、中国絹がアジアを通過するときの主要道路であった皇帝道路がまだ意味をもっていた古代のもの言わぬ証人であるが、現代の人々はそれらについてほとんど知るところはない。ふつうそういう望楼は、低い粘土の壁のついた四角な農家によってとりまかれている。その前にはびっしりと五つの小さな粘土の円錐が一列に並んでいる。それらは塔の道のほうに面した側にある。

凍った川の上に新しい橋がかかっているが、この地方ではちょっと珍しい形のものである。地勢は道路のほうに向かって下りになっている。自動車道路はこれまでよりは良好である。ここでは道路を改良しようという試みが見られる。石はみんなわきのほうへ片づけられてあって、それらは両側に二列に平行する堤をなしている。その内側に、ほそく浅い溝らしきものが見られる。そのあいだに走っている道路は幅が約一〇メートルである。

守備歩哨点である、灰色のこわれかけた、同形の望楼がなんども姿をあらわす。一つは新築か修繕されたもののように見えた。それぞれの前面に小さな額がかけてあって、一種の象形文字が書いてある。ここではそれは「備禦墩《ペイユートゥン》」、つまり〝予備の掩護望楼〟というのである。九台の牛車が布地や煙草や穀物などの商品を、安西《アンシー》へはこんでいる。つぎの望楼には「下壩墩《シアパトゥン》」、つまり〝低い河川堤防の望楼〟と書いてある。東に進めば進むほど交通量は増してくる。二〇頭のらくだの隊商が石炭をはこんでいる。ずっと南方、南山《ナンシャン》には炭山があって、そこから粛《スー》州《チョウ》はその必要な燃料をえているのである。左手には粛州《スーチョウ》のオアシスに属する家々や木々が見える。

一時半、北大河《ペイタホ》の河岸に達する。河はここで一本の大きな、そして数本の小さな支流にわかれている。この河は、エツィン・ゴル河の二つの源流のうちの一つである。大きいほうの支流の橋をトラックで渡る勇気がセラトにはない。彼は橋の下の河床を横断しようとこころみるが、砂のなかでエンコしてしまう。イェオリは、《エズル》を砂利土をこえて少し上流のほうに運転して行き、そこからセラトの車を岸に引きあげる。二番目の橋のそばで、約二〇台の二輪馬車が待っている。この橋は、幸いにわたしたちの車には渡ることができた。

いよいよ右手に粛州《スーチョウ》の城壁が見えてきたので、それについて町の北門まで行く。ここで兵隊たちに停止を命ぜられる。一人がわたしたちの名刺をうけとって、いつものように市長の衙《ヤー》門《メン》に報告にいそぐ。そのあいだ待っていなければならない。せまい市門のなかの生活と雑沓は、その東洋的な多彩さ、そのいそがしさ、騒音、埃とともに魅力にみちたものである。ゆっくりと歩く牛にひかれて車ががらがらとやってくるし、ぼろ服の農民や、長い鞭をもって大声で叫ぶ馭者がそのそばを歩いている。そこへ近在の村から農民たちが、竿をゆらゆらと肩にかつぎ、それにキャベツやそのほかの野菜をいれた籠をぶらさげてくる。兵隊たちが鞍のない馬に乗って来たり、徒歩で自分たちの馬に水を飲ませにやってくる。こんな雑沓の上にその頭とこぶを高くつき出して、らくだが切れ目のない人の流れのなかを唸りながら歩いて行く。

まもなく例の兵隊が、わたしたちに門を通ってもいいという知らせをもって戻ってくる。わたしたちは真直ぐに市長の官邸に赴く。市長は留守である。そこで甘粛《カンスー》における《大馬》の一人である馬歩崗《マプカン》将軍のところに行く。将軍はきわめて慇懃に迎え、翌日の食事に招待する。帰り途、さらに運のよいことに市長の韋永驥《ウェイユンチ》氏に会う。非常に世なれた、愛想のいい、信頼のおける人である。

早速最初の晩、市長のところに食事に招かれる。市長は町のいろいろな話を物語ってくれる。馬歩崗《マプカン》将軍は、翌日わたしたちがあらわれると丁寧に迎えてくれたが、食事には同席しなかった。というのは金曜日はほとんど全日、寺院《モスク》ですごさなければならないからである――将軍はれっきとした回教徒なのである。粛州《スーチョウ》できいたところでは、甘粛《カンスー》の〝五人の大馬〟は、西《シー》安《アン》から蘭州《ランチョウ》、粛州《スーチョウ》を経由して敦煌《トンホアン》、カシュガル行の鉄道敷設に反対していたという。鉄道がくれば、甘粛《カンスー》の南京政府の勢力が増大し、自分たちの力が破壊させられるというのである。しかし広東が平穏になって以来、南京の勢力は増大したといわれる。敦煌《トンホアン》—西安《シーアン》間の鉄道の完成は、甘粛《カンスー》の将軍たちが異議をとなえたのでおくれることになった。彼らは蔣介石《チャンカイシェク》を危険な競争相手と見たのである。蔣《チャン》総統は内乱がおこったところに、副官とともに姿をあらわすのが常だったのだ。これまで総統は突然、予期されぬやり方で二四省のうち一二省に姿をあらわしていた。つねに総統はまっすぐライオンの口のなかにはいって行き、ライオンの頭を正しく直したのである。

粛州《スーチョウ》では準備したい重要な計画が一つあった。北方の自動車道路はすでに調査を終わり、地図作製もすんでいたので、今度は南の道路シルクロードをしらべたかったのだ。双方を結ぶ道路はエツィン・ゴル河に沿うて、粛州《スーチョウ》に走っている。わたしたちは、この道路も自動車道路として適当かどうかしらべたいと思った。尤《ヨウ》はセラトを運転手にして、二人のボーイと一台のトラックで、この約四二〇キロの道程を調査することになった。わたしたちほかのものはさらに東に進んだ。エツィン・ゴル河の秋の氾濫は——わたしたちのきいたところでは——つぎの一〇日のうちには、まだメルイン・ゴル河の岸の西寺まで達しないだろうということであった。だからメルイン・ゴルの渡河はむつかしくはないはずだった。尤《ヨウ》はこの河を渡らなければならなかった。ノゴン・デリには、わたしたちの荷物の一部とガソリンの予備がまだ置きっ放しになっていた。こんな長い距離を一台の車で往復するのは、むろんたいへんな冒険である。もしなにか事があったら、救いようもなく破滅するのである。もうこの探検でなんどもわたしたちは、いちかばちかの勝負をこころみていた。荷物は二つにわけられた。一つはわたしたちが東へ持って行くことにし、もう一つは尤《ヨウ》とセラトがエッツィン・ゴルからの帰途、とって行くことにきめた。

欧亜航空の代理人もわたしたちを食事に招待し、二七種の料理でごちそうしてくれた。甘粛《カンスー》へのわたしたちの旅は、祭の行列に似ていた。町につくたびに数かぎりない祝宴につらなることができた。客をもてなしてくれる気持はうれしかったが、えんえんとつづく料理を平げるのは大変な仕事で、時間のかかる作業であった。旅行する一流の外人を祝宴に招待するのは、良き中国風のしきたりの一つである。この美風の犠牲者が身だしなみよき人間である場合、招待をうけるよりほかにどうにも仕方がないのである。

食後、わたしたちは東門の外の酒泉《チウチュアン》、つまり〝酒の泉〟へちょっとしたハイキングをこころみた。昔、ここから本ものの酒がでたというが、いまは石でかこんだ水盤のなかに一筋《すじ》の水がわきでているだけである。ここにはまた、むかしよく手入れをしてあった寺があったが、馬《マ》仲英《チュンイン》が破壊してしまったそうである。彼はその木材をその軍隊の宿営地用の焚火に使ったのだという。

粛州《スーチョウ》の町は、道には人があふれ、商売も活発で、生き生きした印象をあたえた。とくに商業地区は、馬や牛やその他の動物のひっぱる車でごったがえしていた。らくだの隊商が帰化《クエイホア》やエッツィン・ゴルから到着すると、ここには首につけた鈴が鳴りひびいた。このオアシス、粛《スー》州《チョウ》は人口八万一〇〇〇、そのうち一万が城内に住んでいる。さらに約一〇〇〇人の東トルコ人がここに滞在している。ときどきモンゴル人もやってきて、商品を売ったり買ったりする。警備隊は二〇〇〇だという。

一二七三年、マルコ・ポーロは粛州《スーチョウ》を通過した。ジェスイット神父ベネディクト・ゴエスはここに一八か月抑留され、その生涯をここでとじた。ゴアの伝道教会が、彼をカブール、カシュガル、アクスゥ、ハミを経て内陸アジアへ派遣したのである。彼はカタイと中国が二つの違った国なのか確かめに来たのである。彼を敵として扱ったこの地方の回教徒たちは、彼の内容豊富で、貴重な日記を焼いてしまった。

一二月三〇日、尤《ヨウ》はセラトのトラックの乗客となった。彼のお供は李《リー》、劉《リウ》である。劉《リウ》はエッイン・ゴルで、旅に出るときやとった男で、いまその故郷に帰るわけである。彼は報酬やら金貨やらをもらい、その勤務ぶりにお礼と称讃を頂戴した。それから、わたしたちと東へ向かう荷物が《エズル》号につみかえられた。最後にベッドやテント、毛皮、洗面用具、円匙、その他すべてが。

わたしたちは〝鼓楼〟を抜け、町の中を通り、南門から外にでる。韋《ウェイ》、劉《リウ》、熊《ユー》、蒲《ホー》、張《チャン》らは、涙のでるような最後の別れの言葉を告げあう。道は南側の城壁に沿い、南東楼に向かう。そしてふたたび田舎にでる。粛州《スーチョウ》に行こうとする牛車にであうが、みな燃料や藁をつんでいる。ちょうどここで、昔の皇帝道路を左に見て走る。道路は東門からでているが、わたしたちは南東へ向かう。

午後の太陽がじりじりと照りつける。乗用車のなかは暑い。比較的小さい寺のある西店子《シーティエンツ》村を通りすぎる。この地方にくると人が多くなり、粘土造りの家や樹林もこれまでよりたくさんになってくる。小さな橋を渡って、しばしば水路や灌漑用運河をこえる。ちょっと停車しただけで、たちまち大勢のひとにとりまかれる。約二〇ものいろいろな名目の税金に圧えつけられ、飢餓線以下のところで生活している哀れな貧乏な人たちである。学校が一つあって、生徒は七〇、先生が四人いる。

道路が平らでないところで、トラックがはげしくガクンとやったので、桑窪子《サンウァツ》が平衡を失って荷からもんどり打って落ちる。チョクドゥンが少年をつかまえようとするが駄目で、つづいてころび落ちてしまう。首にも足にも骨折はない。桑窪子《サンウァツ》は手くびをくじいただけで、しばらくは仕事を休まなければならない。第一四八号基地では、みな彼のことを心配する。村は営児堡《インアルブ》、つまり〝若い兵士の宿営村〟という。このあたりに物騒な噂が立っている。それでわたしたちは、貴重品をいれた箱を、夜になるとテントにいれておくことにする。

今日は大晦日。南山《ナンシャン》山脈が淡い色あいをみせて浮かび出てくる。山頂の雪原の上にひろっている淡青色の空よりは少々色が濃いだけである。ものも言わず、村の男や子供たちがわたしたちの車をとりまいて、おどろいた顔をしている。わたしたちは出発の準備をととのえ、彼らを貧乏と屈従のうちに残して去る。

まもなく道がわかれる。左手に古い皇帝道路が飛砂の丘のなかを走っている。わたしたちは右の道について行く。まもなく不毛の砂漠、ほんとうの〝ゴビ〟に出る。土はかたく、砂利でおおわれた部分もある。しばらく進むと、まばらな草の丘があらわれてくる。望楼が歩哨のように道に沿うて立っている。張三霊《チャンサンリ》廟《ミアオ》は小さな寺で、そのもの言わぬ神々は地上の旅人たちに、一筋の希望を贈ってくれるのである。上河《シャンホ》清《チン》、〝上手の澄んだ河〟という村は、四方の角《かど》に絵のような望楼をもち、門のある城壁があって、そのそばに農家が散在している。城壁にかこまれた内部には人は住んでいない。ここには山のほうから発している地溝の支脈が、土のなかに深く切れこんでいる。新しい村々を過ぎ、渡るのに面倒な灌漑用の小さな運河をこえ、水の涸れた地溝、段丘と隆起した土地、斜面の地溝などのいりまじったところを走る。

清水堡《チンシュイプ》、〝澄んだ水の村〟は城壁にとりまかれ、門が二つある。いつものように道は村のなかを通っているが、村は入口と出口に門をもっているのである。しかしこの門は夜になると盗賊やこそ泥をいれないために閉じられる。したがって通り抜ける道の真中に三〇センチの高さの石がつんであって、土のなかに深く、びくともしないようにはめこまれている。この石の突起物によってもうなん度もわたしたちは泣かされた。しばしばわたしたちは橋を渡してこえた。しかし門のところの隆起は、わたしたちの車には高すぎた。幸いなことに村をぐるりとまわる道があった。

一月一日の朝、わたしが陳《チェン》、龔《クン》らといっしょにいるテントに、エッフェがはやばやと七時頃に年頭の挨拶にあらわれる。彼はストーヴにさかんに火をおこす。わたしたちは大急ぎで服を着、新年の挨拶をしにボーイたちのテントに出かける。大晦日の晩には、賈逵《チアクウェイ》はわたしたちのために、いつものように実にうまい食事をつくってくれたのである。わたしたちの新しい年の宿営地は、村はずれの農家の庭にあった。ここでは穀物をからざおで打つのがふつうで、庭はかたく平らだった。村の男が一人、夜警としてやとわれていた。粛州《スーチョウ》の市区はシェン（県）といわれるが、七区からなり、清水堡《チンシュイプ》はその一番東の区である。住民は一二〇〇家族から成るという。ここの海抜は一六〇〇メートル。正月元旦、まばゆいばかりの太陽の光がわたしたちを迎える。はじめのうちわたしたちは、畝と散在する農家のあいだを走るが、まもなく土地は荒涼として来て、とうとう砂漠にはいってしまう。

ひろい地溝の支脈をこえ、馬営《マヤン》村にしばらく停車し、あたらしい案内人をやとおうと思う。馬営《マヤン》の甲長《チアチャン》、すなわち村の長老が、甘州《カンチョウ》へ行く道を教えようと申しでる。彼の案内で、まず橋のある深く切れこんだ運河のそばにくる。橋はひどくお粗末なので、空《から》の車でも渡れないくらいである。そこで彼は、ずっと下ったところにこれより頑丈な橋があると言う。しかしよく見ると、その橋の二本の桁の一つが折れていることが分かる。それではじめの橋に引き返し、手伝いを動員して、橋をこわし、その材木で運河をいっぱいにし、円匙で堤防を平らにする。さんざん苦心したのちやっと越える。そして自分たちのひきおこした損害に対し適当な弁償金を支払う。

道のそばに四頭のかもしかが草をたべている。エッフェは車をとめ、草むらを利用しながら彼らに忍びよって行く。その姿は斜面のあいだに消える。かもしかの注意は、ただ自動車にのみ向けられていて、鉄砲に気がつかない。銃声一発。三頭は山のほうへ逃げた。一頭が倒れた。賈逵《チアクウェイ》とチョクドゥンがイェオリの車からとびおり、傷ついたかもしかそばにいそぎ、殺して自分の車にはこんでくる。しばらくあとで、わたしたちは二頭のかもしかのそばを通りすぎる。

エッフェはふたたび狩りにでかける。第一弾で一頭が倒れる。もう一頭のほうは、じっと動かないで多分死んだらしいその一頭のそばに忠実に立っている。エッフェがもう一発撃つと、それも二、三度飛び上がって倒れる。二頭とも積みこむ。わたしたちは数日分の新しい肉を手にいれたわけだ。

わたしたちのうしろの空が陰気に、くらくなってくる。まるで雪嵐でも襲ってくるかのようである。それで元山子村《ユアンサントウ》から遠くない野原に基地第一五〇号を設営する。夜、雪がふりはじめる。つぎの朝八時、あいかわらず雪がふっている。わたしたちはこの一日に長い道のりを進むことはできなかった。普通一〇キロから一五キロまでである。その理由は、道の状況がわるいというよりも、時間をくう地図作製の仕事のためである。長い距離を羅針儀で測量できる砂漠のほうが早く仕事がすむのである。家とか城壁とか木とか段丘、地溝とかが見通しをさえぎっている開けた地方では、測量距離がみじかいのである。だから非常にゆっくりとしか進めない。

新たな案内人を得て、晴れてきた空の下を道教の寺三関廟《サンクアンミアオ》に到着する。東のほうに今度は、比較的小さい、ひとりぽっちの山がそびえている。〝ポプラの山〟(白楊山)である。ときどき道は、砂利によって底がおおわれている地溝の支脈をこえる。それからふたたび荒地をすぎると、北のほうにゴビのかぎりなく遠い地平線が見える。それはいかにも海洋を思い起こさせる。そこでは大地は、白、黄色、灰色の縞となって光っている――砂、雪、あるいは砂利なのである。いたるところに農家や林が見える。人の姿や隊商や旅人や牛車が。ここで棺桶用の荒けずりの板をのせた数台の車の一隊がやってくる。ヤン・シェン村に野営する。村は甘州《カンチョウ》から七五キロ、小さな町高台《カオタイ》の南七キロ半のところにある。村の長老がわたしたちをたずねてきて、二人の夜警を世話してくれる。夜はかがやかしいほど晴れている。シリウス星座がそのすばらしい光を地上におくっている。

一月三日の夜、気温は零下二二・一度にさがる。早朝、あたりは霧氷でまっ白である。霧氷は陽の光でダイヤモンドのようにかがやいている。このシルクロードは、凍ると非常によくなる。しかし春または秋はおそろしく悪いにちがいない。とくに荷をつんだ自動車にとっては。この季節は運河に水があふれ、道はしばしば水びたしになるのである。そして果てしない泥沼のなかを走らなければならない。ちゃんと道をつくり、運河や堀を調節しなければ、道路は自動車交通にとってなんら意味をもたないのである。

小さな町高台《カオタイ》には市長とカトリック伝道会がある。高台《カオタイ》と甘州《カンチョウ》とのあいだには、もう一県、つまり市区臨沢《リンツェ》がある。

この地方はこれまでよりは広闊で、家屋は少なくなっている。それぞれの家は壁にとりまかれた中庭をもっている。しかしつぎにわたしたちは三城堡《サンチャンプー》、〝三つの村〟という村を通過する。ここでも道路工事が行なわれていて、車道は七ないし八メートルの幅になっている。一メートル半の深さの溝がある。むろんところどころに簡単にそれが示されているだけである。わたしたちは皇帝道路の南を走っている。甘州《カンチョウ》においてやっと皇帝道路にはいるのである。そこからは道路は長城にそうて走るのである。

左宗棠の大通り

道はだんだんせまくなり、次第に回廊に似てくる。それからふたたび開ける。そして行手に沙河堡《サホプ》村があらわれる。ときどき大通りを走る。村の東門のアーチの内側に、犯罪者の首をいれる、小さな木製のかごがぶらさがっていたが――いまはなかは空《から》であった。沙河堡《サホプ》には三〇〇家族が住んでいる。門の前に美しい寺があったが、ちょうど穀物をつんだ二〇頭のらくだの隊商がそのそばを通りかかっていた。東門、東関《トウンクアン》のすぐ前で、わたしたちは沙河《サホー》、〝砂の河〟の河床を通りすぎた。

零下二二・五度の寒さの夜の翌日は、またさんさんと太陽のかがやく日であった。だが、外にでるときびしい寒さだった。わたしたちの宿営地は、西頭《シートア》号《ハオ》、つまり〝西部の一等地〟という地区で、この地区は甘州《カンチョウ》までのびている。つまりもうわたしたちは甘州《カンチョウ》地区にはいったわけで、この町の裁判管轄権のもとにあるのである。いまわたしたちのいるのはシルクロードで、左には電信線が走っている。この大通りにはまだ樹木が多いが、これは五六年前左宗棠《ツォツンタン》の命令で植えられたのである。道は河《ホー》南《ナン》から安西《アンシー》へつづいている。北にも南にも山なみが見えるが、北のほうのはかなり遠い。あたりはすっかり雪におおわれている。ただ道だけに雪はないが、たいてい二メートルぐらい深く土のなかにのめりこんでいる。

地表はここでは、ロプ・ノールとまったく同じく、削りとられて典型的な〝ヤルダン〟になっている。このするどい粘土の背は一メートル半の高さがある。交通量は増加し、村々には、荷車や牛や子牛や豚や犬や人間がひしめいている感じだ。わたしたちは南東へ進む。左手には甘州《カンチョウ》のオアシスがひろがっていて、東のほうにのびている。わたしたちの道は、乾いた河床の中を走り、かなり大きい河の支流の左岸にでる。一台の荷車が心棒のところまで氷のなかにはまりこんで動かなくなっている。——わたしたちにはあまり魅力ある風景ではない。この河は黒河《ヘイホ》、〝黒い河〟という。エツィン・ゴルの東の源流である。

この支流をこえるために、たっぷり二時間とられてしまう。大きな道路と交叉しているところでは、いまの季節では渡河をこころみるのはあきらかに不可能である。隊商や牛車の列はさらに北に向かって行くが、そちらには多分橋がかけられているのであろう。わたしたちもそれらのあとに従って行く。しかし粛州《スーチョウ》に行く途中の騎馬郵便配達夫が、もっと下流に行くといとすすめてくれる。わたしたちは、用水、ダム、小さな橋、まがりくねった支流、河床の絶望的な迷路のなかで迷ってしまい、手さぐりするように用心深く、意地わるい水路をこえる。最後に、箱を三つおいて桁にし木を渡してある小さな橋を通るだけでいいことになる。しかしそれは高すぎるし、ひ弱すぎる。ちょうど向こうから二台の車がくる。彼らはその橋を無視して、いきなり一五メートルの幅の河のなかに乗りいれてくる。ここは半メートルより深くない。わたしたちも同じ道をとることにする。ようやくわたしたちも黒河《ヘイホ》をこえることに成功する。

甘州《カンチョウ》の北門の兵隊たちは、わたしたちをきわめて落ちつき払って迎え、さらに軍隊式な挨拶さえする。わたしたちの名刺を見ただけで、南京からわたしたちを迎えるよう命令がきているると話してくれる。そこでわたしたちは市長の衙門《ヤーメン》へ行く。市長はわたしたちを歓迎し、わたしたち用の宿泊部屋をみせてくれる。これはまことにお粗末な部屋である。で、わたしたちは衙門《ヤーメン》の内庭の一つにテントを張るほうをえらぶ。ここでは、二人の警官が車のそばで警戒しなければならない。

中国では昔の中国風の旧正月は法律でやめになっている。新年は西欧と同じように祝われている。つまり太陽暦が太陰暦にかわって登場したのである。すでに粛州《スーチョウ》で、柱や戸口や家々に、赤い新年のはり紙がはってあるのが見られたが、この甘州《カンチョウ》では、祭はその頂点に達している。芝居小屋では芝居をやっているし、行列が催されたり、街路上でいろんな道化芝居が行なわれたりしている。変装した大道芸人、きらびやかに飾りたてて高い竹馬にのった子供がむらがっている。祭は数日つづくという。しかし旧暦の新年が、ふつう二月にやってくると、これもむかしと同様に祝ってもさしつかえはない。古いしきたり、習慣を根こそぎにすることは容易なことではないのだ。

甘州《カンチョウ》には三日滞在。車を修繕したり、物資を補充したりする。一度ハーバーシュトロー神父とフリッシュ神父に食事を招待される。二人の住む、住宅、学校、教会のある一区画は、約五〇年前ベルギー伝道教会によって建てられたものである。わたしたちはまた四人のドイツ尼僧を訪ねる。この尼僧は六〇人のいろいろな年齢の少女のための孤児院と、礼拝堂のついた屋敷をもっている。ちょうど休憩時間で、少女たちは庭で遊んでいた。

内陸アジアに自動車交通を導入する時期が熟したことを、すでに帰化《クエイホア》でわたしたちは経験していた。帰化《クエイホア》では商人たちが、〝バス会社〟を設立し、そのトラックはハミと粛州《スーチョウ》間を走っていた。甘州《カンチョウ》できいたところでは、そういう会社は涼州《リアンチョウ》でも設立され、六台以上のトラックを持ち、月に二回、二つの町の間を走っているという。それらは二二〇キロを普通二日で、また道が乾いている場合は一日半で走破しているそうだ。甘州《カンチョウ》から涼州《リアンチョウ》までトラックを一台まるごと借りると、メキシコ・ドルで一六〇ドルかかるという。涼州《リアンチョウ》と蘭州《ランチョウ》間の交通は活発であった。距離は二六〇キロ。運ばれるのは貨物で、乗客はまれである。一台のトラックは三二〇〇ケッティ（約二〇〇〇キロ）の荷を運ぶが、一頭のらくだは三〇〇ケッティ（約一八二キロ）だという。つまりいまの原始的な道路状況では、らくだを使うほうがはるかに安いのである。

神父の話によると、甘州《カンチョウ》の人口は三万。市長の衙門《ヤーメン》では、九〇〇〇家族という数字が示された。南山《ナンシャン》山脈の辺鄙な谷間にはウィグル人の村が少しあるそうだ。ウィグル人たちは、バターか羊か羊毛か馬を売りに来る以外は町を訪問しないとのことである。甘州《カンチョウ》も、甘粛《カンスー》のほかの町と同じように、貧乏と没落の印象をあたえる。しかし、二、三の通りは、色はなやかな家々、色を塗った戸、上品に反《そり》のついた屋根などがあって非常に美しく見える。町にはまたいくつかの、まことに大きな寺がある。たとえば〝大仏寺〟がそれで、約四〇歩ぐらいの長さの横たわった仏陀の像がある。仏塔《パゴダ》は九階で、町の上にぬきんでてそびえている。約三〇キロ離れた南の山のなかに、ラマ教の寺院蛮狄寺《マンティ》がある。

一月五日の晩、市役所自ら、不快な話ではあるが甘粛省《カンスー》に特有のやり方で、新年を祝って行なわれる一連のお芝居にアトラクションを添えたのである。場所はわたしたちの中庭にとなりあった衙門《ヤーメン》の庭で、そこに押しよせた物見高い群衆を前に裁判が行なわれたのだ。悪党の一団がある金持を殺して、その財産をうばった。ほんとうの犯人は逃げてしまった。他の八人は犯行を手伝ったのであるが、近所の人から密告されたのである。この八人がいま拷問にかけられるのである。わたしたちは衙門《ヤーメン》の隣にいたので、おそろしい叫び、胸をひきさくような唸り声、野蛮な吼え声を耳にしないわけにはいかなかった。それらは衙門《ヤーメン》の壁にとりまかれた庭のなかで反響した。その声はもう人間の声などというものではなく、鞭うたれ折檻されている動物の唸り声であった。その唸り声のあいだに、刑吏長の命令がひびくのだ。「もっと強く、もっと強く!」それにつづいて殴打の音、なにを言っているか分からぬ言葉で白状する声がきれぎれにきこえる。イェオリとエッフェがこの人間地獄を一寸のぞいてみると、不幸な八人は腰巻きをつけただけで、真裸でくくりつけられて立っていたそうだ——いや、こんな非人間的な拷問、犠牲者に加える老獪で悪魔のような刑罰技術について報告を書く気にはなれない。苦しさがきわまると、かわいそうな連中は自分の泣き声を自制できなくなる。彼らは泣くと同時に笑うのである。彼らはお慈悲を乞うて低い声で唸りつづけるが、その声は石をも蠟のようにとかしてしまうにちがいない。一人の毅然とした男は、拷問がきびしくなって行くあいだ、無理をして黙っていた。彼はひと言も悲鳴をあげなかったが、冷たい汗が額からたれてきた。とうとう意識を失って、力つきて崩折れた。彼は横になったまま棄ておかれた。もう一人のものはおそろしい叫びの最中に突然黙ってしまった。気を失ったのである。二、三時間たってやっと中庭はしずかになった。

わたしたちは、甘州《カンチョウ》の市長にほとんど会うことができなかった。彼の貴重な時間は、こんなふうに判決を言いわたしたりすることで一杯だったのである。中国海岸地方では、拷問はとりやめになり禁止されている。しかしこの内陸アジアでは、むかしと同じように行なわれている。ひょっとすると昔よりもっとひどくなっている。というのは昔は、一般の秩序や風紀はいまよりもよかったからである。わたしたちの質問に対して、殺人・強盗・窃盗などの悪質犯にだけこの残酷で、見せしめになる刑罰を下すという返事だった。盗賊どものほうも、裕福な地主や農民を襲って拷問するのだと主張する人もあった。さらにいろいろな種類の、現行の新発明の拷問道具で、近代的な西欧ふうの名をあげてくれた。たとえば、〝機関車乗り〟とか〝長距離電話〟だとか〝飛行機〟とか。それがどんなふうに行なわれるのか、書くのはやめようと思う。

寥《リアオ》市長は、拷問ののち蘭州《ランチョウ》の軍司令官に電話をかけ、この八人を射殺すべきかどうかを問いあわせた。返事はまだきていなかった。つまりこの不幸な八人は、肉をひきさかれ、皮をはがれ、うちのめされ、しかももう一晩、はっきりしないまま送らなければならないのである。彼らがうけた動物的な扱いのあとでは、もう彼らは、死を歓迎しているにちがいないと思いたいくらいだった。

21　万里の長城にそって

わたしたちが内陸アジアを走破するときにとる、かぎりなく長い幹線は、隊商や牛車にとってはいくつもの区間に分かれている。ウルムチからハミへは、郵便局や隊商宿のある一八区間があるし、ハミから粛州《スーチョウ》、粛州から蘭州《ランチョウ》、蘭州から西安《シーアン》まではそれぞれ、旅行は一八日を要するのである。郵便は一八日の半分しかかからない。安西《アンシー》から上海までの手紙は、だいたい二六日だと思わなければならない。

一九三五年一月八日、甘州《カンチョウ》を去る。はじめわたしたちは、ひらいている店のならんだ、比較的清潔で広い大通りを走る。ここは活気にみちている。ふつう中国の町には太鼓の塔や鐘塔があるが、甘州《カンチョウ》では二つがいっしょになっている。わたしたちの道は、南門のアーチや外壁の門を通りぬける。南門の前に、一二メートルの幅の河が流れている。いくつか橋がその上にかかっている。そこの左、二、三キロのところに、紫色の色あいできらりと光っている短い山なみがのぞまれる。道は非常によく、いくつかの農家や林のそばを通りすぎている。ここでは一〇メートルから一二メートルの幅である。監視塔はこれまでよりも忠実にわたしたちにつき従ってくる。

イン・ファ・チュアン村の郊外で葬式が行なわれている。音楽隊は、けたたましい笛だけで構成されている。二十里舗《アルシリプ》、〝二〇里の村〟の近くに、たぶん行政地区の境界のしるしらしい、まったく新しい門がそびえている。それから道が二、三メートル深くきれこんだ、砂っぽい地勢のところを通る。今度は樹も農家も見えない。南の南山《ナンシャン》山脈のほうへは約三〇キロぐらいあるらしい。しかし北のほうの山までは約八ないし一〇キロである。黄色っぽい風景のなかを、くずれた壁や門のそばを通りすぎる。凍りついた暗渠や河をこえるが、橋はあったりなかったりである。南の傾斜地、そしてその近くにある北山《ペイシャン》山脈の麓に、今度は長城の一部が見えてくる。わたしたちのいるところは、長城からわずか一キロのところである。

道の一部分は、粘土質の段丘のなかに三、四メートル深く切れこんでいる。まもなく行手に城壁や門やお寺のある東麓《トウンル》村が見えてくる。それから道は河の左岸にそって走っているが、右側は約五メートルの高さの段丘の堤防が境界をなしている。それからまたいくつかの村を通り、またさっきより広い、深く切れこんだ道がくる。密黄店《ミホアンティエン》村の海抜一七〇〇メートルのところに、一五四号野営地を設営する。わたしたちは、甘州河《カンチョウホ》のほうへ流れている山丹《シャンタン》河のそばにいる。ここでも二人の夜警がつくことになる。

夜は零下一五・七度までさがる。一月九日朝、つめたい東風が吹きまくる。わたしはいそいで毛皮の外套をきて、朝食のあとすぐ乗用車に乗りこむ。わたしたちの宿営地のすぐそばに、夏《か》王朝の禹《う》皇帝をまつった禹皇廟《ユーファンミアオ》寺がある。禹は一三年間、黄河の氾濫をくいとめるために働いたのである。このあたりまで彼の祝福にみちた業績が及んできていたのである。皇帝はそ

山丹付近の大仏寺

の後孤独の生活に引きこもって、心おきなく休息しようとした。しかし民衆はすべて彼を皇帝にしたいと望み、むりやり帝位につけてしまった。この二つの大河のそばや甘粛《カンスー》では、彼の遺徳をたたえたお寺がたくさんある。

村々を過ぎ、水路をわたり、農家や村のそばを通り、峡谷を走り抜けて行った。一時間半後、二つのせまい支流をもった山丹《シャンタン》河をわたる。支流には橋がかかっている。しばらくのち、右に山が見え、左に凍った水路がある。山腹の一番下に、特異な寺大《ター》仏寺《フオツエ》がそびえている。わたしたちは停車し、香炉のおいてある中庭へはいって行く。お堂のなかの仏壇には、三つの仏陀の像がある。本堂には仏陀そのものが、夢みるように微笑しながら坐っている。二二メートルの高さがある。

わたしたちはふたたび山から少々遠ざかり、山《シャン》丹《タン》市に到着。市長をちょっと訪問。市長はわたししたちに、このあたりはぶっそうだから、夜は走らないように忠告する。市から少し行ったところで長城に行きあたる。乾燥煉瓦で築かれ、底部二メートル、上部一メートルの幅で、高さは六メートルある。この大きさは場所によって非常にちがっている。さらにしばらく行くと、厚さは同じだが、低くなる。ここでは巨大な望楼が、長城そのもののなかに建てられている。

一日中、わたしたちは左手に長城を見て走る。いかにも真直ぐに伸びていて、ところどころ切れた黄色い線という感じである。といっても、皇帝の命令で内陸アジアに建てられたこの異様な建造物をながめているのは、決して退屈ではない。構造の様式、建築方法、一日の異った時刻における光のあたり具合、望楼の位置と形とはたえず変化するからである。

三十里舗《サンシリプ》で、海抜一九〇〇メートルのところに一五五号基地を設営。わたしたちは、露天よりも村の城壁のなかで宿営するほうが安全だと考えたのである。粛州《スーチョウ》から来ているわたしたちの警官が、いつも二、三人の夜警を世話してくれる。今度のは一七歳の、妻帯した若者である。彼の一九歳の奥さんは、五か月前実家の母のもとに帰ってしまったので、この花婿はたまにしか妻をたずねることができない。わたしたちのボーイたちが、この虐待されている良人をたえずひやかしていると、彼はみんなに自分の気持を打ちあけるのであった。この地方では大部分の女が、東于《トゥンガン》族の女もそうだが、まだ纏足《てんそく》をしている。

わたしたちがさらに南東に進むと、眼前にほとんど孤立した感じの山が立っている。大黄山《タイホワンシャン》である。

甘粛《カンスー》の住民の約九〇パーセントは、阿片常用者だという。彼らがすべて貧乏なのは不思議ではないのである。彼らには、人生は重荷のように思えるにちがいないのだ！

長城は忠実にわたしたちの左をついてくる。三つの望楼が見える。右に山が一つ、胭脂《ユエンツェ》、つまり紅山という。その名は、モンゴルの婦人がむかしその唇を塗った顔料から由来しているのである。左の山は赭頭山《チートウシャン》といい、あとで、いつものように北山《ペイシャン》につながってしまう。ふたたびわたしたちは荒れた土地を通過する。数頭のかもしかが、さっと通りすぎて行く。わしが滑走しながらおりて行く。つぎの村は豊城舗《フェンチャンプ》、〝豊かな町の村〟。ここに住んでいる貧しい一二家族のことを思うと、この名前には軽侮のひびきがある。

いよいよ古い皇帝道路は、低い山のあいだの狭い、締めつけるような砂利谷にはいって行く。左手の山の峰を長城がうねりながらつづき、谷底へ急傾斜でおりている。皇帝道路は山地をえらんで走っているが、それはここに人家や水が見出されるからである。わたしたちはだんだん高くのぼり、まもなく海抜二五〇〇メートルになる。すぐ右手を、長城がふたたび山の峰のほうへ這い上がって行く。それからそれは沈み、谷底へおりる。これを建てた人々と王侯たちの忍耐につくづく感心する。近くにはいつも、例のずんぐりした、独特の形の望楼があるのだ。二、三か所、長城が崩れたところがある。乾燥煉瓦の破片が、いまなお山になってそこにある。

ちょうどここで、わたしたちは海抜二七〇〇メートルという最高所に達する。それからひろい展望をもった、ひらけた地方が見えてくる。太陽が沈み、古い塔と無限の城壁をもった、このお伽話のように趣きのある地方の上に微光がのこっている。一五六号基地では、わたしたちはふたたび海抜二四〇〇メートルになる。

その晩は零下一七・四度。一月一一日、さらに南東に向かい、水泉駅《シュイチュアンイー》、〃水源の村〃へ。この村は六〇家族が住み、絵のような門の廃墟をもった、没落に瀕した集落である。

青龍山《チンルンシャン》という名の峰が右手に見える。溝や谷が縦横に交錯している土地にはいり、ときどき丘のあいだを走る。望楼はあいかわらずだが、長城はところどころ途絶えている。道はときとするといいこともあるが、たいていは凹道や深くのめりこんだ車の輪のためにこわされている。わたしたちはのぼったり下ったりし、しばしば侵蝕地溝が道を横切っているのに腹をたてる。わたしたちのまわりは、あるときは荒地や草原となり、あるときは耕地や村となる。ここで長城は北東のほう、鎮番《チェンファン》のほうへ方向を転ずる。十里舗《シリプ》村のそばでは、道の右側にずっと切れ目なく一列に木が植えてある。それは根気づよい左宗棠《ツォツンタン》を思いださせる。

永昌《ユンチャン》県の西門で、わたしたちは兵隊にとめられる。彼らはいつものような質問をする。そして名刺だけでは満足せず、旅券を見ようとする。指揮官はわたしたちのことを報告するため町へいそぐ。わたしたちは門のそばで待ち、兵隊たちは剣つきの銃をかまえて監視する。二〇分後、進んでいいという許可をもらう。門をいくつか通り、太鼓をつるした塔を通って市長の衙門《ヤーメン》に行く。市長はみずからでてきて、わたしたちとその車を見たいという。市長は老齢で、体つきのすらりとした、そして白髪を短く刈った人で、数年ウルムチで楊《ヤン》元帥のもとで働いたことがあるという。そしてわたしたちに新たな警官をつけて、旅をしていいと許可してくれる。わたしたちはさらに二つ三つのアーチの門を通り、図々しい兵隊たちの一隊のそばを通過しなければならない。ようやく永昌《ユンチャン》を出、ある農家で設営することができる。町の名は〃永遠の裕福〃という意味である。その城壁のなかに五〇〇家族、城外に約一〇〇〇家族住んでいる。しかし裕福などという感じは、どこにも見当たらない。すべてはまずしく落ちぶれている。わたしたちの警官は二人の夜警を世話し、泉の水をもって来させる。燃料を市場《バザール》で買っておく。一日中、風が強い。わたしたちの出あう牛車や隊商の馭者は、濛々たる埃で顔は灰色になっている。

翌朝、冷たい風が吹く。視界はわるい。地図作製のための羅針儀測量のできる距離はみじかくなる。道ははじめ墓地をこえるが、ここでは墓は小さな土まんじゅうの形をしている。感謝や感嘆に値いする人の霊に敬意を表するために、いくつかの頌徳碑も立っている。

道路はここは実にいい。これは一九二八―二九年、〃クリスチャン将軍〃馮玉祥《フェンユーシャン》の軍隊によって建設されたものである。将軍は、兵隊というものはいつも忙がしくさせておかねばならぬという原則に忠実だったのだ。二、三の古い望楼のそばには、なお幾本かの、左宗棠《ツォツンタン》の植えた木が残っている。牛車やろばやらくだが埃を濛々とあげるので、ついそばまで来ないとわたしたちには見えない。嵐の唸り声と、らくだの鈴のひびきが旋律的にまじりあっている。道は七メートルないし八・五メートルの幅である。端に幅一メートル、深さ半メートルの溝がある。また長い距離にわたり、雨水の流れたあとによって破壊されているところもある。橋はすべてこわれている。ときどきわたしたちは、厄介なまわり道をしなければならない。

山々は万丈の黄塵のなかにすっかり姿を消してしまう。荒地を通る。停止すると、車につけた小さな旗がぱたぱたと鳴り、嵐が吼えるのがきこえる。半裸体の、青くこごえた小さな宿なし子たちがわたしたちの車をとりかこむ。わたしたちがチョコレートやパンをあたえると、その小さな、氷のように冷たい指に触れる。村のすぐ東のほうに、越えなければならない橋があることを教えられる。

わたしたちはそちらへ車をすすめる。道のかなりの部分が水びたしになっている。はじめの支流のそばで、長く黒い僧衣をつけ、黒いヴェールをした三人の中国人のカトリック尼僧にであう。三番目の支流のなかに、荷車が一台、氷のなかで動かなくなっている。尼僧たちはそれに乗って渡ろうとしたのである。まもなくエッフェの車もはまりこんで、まったくお手上げの状態となる。イェオリは《エズル》の荷をおろし、わたしたちを引き綱で助けてくれる。時刻はすでにおそい。わたしたちが野営地をつくっていると、《エズル》は尼僧たちの車を氷の泥のなかから引き出す手助けをする。河の名は截河《チェホ》。わたしたちの宿営した村の名はチャン・ルー・プ。ここは海抜一七〇〇メートルである。

一月一三日、わたしたちは四時間半にわたって悪戦苦闘し、車で河をこえる。あるときはエンコした乗用車を引き出さなければならぬ羽目になり、あるときは《エズル》が岩塊と砂利と氷塊のあいだで動かなくなったりする。支流を何本もこえなくてはならない。ブレーキが凍りつき、車輪には氷が張ってくる。都蘭河《トウランホ》というおしまいの支流を渡るとき、荷物は、また全部おろして、荷車で渡さなくてはならない。ここで乗用車はまたエンコする。わたしたちは村から人をよんできて、長い綱でわたしたちを引き上げてもらう。それからタイヤについた氷を叩きおとし、エンジンをあたためる。そのあいだ《エズル》にまた荷物をつみ直す。そして旅をつづける。道は非常に悪く、長い距離にわたって水につかっている。いくつかの、前のより小さな支流をこえる。ところどころ畑に氷塊が立ててある――神々に五穀豊饒を祈っているのである。たまに村も通る。その一つには全然防禦施設がないが、それぞれの農家が自らの土壁をめぐらせている。

ときどき針葉樹が道端に立っている。五時、涼州《リアンチョウ》に向かう道に達する。ここでいつものようにとめられる。わたしたちがなにも悪いことを企んでいないことが分かってやっと通過をゆるされる。市長のところに行くと、彼はわたしたちを慇懃に迎え、その衙門《ヤーメン》の中に泊まるようにすすめてくれる。涼州《リアンチョウ》には、四〇八〇家族、すなわち二万五〇〇〇人が住んでいると言う。区全体には三万二〇〇〇家族がいる。一九二七年の地震では三〇〇〇〇人が死んだそうである。

翌朝、一四日、わたしは尤《ヨウ》からうれしいニュースの手紙をもらう。彼は前の晩、わたしたちのこの前の宿営地チャン・ルー・プに到着したというのだ。あまりよろこべないのは、セラトが第一の河をこえるとき事故をおこしたということである。セラトの車の前のスプリングが折れ、作動ギアがこわれてしまったのである。その場所で彼は、いろいろな補充部品や道具類を必要としているという。で、セラトを助けるべく、イエオリを《エズル》に乗せ、チョクドゥンと二人の警官を同乗させて派遣することにする。このため涼州《リアンチョウ》における滞在がのびてしまったのは面白くない。

龔《クン》、陳《チェン》といっしょにわたしは、人力車に乗って涼州《リアンチョウ》の東門へでかけ、さらに新市街へ二キロの道を走らせる。一八九六年一二月わたしがここを訪れたとき、旧市街の門のそばに楼閣があった。それらは市の城壁の美しい飾りとなっていた。しかしいま残念ながら、それらはなくなっている。新市街は単に四角い城壁をもっているだけである。わたしたちは西門を通って新市街へはいる。西門といっても、城壁に二重の入口がついているだけである。城壁の内部にはただ兵舎と将校宿舎しかない。ここには指揮官の馬歩青《マブチン》将軍がその幕僚とともに住んでいる。その家々の前の鉄の垣根のそばで人力車をおり、名刺を衛兵に差しだす。待合室に案内される。大勢のひとが、チベット人もふくめて、ここで謁見を待っている。

一人の将校がわたしたちを応接室につれて行く。馬歩青《マブチン》将軍は灰色の軍服をつけた四〇がらみの小男で、西寧《シーニン》の勢力家馬歩芳《マブファン》の兄である。非常に愛想よくわたしたちを迎え、わたしたちの計画、任務をききとる。そして昼食をいっしょにしないかと招待される。半時間ほど歓談したのち、彼は立ち上がる。

それからわたしたちは、欧亜航空の代理人を訪問する。欧亜航空のガソリン倉庫からわたしたちはガソリンを補充することができる。

その晩の宴会では、主席副官がホストの義務をひきうける。将軍は回教徒なので、異教徒とは食事することが許されないのである。

一五日、わたしは伝道教会のジョン・スタンレー・ミューア夫妻を訪問する。二人の住んでいる家で、わたしは一八九六年、ベルチャー家のひとといっしょにクリスマスを祝ったことがあった。屋敷はあの頃と少しもかわってはいなかった。ベルチャーはひとが三〇〇人もはいる大きな教会を建てたのである。その外の囲壁のそばに、一九二九年亡くなったスージ・ベルチャーとウイリアム・ベルチャーの墓石が立っている。教会にはかなり大きな鐘があるが、これは一九二七年、地震のとき塔から落ちた。しかし鐘は床《ゆか》の板を二つつき破って落ちたのに、あまり損傷をこうむらなかったという。ミューアの語るところによると、伝道教会の指導はだんだん中国人の手にうつって行くといわれる。

わたしは、自分がかつて非常に親切に英国伝道教会の人々によって迎えられた場所を、三八年ぶりに再び訪れて感動した。ふしぎなめぐりあわせで——いまわたしはこの人たちの墓所を巡礼しているわけであった。イェオリ・ゼーデルボームは、一九二八年にベルチャー夫妻と会っている。当時二人は、わたしに対しよろしくという伝言を託したのであるが、それは二人が亡くなってはじめて、わたしのもとに届けられたのである。

カトリック伝道教会で、わたしはアロイス・ベッカー神父とソシエタス・ヴェルビ・ディヴィニ教会のオーベルレ神父に会った。ほかの人々は、伝道学校に奉職していた。学校の病院には四人の看護婦がはたらいていた。涼州《リアンチョウ》のすこし郊外に伝道本部があって、一八九六年わたしはそのすばらしい教会を訪ねたことがあった。教会は当時ベルギー人の手にあった。日記にはわたしの訪問のことが書いてある。神父たちの話によると、最近の三年間、雨期にうす気味わるいほどたくさんの降雨量があったという。広範囲にわたって収穫はめちゃめちゃになった。この冬は異常なくらいおだやかだったそうだ。神父たちの意見では、いくら自動車道路を計画しても、夏の雨が駄目にしてしまうだろうと言う。さらに橋も雨のために流されてしまうし、橋の材木は盗まれてしまうだろう。セメント造りの橋なら、風にも泥棒にも大丈夫だろうというのである。

一六日晩、自動車の音をきく。尤《ヨウ》がエッツィン・ゴルへの小旅行から戻ってきたのである。冒険が成功したのである。セラトもトラックを、こわれて修繕の必要はあったがふたたび持って帰ってきた。ユーはわたしたちに新たな食料品を手にいれてきてくれた。

そういうわけで車の修理のため、わたしたちは涼州《リアンチョウ》で、心ならずもなお二、三日休日をたのしむことになった。時間の大部分をわたしたちは、中国の貴賓や伝道教会を訪問したり、答礼の訪問をもったりしてつぶした。わたしたちの部屋はいつもお客さんでいっぱいだった。

いろいろな方面からわたしたちは、民衆がどんなに理不尽な税金のもとに苦しんでいるかを耳にした。ひとびとは税金をそんなにらくに払えないでいるのだ。多くのものは家や畑を手放し、税金をまぬかれるために知人のもとに身をよせている。あるものは借金をして、その上月四パーセントないし一〇パーセントの利子を払わなければならない。四〇〇モー（二〇二五アール）の土地と娘たちをもっているいい身分の農場主も、結局身ぐるみ財産、それに娘たちまで高利貸に渡してしまわなければならなかったのである。

平番《ピンファン》付近ではいまは、阿片がもっぱら栽培されているが、涼州《リアンチョウ》ではいくらか少なくなっている。穀物の値段は以前に比べると半分ぐらい値下がりし、そのため作って移出しても儲からないのである。情勢はきわめて不安定である。土地は貧しくなっているし、合理的な灌漑やちゃんとした道路など無縁のものとなっている。将軍たちの内政的権力闘争が中国をくいつくしているのである。

一月一九日、龔《クン》はイエオリ、《エズル》、ジョムチャ、桑窪子《サンウァツ》、それに警官一人らといっしょに出発する。彼らは近道をとり、中衛《チュンウェイ》を経、黄河に沿って進むはずである。この道は多分西《シー》安《アン》と涼州《リアンチョウ》の間の鉄道線路として適当かも知れないのだ。わたしたちは、蘭州《ランチョウ》で再会する計画である。

尤《ヨウ》はわたしに、エツィン・ゴル往復の途中の出来事を語ってくれた。わたしはそれを全部書きとめておいた。それによると四月の旅行者たちは、エツィン・ゴルのトルグート族の王に、わたしたち遠征隊は全滅したと語ったそうである。《大馬》の連中がわたしたちを皆殺しにしたというのだ。それで王はわたしたちに再会する望みをすててしまっていた。そのためユーとセラトが彼の幕舎にあらわれたとき、ひどくびっくりしたという。涼州《リアンチョウ》である税関吏はわたしたちを訪ねて、つぎのように言った。

「あなた方は新疆《シンキャン》に一年九か月もいて、一人も死なずに、生きて逃がれてきたというのですか？　いや、これはほとんど信じがたいことです！」

22　危険な山岳地帯を通る

　夜、零下一六度以上になることはまれである。一月二一日夜は、やっと零下一三・二度である。ようやく出発準備ができる。別れの訪問を大急ぎですませる。しかし大きな町を出るには、いつも時間がかかる。その日のおそくになってやっと、わたしたちは出発する。東関《トゥンクアン》ではらくだの隊商のために町をでることができない。このらくだの群れは、立派な黒い冬の毛をはやして、上品な頭をもった、背の高い、堂々としたものばかりである。市門の陰気くさいところで見ると、みな見事すぎるぐらい見事である。

　金関《チンクアン》はこの貧しい地方の村にはよすぎる名前である。金水河《チンシュイホ》という二つ、三つの支流にわかれている河を二度わたしたちは横断する。ここでチベットからじかにやってきた、二頭のヤクをつれた男に会う。いくつかの場所にもみの木が生えている。めずらしい風景である。大河《ターホ》園《ユアン》村で宿営。夜は見張りを立てる。彼らに報酬として六五〇コッペルあたえる。これは中国の小銭で、真中に四角い穴があいている。六、七〇〇コッペルが、涼州《リアンチョウ》で一銀ドルにあたる。一晩中、車のひびきやおしゃべりの声がきこえる。

　さて蘭州《ランチョウ》への新たな旅につく。ここは西安《シーアン》への長い旅のおしまいから二番目の宿営地である。蘭州《ランチョウ》に来てやっと、文明にほんとうに近づいたという印象をうける。

河東堡《ホトウンプ》、〝黄河の東の村〟にはアーチのない門がある。ここでも人々は貧乏のように見える。彼らはいやな匂いをたてているが、それも汗がその衣服のなかに長年にわたってしみこんでいるからである。飢えた小さな子供たちが、細い足をしてまわりをとびまわっている。役所や兵隊たちは、ただ自分の利益だけを考えていて、貧乏な人を困窮のなかに放置しているのだ。それからひろびろとした砂利の平原にでる。一つの村全体が廃墟のなかにある。地震と軍隊のためにこわされたのである。靖辺駅《チンペイイー》は、焼いた煉瓦でできたスマートな市門をもっていたが、いまはそれも瓦礫のなかにある。大通りにさえ廃墟が見える。

涼州《リアンチョウ》の市長は以前古浪《クラン》村の近くでは用心しなさいと忠告してくれた。このあたりは広い範囲にわたって、盗賊のために不穏になっているという。わたしたちはいそいでこの危険な地方を通過し、古浪《クラン》には泊らないほうがいいというのだ。粛州《スーチョウ》で、国防部の宋《スー》とかいう人にわたしたちが会うと、彼は平番《ピンファン》と古浪《クラン》のあいだの旅で襲われ、掠奪されたと言っていた。彼はもういのちからがら逃げだしたのである。

真夜中、尤《ヨウ》のよくとおる声でわたしは起こされてしまう。彼はチョクドゥンを呼んでいたのである。わたしはシュラーフザックから立ち上がって、なにが起こったかとたずねる。「トラックになにかあったようです」と尤《ヨウ》は答える。チョクドゥンがいそいで出て行った。同じ瞬間、だれかがかなり高いところからさっと飛びおりた音がきこえる。泥棒が囲壁のうしろから溝のなかに消えたらしい。見たかぎりべつになにもなくなっているものはない。チョクドゥンが命令をうけ、夜あけまで警戒に立つ。その後夜は平穏にすぎた。

村のすぐうしろで、道はふたたび回廊のなかにはいる。幅は八メートルである。わたしたちが危険な村古浪《クラン》にはいると、武器をもっていない兵隊にとめられる。なぜ武器をもたないのかとたずねると、持っても盗賊どもにすぐとられてしまうのだと答える。なにごともなく村を通過する。いくつも曲がっている道を、河の左岸にそうて走る。川の凍った白い帯が、わたしたちの下、数メートルのところをうねりながらつづいている。両側から山が谷底のほうへぐっと傾斜している。谷はだんだん荒涼となり美しくなってくる。とある道のひろくなったところで、藁の丸屋根をつけた六台の車にであう。これはサーカス、またアクロバットの一団といったようなものが旅をしているのである。午後、一五人の旅人に会う。彼らは、涼州《リアンチョウ》—蘭州《ランチョウ》間の乗合バスとして使われているシボレー型トラックで旅行している。このバス会社は馬歩青《マブチン》によってつくられたのである。このバスは、座席がいっぱいにならないうちは出発しないのである。だから一番先に切符を買ったものは、長いあいだ待たなければならない。岩や砂利のあいだを道はのぼったり、下ったりする。つぎに、防壁が視界をさえぎっている、斜面の地溝のようなところを走る。往来は実に活発である。車やろばや旅人や商人たちによくあう。若い男が肩に竿をせおって、その両端に籠をゆらゆらさせてくる。なかに草笛がはいっており、かっこうのような鳴き声をだす。

谷はだんだん野生味を帯びて、けわしい崖とすばらしい遠望のきく場所とのあいだに伸びている。夕陽が山々の上に壮麗に照りかがやき、その峰はまばゆいばかりの黄紅色に燃え上がっている。こんなすばらしい景色の道だが、カーヴのところにくると、わたしたちはふり動かされる。この道は古浪峡《クランシア》、つまり〝古浪《クラン》の窪んだ道〟と呼ばれている。トラックを断崖の下に落ちないように運転するのは手品のような技術である。銘文のある石碑が建っているのは、この道路建設に金を寄付した慈善家を顕彰したものだという。

　橋をわたって、とある枝の谷を横断したのち、けわしく狭い蛇行した道を上へとのぼる。いったいいつまでつづくのかと思っていると、あやうく車がひっくりかえりそうになる。もうすこし不注意だと、転落して粉々になりかねないところであった。

　わたしたちと向かいあった山の傾斜に、一五頭のヤクが草をはんでいる。北側の斜面はまだ雪におおわれている。道は乗用車には狭すぎるし、トラックはさらに道よりも三〇センチ幅がひろい。わたしたちはどうしたら無事に前進できるかわからない。長城は右のほう谷底に向かっておりている。

　ときどきわたしたちは谷底を走ることもあり、また河のすぐそばを走ることもある。それから曲がりくねった道をまだのぼることもある。ある個所で、どっしりした岩壁がつき出ている。道はここではおそろしくせまい。わたしたちは停車して、トラックの来るのを待つ。この場所を調べ、用心深くまわり道をすることにする。――うまく行く。行手の山の上に一台の荷車が見える。幸いなことに馭者は一瞬気がついてとまってくれる。こんなせまいところですれちがうなんて考えられないことである。

　賈逵《チアクウェイ》、李《リー》、チョクドゥンらはそれぞれ一流の哲学をもっている。彼らはトラックの荷台にうずくまっているのだ。トラックがとくに危険な場所に来ると、頭の上に毛布のマントをかぶる。そうすれば少なくとも、事故が起こっても見ないですむのである。飛びおりるほうがいいだろうと思うのだが、それはしばしば、言うは易く、行なうは難しなのである。

わたしたちは、凍った河の岸のにれの並木のそばを走る。夏はここはすばらしいにちがいない。合水《フーシュイ》、〝水の合流点〟村の近く、海抜二一〇〇メートルのところで野営する。

零下一九・六度の寒さの夜があけると、一月二四日の朝はひどくつめたい。騎馬の一群が谷をぬけて涼州《リアンチョウ》のほうへ行く。どういう人たちなのかとふしぎに思っていると、それは兵隊で、わたしたちをとめていろいろと質問する。彼らの話では、約三〇人の馬賊の一団が一日前に逮捕されたという。彼らは鉄のくさりでつないであったが、いま兵隊たちはそれを涼州《リアンチョウ》へ追い立てて行き、そこで拷問にかけ最終判決を下すのだという。

南西のほうから流れている河を渡る。幅三五メートル。大部分が氷におおわれているが、真中に細い水の流れがある。乗用車はうまく渡ることができる。川幅が六〇メートルで、幾層にも氷が張っている。そのあいだの水が流れている個所を、トラックは渡ろうとこころみる。トラックはろくに進まぬうちに、だんだんと氷のなかに沈みこんでしまう。荷物をおろし、氷の上を向こう岸にわたさなければならない。こんなことをやっていると二時間もかかってしまう。それから山にかかり、その左の谷の側面をのぼることになる。巨岩が道のわきにどけてある。やがてまた四メートル幅の凹道を通る。旅をしている東干《トウンガン》人、中国人の農夫や商人にであう。ほとんどすべてが青い服か、昔は白かった羊の毛皮、フェルトの靴下、靴、さらに革の帽子、あるいはフェルトの小さな丸帽子をつけている。ある橋をわたって、深く切れこんだ峡谷のなかの支脈の谷をこえる。まもなく数人の騎馬のものと、丸い藁屋根をつけた二台の荷車にあう。花嫁を迎えに行こうとしている花婿である。さらに三台の車がお供についていて、自分の財産や新居のためにしゅうとたちから贈られた贈物がつんである。貧困は貧困としても、人生は歩みをつづけているのである。人々は結婚し、子供をつくり、死ぬのである。

非常にけわしい、曲がりくねった道が、ふたたびわたしたちを親谷のほうへつれて行く。荷車がどうしてこの急な傾斜をのぼることができるのか、見当もつかない。わたしたちは海抜二二〇〇メートルのところにでる。ところどころ谷の両側に、泉が氷の塊をつくっていて、それが金属のように陽光のなかに光っている。竜口堡《ルンコウブ》、つまり〝竜の口の村〟には数軒の小屋があるだけである。わたしたちはいくつかの氷塊をこえるが、その一つは幅一〇メートルもある。氷は破れないでもちこたえてくれる。それから樹木のあるすばらしい場所を二つ、三つ通過する。いくつかの傾斜地には針葉樹が生えている。南園《ナンユアン》、〝南の農園〟村には、河岸に二台の水車がある。ここで一人の金持が二〇〇頭の羊をもっていて、夜のあいだは畜舎にいれている。この男はわたしたちに二人の夜警を世話することを約束してくれたが、彼らは暗くなってあらわれた。二人はすぐわたしたちのボーイと仲よくなり、おしゃべりしたり笑ったりしていた。夜、一五分ごとに彼らの叫び声がきこえた。彼らは叫び声をあげて、泥棒をおどかし遁走させ、かつ自分たちが目をさましていることを証明しようとしたのである。

一月二五日、わたしたちは前夜零下一九・八度の寒さに見舞われ、きびしい南東風ですっかりふるえ上がって朝を迎えた。わたしたちは出発し、だんだん高いところへのぼる。谷には岩ばとがむらがっている。ところどころに雪の斑点や氷塊が見える。だんだん高くなる。ここを若い中国人たちが旅している。肩の竿の大きなかごを気持よさそうにぶらぶらさせながら、拍子をとって歩いている。一〇時四五分、海抜二七七五メートルの峠の上にでる。ここはわたしたちの全遠征を通じて到達した一番高い地点である。烏鞘嶺《ウーシャオリン》、〝黒い山の頂〟というこの峠に、漢祖廟《ハンツウミアオ》という小さな寺が立っている。長い、とがった髭の年老いた僧がでてくる。峠は古浪《クラン》と平番《ピンファン》の境界をなしている。

　この峠に来る前に、わたしたちはまた長城の残骸を目にしていた。いま谷を走っていると、長城が左手に見える。ここでは三列の城壁からできている。わたしたちは一番外のと真中のとのあいだを走っている。谷はかなりひろびろとしている。左手に丘があって、羊が草をくっているし、右手は比較的大きな山である。ここで馬に荷物をつけた八人の東干《トウンガン》族に出あう。商人なのか盗賊なのか分からない。まもなく数か所破れた長城の前にでる。鎮羌駅《チンチャンイー》村のそばで平番《ピンファン》河のいくつかの支流をこえる。わたしたちの道は南東の方向に向かい、大へん広い谷を走っているが、右手は雪におおわれた峨々たる山脈がつらなっている。長城はこのあたりでは、粘土ブロックと乾燥煉瓦で建てられ、約三メートルの高さである。平番《ピンファン》河は堂々たる流れで、ひろい範囲にわたって巨大な氷塊をうかべている。ときどき要塞や家や長城の廃墟が見える。右のほうから流れてくる凍った支流を一つ横切る。ここで長城は本流をこえている。やがて長城はわたしたちの右になったり左になったりする。望楼の間隔は、まえよりは小さくなっている。ときどき長城には、のこぎり壁がついているように見えることがあるが、これは城壁の頭が風化されたものにすぎない。こわれていないところは高さ四・三〇メートル、幅は上部〇・八五メートル、下部二メートル以上ある。

伏羌堡《フーチョンプ》村、海抜二二〇〇メートルのところに宿営。またも零下一九・三度の寒い夜。わたしたちのテントがあかるいあいだ、村の一匹の野良犬がその前に来て吠えるので、あかりを消す。静かになると、その犬は向きをかえて、今度は道を通る旅人たちに吠えかかる。一晩そんなふうに吠えているので、声がかれてしまう。わたしははじめ追い払おうとしたが、もう放っておくことにする。たのまれもしないのに、わたしたちの寝ているあいだ夜番をしていたわけである。おそらくその犬は――その考えは正しいのだが――わたしたちが夜番もせずに、この道路のそばに寝るなどとは不用心だと考えたのであろう。

道は河岸ぞいに走る大通りにでる。谷はひどく狭い。河はひろびろとして流れは急である。氷塊がその上を流れている。岸はところどころ凍っている。ずっとすばらしい遠望をたのしむことができる。武勝駅《ウシュンイー》村の近くにくると、河は非常に広く、すっかり凍っている。ここでは湖みたいにみえる。その狭くなったところで、高い短い桁橋をわたる。豊堡《フェンプ》村をすぎて、また四メートルの深さの凹道を通る。人通りが多くなり、いかにも活発になった感じであるが、幸いなことにこの凹道では荷車にはであわなかった。凹道はやがて六メートル以上の深さになり、あらゆる方角に曲がりくねっている。右側の山の頂上のもう一つの道は、車の通れない道である。あるところで木の幹をわたした細い橋をわたって、この凹道を横断する。こんなに深く土のなかにくいこんでいる凹道だから、ずいぶん古い年輪をもったものにちがいあるまい。

やっとこの道を征服すると、長城が左のほう、数百メートルの距離のところを走っている。十里店子《シリティエンツ》、〃十里の宿〃村をすぎると、ひろびろとした土地にでる。河は視界から消える。美しい屋根の寺のそばを通る。平番《ピンファン》の北門に着くと、兵隊たちにとめられる。わたしたちの名刺を見たあと、はいることを許してくれる。ちょっと行くと市長宅。市長は昼食までいるようにと、しきりにすすめる。しかしわたしたちは旅をつづけさせてくれとたのみ、その衙門《ヤーメン》で茶を一杯だけごちそうになる。市長の話では、平番《ピンファン》は三八年前には人口一〇万だったが、いまは七万だという。町には一二〇〇家族の中国人、東干《トウンガン》人、満州人、モンゴル人、チベット人が住んでいる。

それからわたしたちは美しい門をいくつか通って町を出る。南門はその前に孤立した門をもう一つもつ二重門である。わたしが三八年前チベット、西寧《シーニン》から来たとき、西門からはいった記憶がある。今度またこの町に来たのであるが、これまではいったことのない道を通っているわけである。

まもなく八メートルの深さの凹道にでたが、ここは砂埃でいっぱいである。徳賑堡《テーチェンプ》村の海抜一九〇〇メートルのところに、第一六五号宿営地をつくる。宿営地のそばに魁星閣《クエイシンコウ》、上階に木の突出部のある塔がある。これは魁星という鬼神にささげられたもので、この神は、清朝のもとで盛大をきわめた登用試験制度において、だれが一番の成績をおさめるかを決定したといわれる。

二七日、また五メートルの深さの凹道を走らなければならない。数台の荷車に会う。牛馬がひっぱっていて、自動車におびえて、たちまち引きかえしてしまう。それらのたてる埃のため窒息しそうになる。右の河岸にはひどく高い山があるが、左は低い丘だけである。高金沢村《カオチンツェ》にくると、道は、立ち並ぶ家と凍った河と、数メートルの高さの、するどく切りたった段丘とのあいだを走っている。美しい、堂々たる木々が河岸をかざっている。

つぎにまた凹道にはいる。歩行者用の小路がその上についている。砂埃が荷車や牛馬の蹄やひとびとによってまき上げられ、道路上に厚くつもっている。すべてがただもう灰色である。車に乗っていては目標をさだめることもできない。見えるのはただ黄塵万丈の空だけである。家や城壁や段丘や木などがこんなにいりみだれ、しかも黄塵万丈だとなると、せいぜい二〇メートルぐらいしか測量できない。かたつむりのようにのろのろ進む。たえずもうもうたる砂埃に四方をとりまかれている道路のかたわらに、どうして住んでおられるのかとふしぎな気がする！　結構な一日を朝から夕方まで彼らは肺に埃を吸いこんでいるのだ。ただ夜だけ、数時間、埃をかんべんしてもらえるのである。

一月二七日夜、寒さは零下二〇・八度にさがる。観音寺《クアンインツェ》のそばの黄色い粘土の丘のあいだを走りつづける。今度は長城が右手にあらわれる。その切れたところで長城を横断する。平《ピン》番《ファン》河もいまはわたしたちの右にある。この道は、ひどい雨が降ったあとでは自動車にとって危険にちがいない。そんなときは石けん液のなかにいるように、カーヴの路肩でスリップして下に落ちてしまうだろう。涼州《リアンチョウ》と蘭州《ランチョウ》とのあいだの道は、たしかにわたしたちの自動車遠征途上で走破した道のうちで、もっとも厄介で危険な道であった。道は大部分黄土でできていて、ただところどころにしっかりした岩道があらわれているだけである。夕方空はくもり、すこし雪が降る。小さな平地に宿営をする。そこは墓場で、一八の墓がある。

出発。峡谷のような凹道を通過。黄色い粘土の奇怪な柱のようなものがある。往来ははげしい。いたるところ土地は耕やされている。草をはんでいる羊の群れが見える。とある小山から、南東のほう、人跡未踏の土地への広大な展望がえられる。

昨夜、垂直の粘土の断崖の一角がくずれ落ちて、道をふさいでしまっていた。荷車なら通ることができるが、わたしたちは停車して、いくつかの小さな土塊をとりのけねばならない。それからしばらくして小蘆池《シャオルーチェ》、〝小さな盆地〟という小村を通る。この村ではちょうど掃除の最中で、家を新年のお祝いのためにととのえていた。村の女たちはみな纏足《てんそく》をしている。行手にふたたび峠が見える。のぼりはおそろしくけわしい、岩だらけのジグザグ道ではじまる。心臓はくびのあたりまでどきどきする。のぼれるのだろうか、自動車もろとも谷底に転落するのではないかと緊張する。しかしとうとう六〇メートルの坂をのぼったのち、五〇〇メートルの山の上にでる。反対側にでて右側の谷の、曲がりくねった道を東南へ向かう。右側の傾斜地のなかに、いくつか洞窟が見える。行手の谷の上に高く、赤い岩の柱がそびえている。それは高い柱廊をもったアクロポリスのような宮殿に似ている。そして人間の手でつくられたようにも見える。

道は、非常にたくさん新雪のある、けわしい灰色の山のあいだを走っている。凹道はだんだん狭く、深く、寒くなってくる。その向こうにまた、赤い美しい山々が見える。人跡まれな、印象ぶかい大自然。荘厳の気のみちたパノラマである。双方の岩壁のあいだは、わずか五〇ないし七〇メートルの距離しかない。突然凹道の出口が見える。山のあいだを出ると、黄河の谷が南にある。谷をかこんだ山は、ぼんやりした色あいで光っている。

左手に山を見ながら、白い畦のあいだを東南東へ進む。南西には黄河が、沈み行く陽のなかできらきら輝いている。二十里舗《アルシリプ》で、甘粛《カンスー》の首都蘭州《ランチョウ》までわずか八キロしかないことをきく。右手にちょっと長城が見える。中庭や城壁をもった監視塔や、そんなものをもたない監視塔がこれまでと同じように忠実にわたしたちのお供をしてくる。

五時半、目的地、黄河畔につく。道は黄河の上、一〇ないし一五メートルの高さのところを走っている。門から町へはいる。第一六八号宿営地を衙門《ヤーメン》のなかに設営。翌日、省主席朱紹《チューチアオ》良《リャン》将軍を訪問すると、将軍は親切に迎えいれてくれる。彼は行政院長汪精衛《ワンチンウェイ》から命令をうけ、わたしたちをすべての点において援助せよといわれていた。また西安《シーアン》への旅の途中の保護も配慮せよという命令であった。危険な道中はずっと、衛兵が護衛することになっていた。わたしたちはそのあとカトリックの伝道教会を訪ねた。いくつかの簡素で品のある建て方の教会と屋敷をもった、すばらしい施設であった。ブッデンブロック司教は、あたたかく愛想よくわたしたちを迎えた。もう数年来、わたしは司教と文通していたのである。W・ハウデ博士とわたしの願いに応じて、司教は、甘粛《カンスー》の重要な気象学上の情報をくれたことがあった。わたしは司教のところに長居した。司教は蘭州《ランチョウ》で一二年を送り、その前は山東で一七年働いていた。この伝道教会は四人の神父と五人の平信徒と一四人のシスターをもっていた。

わたしたちがうれしかったのは、すでに龔《クン》とイェオリが中衛《チュンウェイ》から来ていたことだった。二人は途中いろいろな冒険を体験してきていた。

一月三一日、朱《チュー》総督のところでヨーロッパ風の食事をとる。総督は五人の《大馬》をおさえつけることのできた唯一人の人物である。

中国内陸伝道会で、家族を伴ったキーブル氏、フォーハン・リース博士夫妻、さらにトーマス・モズレイ氏とそのスコーネ（スウェーデン最南の州）生まれの奥さんに会った。英国人の病院で、はじめラント氏が主治医で、その後任がリース氏だった。病院は黄河の北側の高地にある。その窓から黄河への広大な展望がえられた。一週間前は氷の上をわたって渡河することができたという。いまはそこにはただ細い氷の帯と流氷があるだけである。河には長さ二二〇メートル、幅八メートルの鉄橋がかかって、五つの橋弧をもっていたが、あたりの景色にはマッチしていない。

23　最後の日々

二月二日、わたしたちは蘭州《ランチョウ》の友人たちに別れを告げた。いつものように、出発できるまでには非常に長い時間がかかった。この大きな美しい町の通りをでていったときは、もう三時四五分になっていた。赤いはり紙やたくさんの人出によって、もう二日もすれば中国式の正月のお祝いがあることがわかった。

　わたしたちは南にあるまず二重門を通り、つぎに東に向かって東関《トウンクアン》を出た。郊外で、頌徳碑のたっている無数の墓山のそばを通りすぎた。この下に、蘭州《ランチョウ》の中国人の幾世代が最後のねむりをねむっているのである。わたしたちは、中程度の高さの山によってとりまかれている黄河の広い谷を走った。半時間もすると、小さな枝谷のなかへのぼることになる。道はひろく、なかなかいい。それから上ったり下ったりして、丘陵や小山や小さな谷を通りすぎる。傾斜はけわしい。地形がひろびろとしてくる。ときにはまた凹道を通過することもある。風などにさえぎられたところには、まだ雪がたくさん残っている。二時間走って、海抜二一〇〇メートルの場所で宿営。約四二キロ走破したわけだ。ここは一六九号宿営地。土地の名は馬家宅《マチャチャイ》という。

道は粘土質の丘に沿うて蛇行しているが、ところどころ道の真中に、するどい頭をもたない、粘土質の円錐状の塊がもり上がっている。それらは粘土質の土地が、どれだけ酷使されたかを示している。両側の四角な木の屑も、道路工事にそれがどんなに多く使われたかを明白に物語っている。

わたしたちは丘陵をのぼって峠にでる。わたしたちを四方からとりまいているのは、底が岩でない、大きな、黄色い、まるみをおびた粘土の丘である。その両側にはよく耕やされた畑がひろがっている。土地の人に会うことはなく、まれに旅人を見るくらいである。いぬわしが荒涼とした土地の上を舞っている。かなり長い距離、道は頂上づたいに走る。頂上の地形はかなり平坦であるが、両側は黄色く波うっている海のような地勢である。それからけわしい山を長いこと走って下り、かなり大きな盆地にはいる。頂上と盆地との高さの差は、約三〇〇メートルである。そこでダッジ会社製のトラックに会う。運転手の話では、西安《シーアン》から来たという。もう二週間走っているが、ずっと盗賊どもと戦いつづけて来たという。

谷の凍った河には橋がかかっていたが、真中に穴があいている。これでは荷車は渡ることができない。それで荷車は河床を通っている。わたしたちはときどき村や農家のそばを通過する。定西《ティンシー》の橋は渡ることは不可能だ。で、泥の河床を越えなければならなかったが、そこで動けなくなってしまう。

定西《ティンシー》の町長を訪問して挨拶する。町長の話では、道は約三〇キロぐらいはかなり安全であるという。しかしそのあとは盗賊に用心しなければならないそうだ。それで町長は、将校一人と兵隊二人をお供につけてくれた。

わたしたちは、とてつもなく嶮しい山をのぼる。自動車はもう進もうとせず、停止して逆もどりしはじめる。ブレーキもきかない。だんだん早く逆進し、断崖の端へ行く。間一髪のところで、エッフェが自動車の方向をかえることができる。彼は垂直の粘土質の山壁に向かって全速力でつき当たったのである。山壁はかなりやわらかだったので、自動車はそう大した損傷もうけなかった。わたしたちはひきつづき非常に急な山をのぼったり下ったりする。車のなかで胸をどきどきさせながら、枝谷やカーヴを無事通過するたびに、ほっとしていた。

セラトの車が見えなくなる。なにか起こったのだろうか？　わたしたちは待っている。と、うれしや、エンジンのひびきがきこえてくる。あたりは暗くなる。こんな地方では日が暮れると、自動車の旅はできない。それで一一五キロ走ったところで、紅土《ホント》窑《ヨオ》村で停止する。第一七〇号宿営地。海抜二〇〇〇メートル。隊商たちの泊る農家の庭は荷車でいっぱいである。これらには西安《シーアン》―蘭州《ランチョウ》間の、新しい長距離電話設置のための電柱がつんである。そこでぽつんと一つ離れた農家に引きうつると、その庭は、わたしたちの三台の車と二つのテントに十分なひろさをもっている。

夜、一六・四度の寒さだったが、二月四日は夜明けとともに出発する。華家嶺《ホアチアリン》までは、かなりいい、安全な道だろうという話である。そのあとはわるく、盗賊の危険があるという。出発直前に、わたしたちの三人の兵隊は、村の外の望楼で射撃演習をやってくれた。盗賊どもに遭遇した場合にそなえ、練習をかねて鉄砲の具合をしらべたことはあきらかである。

村を出て、非常に急な狭い凹道を下りながら、命がけの物騒な自動車行をつづける。それからゆっくりとのぼって谷にはいり、その底で何度か凍った小川を横切る。ふたたび道はけわしくなる。六人で車のあとをおす。数メートルすすむ。木の丸太を後輪のうしろにおく。乗用車のピストン・リングがゆるんでいる。エンジンに馬力がない。こんな状態で走りつづけるのは、生命にかかわる。わたしには、このおそろしい傾斜のところは歩いて行くほうがいいので下車する。それにこの道は新しい。もっと高いところにある古い道はもっと悪い。わたしは、とある丘のそばに足をとめて、待ちに待つ。だれ一人見えない。ときどき叫ぶ声やエンジンのばたばたという音がきこえる。面白くない緊張がつづく。なにか起こったのか？　車が崖から落ちたとか、こわれてしまったという凶報がくるのであろうか？

まあ、ちょっと待とう——自動車の音がはっきりきこえてくる。乗用車が到着。尤《ヨウ》が来て、なんていうひどい道なのだろうという。

エッフェがセラトを助けに、斜面をいそいでおりて行く。わたしたちは待っている。銃声が二、三発きこえる。盗賊か？

そこに電話用の柱をつんだ荷車が一〇台やってきて、苦労しながら山をのぼりはじめる。はじめの数台がわたしたちのいるところまでたどりついたとき、彼らは二頭の馬を綱からはずし、それをつれて、仲間をたすけるためにまたおりて行く。

尤《ヨウ》が帰ってくる。するどい曲がり角で、二、三本の電話柱にぶつけられる。尤《ヨウ》は平衡を失って、数メートル坂をころがり落ちる。しかしまたしゃんと立ち上がって、上にのぼってくる。

やっとセラトの車が見える。わたしたちは、二二〇〇メートルの高さの峠へ進んで行く。ある傾斜地に、耕地にかこまれた村が一つある。この中国人の農夫たちこそ感嘆に値いする。とにかく耕しうるところではどこでも、耕地を見つけるのである。それからしばらく走ると頂上である。道はうす気味わるいくらい曲がりくねっている。しかしこれらの丘にはそのほか別に厄介なところはない。左手に四角なとりでを見て過ぎる。つぎにまた小さな峠があったが、そこから四方八方にすばらしい展望がひらけている。すべてが黄色い。丘も家々も囲壁も。赤い紙切れを耳につけた、ろばの隊商の小部隊がここにやってくる。新年を祝っているのだ。また向こうには、荷をつけない二〇頭のらくだが東のほうに引かれて行く。いたるところ、よく耕してある。やわらかい、丘状の傾斜地がのびている。

華家嶺《ホアチアリン》から向こうは、盗賊に占領されていると告示されている地域である。約九〇キロにわたって、道は耕作されてない土地を走っている。わたしたちの兵隊はいつでも応戦できる態勢をとる。

山の背を二つ、三つ越える。土地は、全然耕作が行なわれていないわけでもない。耕地や村をいくつか通りすぎる。このふつうは何も生えてない土地の道のそばに、木が一本ぽつんと立っている。ときどき羊ややぎをつれた牧夫にあう。粘土質の黄土を流れている雪解け水のために道が氷のように滑りやすい。自動車が、路肩からすべって断崖におちるのではないかと覚悟をきめる。道のそばに自動車の残骸がころがっている。濡れているとこの道はおそろしいのだ。風景は至極単調である。しばしば乗用車は泥のなかで動かなくなる。わたしたちは、セラトが来て引っぱり出してくれるまで待たなくてはならない。

わたしたちはさらに二時間以上、漆黒の闇のなかを走らなければならぬ。こういう危険きわまりない地形のところで、まことにスリルのある旅である！　わたしたちは両側が切り立っている丘陵の尾根を走ったり、あるいは山の背のおびやかすような傾斜地を走ったりする。いつもどちらかの側に、危険な断崖があるのだ。死ぬのは確実だという個所から、わずか一メートルしか離れていないのだ。

わたしたちが大陸の乾ききった内部から離れ、海岸に、海風の吹く湿気の多い地帯に近づけば近づくほど、積雪量は、多くなってくる。雪原がくらやみのなかから輝きでてくる。わたしにはエッフェがどんなふうに運転しているのか見えない。ときどき道をまちがえたのではないかという感じがする。わたしは、道の見わけがつくのかとたずねる。いっものくせで、エッフェは魚のように冷静かつ寡黙である。一番こまるのは、けわしい、カーヴの多い勾配である。こんなところでエンジンやブレーキが動かなくなったら、車は昨日のように逆もどりし、いや応なく道端からくらやみのなかを、断崖の下にころびおちるであろう。

しばらくすると夜の旅人に会う。彼らの言うには、もう約一・五キロ走ればいいという。そこで闇のなかを走りつづける。ようやく木や家が四、五軒見えてくる。村の大通りにはいり、とある農家に宿営する。蘭州《ランチョウ》から二六四キロ走ったわけで、平涼《ピンりゃん》まで一三八キロ走破すればいいのだ。そこへ行く途中、六磐山《リウパンシャン》山脈の背をこえなければならない。それから西安《シーアン》まではまた下りである。

馬家堡村《マチャプ》には、五つの小さなピラミッドのある監視塔がある——こういうのは久しく見ていない。ここにも、しばしば切れている大通りがあって、わたしたちがそこを通って狭い谷のなかにはいると、道はよくなったが、まがりくねって起伏が多くなる。二つ、三つの小山をこえる。それから下って谷底につくと、道はよく、幅は約八メートルもある。煉瓦敷きの門道から小さな町静寧《チンニン》へはいる。ここでお供の兵隊の交代が行なわれるはずである。店は新年のためしまっている。あらたなお供を見つけるまで、うんざりするくらい長く待たされる。

このあいだに、わたしたちは市長と話をする。市長はわたしたちにいろいろ指示をあたえてくれる。この地区の住民は六万で、町には一万四〇〇〇が住んでいるという。学校は三六。三五〇〇の兵力の連隊がここにあって、住民から毎年一五万ドル取り上げている。新兵は盗賊仲間から採用している、等々という話をきかされる。

「こういう連中を護衛としてもっているのは有利なのです。こういうのは連中は、盗賊団と仲がいいからなのです。盗賊どもは、このため攻撃してきません。隆徳《ルンテ》町から向うには、すべての駐屯地に中央政府の軍隊がいます。彼らこそ本当に信頼できます」

市長はつけくわえた。

「途中で、もし六人、あるいはそれ以上のものがいっしょにいるのを見たら用心なさい。たいてい盗賊ですから」

わたしたちが道のわるいのをこぼすと、市長は答えた。

「まあ二か月もたってごらんなさい。道はどろんこの海ですよ。いまは凍っていて堅いので、ましなほうなのです」

それから二、三時間待ったあげく、ようやく東門を出ることができる。深く狭い凹道を通って谷底におりて行くと、そこは雪と氷でおおわれていた。道はよかった。曲がりながら谷に沿って走り、防雪壁をもっている。

ボール紙製の大きな金色の獅子を先頭にして、幾本かの旗をひるがえしながら新年を祝う行列がやってくる。この貧しい農民たちの顔は満足そうに、たのしげで、一年の最大のお祭を堪能しているのである。しかし彼らは新しい道に愛情をもっていない。新しい道から一筋の土をごっそりかすめとって行くが、そのかわりになにも代りにおいて行かない。

道のわきには二列に、すばらしいはんの木が植えてある。商品をつんだ一三一頭のらくだにあう。この冬景色のなかでは、色はなやかな、心も浮きたつようなながめである。真黒な豚の大群が西安《シーアン》のほうにかり立てられて行く。道はすばらしい。ただところどころ狭くなって凹道になっている。

正月の二日の往来は大したことはない。比較的大きな商店は二週間店をしめるが、小さいのは一週間である。木の柱や門柱には赤い、細長い紙がいっぱい貼ってある。隊商もお祭の飾りつけをしている。先頭のらくだの鞍の前には、両側に赤いリボンがたれさがっている。

隆徳《ルンテ》の町の城門について、市長の衙門《ヤーメン》へ行ったとき、あたりはくらくなりはじめていた。市長はわたしたちを事務室に招じいれた。部屋はふつうの、なんの変哲もないもので、ひどく簡素である。テーブルが一つ窓ぎわにあり、たくさんの書類の重みで押しつぶされそうになっている。そのほかは小さな茶卓と椅子が七つあるだけである。奥のせまいところに炕《カン》が一つあって、その上で市長が夜、寝るのである。窓には木の枠があって白い紙がはってある——ガラス窓というのはここにはない。壁の一つに簡単な煖炉がある。木の棚にブリキ製の洗面器がおいてある。つまりこの部屋は、事務室であり、応接室であり、寝室であり、洗面室であり、茶を飲む部屋であり、さらに衙門《ヤーメン》のなかで煖房のある唯一つの部屋である。甘粛《カンスー》のすべての市長は、こんなふうにぜいたくを言わずに住んでいる。かなり大きな町でもそうだ——せまくるしく、みすぼらしく、汚ならしく、寒々と、くらいところに。

わたしたちが市長とおしゃべりしていると、将校が二人はいってきて、わたしたちの自動車に同乗させてほしいと言う。わたしたちは、護衛して下さるなら大歓迎だと答える。

隆徳《ルンテ》町は、過去二年半に九回、馬賊に襲われ掠奪されたという。だからまだ大部分が廃墟である。つい一年前の最後の掠奪では、住民の一部は殺され、他のものはやっと逃亡できたという。逃げた人たちの若干はまた帰ってきたが、だいたい商人がもっとも襲われる率が高いといわれる。政府や軍の自動車は攻撃されないそうである。

平涼《ピンリャン》まで七〇キロあって、そのうち一六キロは六盤山《リウパンシャン》の山の峰をこえるものだ。道路はこれまで走ってきたのにくらべると、たいしてけわしくも厄介でもないそうである。雪で進めないということもほとんどないという。しかし夏にはしばしば道はこわれ、すべりやすく、危険になる。いや、数週間にわたって通れなくなることもめずらしくないそうだ。

これまであった何人かの市長と同じように、この隆徳《ルンテ》の市長も、農民たちが自分のうちの財産をできるだけ少なくしようと努めていると語ってくれる。そうすれば税金のためにそれほど苦しまなくてもいいからなのだ。彼らはまた子供たちを学校にもやらない。なぜなら学校へ行くと金がかかるからである。

わたしたちは兵営に、護衛の兵隊を迎えに行き、まぶしいばかり白い雪景色のなかを出発する。三〇人の兵隊が東へ向かっている。多分盗賊を逮捕するためだろう。国道には数センチメートルの雪がつもっている。大通りがつづいているあいだは、自分の位置を知るのはたやすい。しかし道が雪のなかにかくれてしまうと、らくだの隊商の通ったあとを辿って前進をこころみなければならない。

のぼりになる。自動車は丘やカーヴに来ると、スリップしたり横すべりしたりする。積雪量がふえてくる。わたしたちは乗用車の後輪に、タイヤのすべり止めの鎖をつける。雪のため、白い風景はヴェールのなかにかくされて見通しにくくなる。せいぜい三〇メートルぐらい見えるだけである。こやみなく雪はふりつづける。

一、二か所のけわしいところで、道は未完成のままになっている。ここでは自動車の通れる道がひどくせまく、石の山がまだとりのけられていない。自動車は進むことができない。賈《チア》逵《クウェイ》は石を後輪にあてがい、車が逆もどりしないようにする。雪をシャベルでとりのけねばならない。行商人が肩に竹竿をにない、その先に籠をつけてやってくる。わたしたちのであったはじめての旅人たちである。こんな天気では、だれも家のなかにひっこんでいるのだ。

かなり大きなカーヴを二つ三つ曲がり、海抜約二六〇〇メートルの峠に達する。ジグザグ道を下る。雪はだんだんひどくなる。ほんとうに小さな雪崩《なだれ》といっていいぐらいの雪が、自動車の屋根から落下する。しばらくすると雪のふるのがすこしやんでくる。谷底に村が見える。その名は和尚舗《ホシャンプ》という。らくだの隊商の休んでいる橋を渡る。きじが雪の農家のすぐ近くをばたばたと飛びまわっている。同乗していた七人の兵隊がとびおりる。

またらくだの隊商のそばを通る。つんである箱には蘭州《ランチョウ》の煙草がはいっている。枝谷がその両側に口をひらいている、かなり大きな谷について行く。数百羽のきじがあらわれる。みな道路上におりて、わたしたちの前を、数メートルの高さで飛んだりする。谷はだんだんせまくなる。その一番せまいところに、三関窟《サンクアンコウ》の三つの、格別美しい寺院がある。ここでは道は右のほうの谷の側にそうて走っている。この道はよく作られ、防雪壁がある。

三時に平涼《ピンリャン》の西門を通過。ここには中国内陸伝道会がある。市庁の衙門《ヤーメン》の前に停車。けれどだれもいない。わたしたちは、今度はセラトも同道して先へ進む。果てしのないほど長い道であるが、これが泥の海である。雪は道の中央に寄せられてあって、ひどく往来の邪魔になっている。一切が濡れ、汚れ、みじめで、索漠たる感じである。東門のそとで橋を渡る。くらくなって、海抜一二五〇メートルの四十里舗《ツェシリブ》村に停車。ほとんど八時間走りつづけたのであるが、九五キロ以上進めなかったわけである。

二月七日朝。前日と同じ雲の多い、陰気な天候が支配している。気温は零下七・四度に下がってしまった。丘と丘との間のひろい谷を走りつづける。丘はだんだん低くなる。いくつかの村、大通り、農家、林のそばを通り、橋を渡る。シュー・チュアンはかなり大きな村だが、道には人影もない。村民は家にひきこんで、茶を飲んだり阿片を吸ったりしているのだ。数日前、ここで乗合バスが襲撃された。お客さんは金や貴重品や衣類をうばわれた。

またすばらしい大通りに出るが、自動車の走るところはその横である。たくさんの雪の吹きだまりが目につく。川の支流を二つ三つ渡る。それからエッフェは本流へ乗りいれる。自動車は次第に沈み、しまいには車中に水がどんどんはいってくる。大あわてにあわてて、床《ゆか》においた荷物をたすけ出す。前の席の背もたれに両脚をのせる！　幸いなことにまもなくセラトの車がやってきて、わたしたちを引き上げてくれる。この河はさらに何度も横断しなければならない。セラトはわたしたちを助けてくれるが、自分もあやうくひっくりかえりそうになる。

くずれた村を通って涇川《チンチュアン》の町へはいる。せまいメインストリートへ出たが、これはすぐ凹道になってしまう。道をまちがえたのである。引き返し、方向を変え、東関《トウンクアン》のほうへ進む。それから右手に雪のつもった丘が見え、わたしたちはその麓に沿うて走る。谷は次第にせまくなる。右のほうに赤黄色い黄土質の山壁がそびえてくる。左手は河。橋を一つ渡って枝谷へはいる。道はそれからうす気味わるいほど急になり、小さな山へのぼっているが、霧のためにそこからは展望がきかない。黄土質の山腹には奇妙な形の家々、牆壁《しょうへき》、要塞、塔などが立っている。

のぼりになる。大通りの木々には霧氷がついていて、雪花石膏《アラバスター》を思いださせる。それから道はしばらく尾根を走る。上は寒い。雪が非常に深いのだ。大通りが尽きる。中国人の数台のトラックのタイヤの跡がなければ、どこが道であるか分からなかったであろう。

窰店村《ヤオティエン》をつらぬいて、甘粛《カンスー》と陝西《シエンシー》の境界線が走っている。ぽつんと一軒立っている農家や村を通りすぎたりする。二〇〇頭のらくだの煙草の隊商にであう。ゆるやかに下りになっている凹道を通って、かなり大きな谷にでると、涇河《チンホ》に流れこんでいる河がある。粗末な橋を渡ってこの河を越える。

夕闇がすっかり濃くなったころ、約一〇五キロ走破して、邠県《ピンシエン》市の市長の衙門《ヤーメン》につく。この町は人口三〇〇〇だという。海抜八〇〇メートルである。

ふたたび赤い粘土質の土地を上ったり下ったりする。吹雪がふたたび、そのヴェールのなかにわたしたちを包みこむ。豚の群れがつぎつぎにやってくる。西安《シーアン》の食肉工場へつれて行かれるのだ。丘はだんだん低くなり、ついに消えてしまう。平らな土地をおりて行く。乾県《チエンチュン》村の門のそばで、兵隊たちにとめられる。いつものような質問。これまでたえずつきまとっていた緊張感はもうない。口をあけている断崖のそばで感じたように、もう心臓は動悸をうつ必要はない。盗賊どもがあらわれないかと心配することもない。車馬の往来は活発になる。荷車やトラックに出あったり追い越したりする。平原を走って行く。地平線の果てでその境界は霧のなかに消失している。

二時、咸陽《シエンヤン》という巨大な城壁のある町につく。三つの門塔を通り、渭河《ウェイホ》という非常に大きな河にかかっている橋へ向かう。

三時、西安《シーアン》の東門につく。ここで昔のシルクロードがはじまる――わたしたちにとっては、それがここで終わる。「北西ホテル」のなかばヨーロッパ風にしつらえられた小部屋に、わた

西安駅にて。左上がヘディン

したちはくつろいだ気分で腰をおちつける。

西安《シーアン》（西方の平安を意味する）は、漢及び唐朝の有名な首都であったが、この町がわたしたちの長い自動車の旅の最後の宿営地となる。つまり第一七五号宿営地である。二月八日は約一七〇キロ走破したわけである。そしてシルクロードで経験した最後の旅でもあったのである。

二、三日たって、わたしたちは汽車で南京へ向かった。南京では政府から王侯のようなもてなしをうけた。わたし自身は、高齢の主席林森《リンセン》氏から招待されるという名誉にあずかった。また当時漢口《ハンコウ》にその司令部をもっていた蔣介石《チャンカイシェク》大元帥の家にも招かれた。行政院長汪精衛《ワンチンウェイ》氏は探検隊員全員を昼食に招待し、わたしたちに忘れることのできぬ言葉で演説をした。もう一つ別の祝宴には、行政院長のほかに、政府の二五〇人の役員が出席した。そのときわたしは、講演の形式で自分たちの旅行について最初の報告を行なう機会を与えられた。わたしの七〇歳の誕生日には、誠意のこもった心づかいをしてもらった。これらは、わたしが東洋で得た、もっとも誇らしい、もっとも貴重な思い出の一つである。

ノリン博士は南京でわたしたちを待ちかねていた。博士といっしょに、わたしは上海へ行ったが、ここでは総領事リンドクヴィスト氏に丁重に迎えられた。北京でもたくさんの旧友に歓迎された。それからわたしたちは満洲を通過し、ノヴォシビルスクを経て故国へ急いだ。ノヴォシビルスクでは、ドイツ領事グロースコップ氏のところに一日、客となった。氏はこの八年間、わたしたちの探検にきわめて精力的な支持を惜しまれなかったひとである。

一九三五年四月一五日、わたしたちはふたたびスウェーデンの土をふんだ。ストックホルムまでの道中、わたしたちはずっとスウェーデンの人々に歓迎されつづけた。ストックホルムでは、親戚と友人たちが待ちうけていた。みんな非常に長いこと不安な気持でいたのである。自宅での祝宴のとき、スウェーデンにいたわたしたちの遠征隊のものは、一人も欠けるものがなく出席してくれた。わたしはみんなが生きているのをよろこんだ。この数年間、わたしに示してくれた彼らの誠実さに対しては、いくらお礼を言っても言い尽すことはできないのである。

わたしがはじめて故国を去ってから、まさに半世紀がたっていた。全生涯わたしは暗黒のアジアの探究に身をささげてきたわけであった。

本書は『シルクロード』（白水社、一九八〇年刊）を底本としました。
文庫化にあたり、人名および地名の表記を改訂いたしました。

解説

金子民雄

スウェーデン生まれの中央アジア探検家として著名だったスヴェン・ヘディンは、彼の最後の探検（一九二七―三五年）の紀行本を、戦争・道路・湖水をテーマにして三部作を書いた。そのうち本書の『シルクロード』は、このうち〝道路〟に当たるものである。

ヘディンの組織した第四次遠征については、これまでにもいろいろ紹介されているので、ごくかいつまんで説明することにしよう。一九二五年、すでに齢六十歳の還暦に達していたヘディンは、世間からでも探検家としては半ば忘れられた存在だった。時代はすでにラクダや徒歩で何年もかけて旅する方法は、時代遅れで過去のものになっていた。

このときいま一度探検の機会と援助の手を差し延べてくれたのが、ドイツの航空会社のルフトハンザ社だった。人材や旅行資金も出してくれるという。そこで一九二六年十月、ヘディンは幾人かの門下を伴って中国へ行き、中国政府から旅行許可を得たが、実は中国ももう昔の中国ではなかった。時代が変わっていたのである。まず軍から新疆省の飛行許可に難癖がついた。次いで一般の市民や知識人、学生から探検反対の運動が起こった。これまで中国の貴重な埋蔵文化財が、西欧や日本の探検隊によって国外に流出してしまっているとの理由からだった。ただこれには北京の英国大使館が、この反対運動をどうも蔭で煽っていた節がある。

そこでヘディンは中国側と妥協して、スウェーデン＝中国との共同事業として、中央アジア（新疆）探検調査をすることにし、この協定は成立して一九二七年五月から、探検が開始された。これが有名な西北科学考査団と呼ばれたものである。ところが肝心の新疆上空の飛行が禁止されてしまったため、ルフトハンザ社からの資金援助が止まってしまい（全面的ではなかったらしいが）、そこでスウェーデンや、ヘディン個人、また篤志家、一部中国政府からの資金援助で、曲がりなりにも内モンゴル、新疆各地での探検調査が行われた。しかし、一九二九年に世界恐慌が起こり、資金不足で探検事業は事実上、行き詰まってしまった。

一九三二年、シカゴで万国博覧会が開催されているのを機会に、熱河のラマ廟の展示建立のためアメリカに渡り、約一年間滞在し、会場でヘディンのペン画のカットなど売ったらしいが、あまり売れなかったという。そして、この年の十二月にアメリカを発ち、中国に向かった。本書にクリスマス・イヴはサンフランシスコ沖で迎え、翌一九三三年の一月十九日に天津に着いたと書き出されているのは、この経緯を語っている。当時、中国には探検隊員がまだ残っており、ヘディンはここで西北科学考査団を終結・解散させるつもりだった。ただ新疆やチベットに行ったたままいまだ戻って来ていない者も、結構いたのである。

ヘディンが北京で残務処理に忙殺されていた六月、予期せぬ出来事が起こった。それは第一次大戦当時、ヘディンがドイツ側からロシアとの東部戦線を視察していたとき、フォン・ヒンデンブルグ元帥（のちワイマール共和国の大統領となる）と参謀長のフォン・ゼークト将軍の司令部で、一時生活を共にしたことがあったが、そのときのフォン・ゼークト将軍がなんとヘディンを訪ねて来たのだった。フォン・ゼークト将軍は天才的な戦略家と言われていた。この頃彼は、蔣介石の軍事顧問として南京政府のために作戦を立てていた。毛沢東の紅軍はこのため徹底的に敗北した。このフォン・ゼークト将軍がヘディンが北京にいると知って、会いに来てくれたのである。ここでヘディンの運命は一変した。

西北科学考査団が事実上終了したいま、ヘディンは早晩中国を去ることになっていた。しかし、ヘディンにはまだ中国に思い残しがあった。それは先年（一九二八年）たまたまトルファンにいたヘディンは旧知の現地商人から、数年前の一九二一年にコンチェ河《ダリア》が流路を変え、東の沙漠に流れ出しているという話を聞いた。この一九二一年という年代は、必ずしも正確ではないようだが、もしこれが事実とすれば、この河の行き着く先はロプ沙漠であり、そこに溜まるはずである。そこはかって西暦三三〇年頃、コンチェ河の流れが止まってしまったため干上がっていた。これが中国の古い史書に見える塩澤（ロプ・ノール）である。いまそこに水が注ぎ始めるなら、千六百年ぶりにロプ・ノールが甦っているはずだった。

しかし、新疆は外国人の立ち入りが一切禁止されている。そこでヘディンは門下のホルナーと中国人の隊員を密かに敦煌方面からロプ地域に派遣し、この新しく形成されたロプ・ノール地域の調査に当たらせていた。彼らは立派に任務を果たし、地図も作成して、ちょうどヘディンがいる北京に戻って来た。目的はこれで十分達したのだが、ヘディンにとってはこの事実を自分の目でぜひ確かめたかった。なぜなら、一九〇二年に、ヘディンはある期間をおいてコンチェ河が振り子のように流路を変えることにより、ロプ湖もまた〝移動する湖〟になると予想を立てていた。いまこれが現実化したのだった。ところが探検事業は終わり、もう新疆に行ける手段がなかった。この心中の悩み多いとき、フォン・ゼークト将軍が偶然姿を見せたのだった。

このときヘディンは胸のうちを、ゼークトに語って聞かせた。するとゼークトは、それなら中国の指導者たちに説得してみたらと提案してくれ、一席設けてくれたのだった。このときの舞台裏のことは、拙著『ヘディン交遊録』（中公文庫）の「蔣介石」の中にやや詳しくふれたので、これを参照していただきたい。ともかくここで考え出された方法は、新疆へ新しい自動車道路を建設するというプランであった。

なぜこのとき鉄道建設ではなく、自動車道路の建設だったのか。それは本書の書き出し部分ですでにふれられているように、当時の中国の置かれている立場だった。一年前の一九三二年三月、関東軍は満州国を建国し、翌三三年三月、日本は国際連盟から脱退してしまった。北京には日本兵の姿がいたる所で目についた。もしかすると中国は、早晩滅亡してしまうかもしれない。日本軍に中国沿岸部を封鎖されたら、生き抜く手段がない。それを救う方法は、ロシアかインド方面から、西側の救援物資を運ぶしかない。それは自動車道路の建設しかなかった。

ゼークトの口添えと、ヘディンの説得によって、中国側の反応も素早かった。ただちにこの自動車道路の下見調査を行うことに決まり、ヘディンは鉄道部の顧問という肩書きをもらった。本書のタイトルは絹の路《シルク・ロード》とあって、見た限り美しく、ロマンティックな響きをもっているが、現実は戦略道路建設の下見調査であり、蔣介石救援ルートの開拓だったのである。しかし、ヘディンは本書を書く上で、こういった微妙な政治的な意図を一切明かさなかったので、読者は詳しい背景を知る由もなかった。

現在では、シルクロードという言葉もすっかり定着し、沢山の解説やら紹介がされている。元々これはドイツの地理学者フォン・リヒトホーフェンが大著『支那《ヒーナ》』の中で、「絹街道」(Seidenstrassen) と書いたのが一応初出とされている。しかし、これはリヒトホーフェンの造語だったのか、それとも古いローマ時代のなにか古記録にあったものを翻案したものだったのか、一時穿鑿されたこともあったが、どうもはっきりしなかったようである。ドイツ人はどうやらこういった街道《シュトラーセ》というのが好きなようで、いま日本人の観光客に人気の高い南ドイツのロマンティック街道もこの部類に入るようだ。「全てのものはローマに通ずる」と言われるように、シルクロードも同じである。ただリヒトホーフェンの命名した絹街道の方は複数形であるが、ヘディンはこれを単数形で用いている。だから本書のスウェーデン語版は勿論、ドイツ語版 Die Seidenstrasse も、英訳版の Silk Road も単数形であり、このためだったのかどうか分からないが、いま一般に使用されているシルクロードは全て単数形になっている。セレス（絹）の国から中央アジアを通ってローマに通じたルートは、けっして一本の道ではない。また立派な道路があった訳でもないから、アメリカ人の間では〝シルクロード〟ではなく、〝シルクルート〟を使う場合が多い。

今回ヘディン一行が新疆に向かったルートは、一般のシルクロードの北方にあたるルートで、まず北京から列車で帰化城へ行き、そこから今度は三台（途中で一台加わる）のトラックと乗用車一台で内モンゴルのゴビ沙漠を横断し、ほぼ一直線に西に進むことだった。そして途中でエツィン・ゴルを通過した。すでに年は替わって一九三四年の一月のことだった。

ヘディンがまだ北京にいた昨年の五月、劉復教授が一万点以上の木簡を、ヘディンのいるスウェーデン・ハウスに持ち込んできた。これは一九三〇年、探検隊員のフォルケ・ベリマンが、エツィン・ゴル河畔の漢時代の城砦や望楼跡から、一万点以上の木簡を発見し、これがやっと北京に運ばれて来たのだった。これはいま一般に居延漢簡と呼ばれているものである。

木簡というのはまだ紙が発明されていなかった時代か、十分供給されていなかった頃、木材を薄く木片状に削って、この表面に文字を書いたものをいう。すでにニヤや楼蘭で発見されていたが、これほど大量に見つかったことはなく、それだけ歴史の研究には重要な発見だった。ところが一九三三年に北京にとどいて、この解読作業中、一九三七年に日華事変（日中戦争）が勃発し、当時、北京大学に保管中の居延漢簡は行方不明になってしまった。この時期、北京を舞台に二つの大きな文化的事件が起こった——北京原人の骨と居延漢簡の紛失である。ただ幸いに居延漢簡の方はアメリカ（ワシントン）に密かに持ち出されていて無事であり、一九六五年にアメリカから台湾に返還された。

居延漢簡は遠い中国辺境の問題だった。しかし、この木簡についての研究は日本の歴史研究にも、大変重要な役割を演じたことであろう。日本でも奈良地方から木簡の出土が多数に上るのは一九六一年からで、その価値が改めて評価されたのは一九六〇年代に入ってからであった。それも居延漢簡の歴史的な研究成果からであった。（興味のある方は拙文「ヘディン率いる西北科学考査団と居延漢簡のその後の運命に関する一考察」〔韓国中央アジア学会『中央アジア研究』所収、二〇〇二年、ソウル〕を参照されたい。）

　ヘディンの自動車隊はゴビを突破し、ようやくハミ経由でトルファンに入ったが、ここでまったく新しい局面を迎えることになった。東干軍を率いる馬仲英《マチュンイン》将軍の部隊と、ウルムチを支配する盛世才《シェンシーツァイ》督弁の軍隊とが、ウルムチとトルファンを結ぶダワン・チェン峠で死闘を演じていたからである。ところが盛世才《シェンシーツァイ》を支援するロシア軍に敗北した馬仲英《マチュンイン》将軍は、雪崩を打って西方へ敗走を始めていた。運悪くヘディン一行はこの逃走軍の群に巻き込まれてしまった。この戦乱の部分を描いたのが、〝戦争〟をテーマにした『馬仲英《マチュンイン》の逃亡』（中公文庫）である。このときヘディン隊のトラックは馬仲英《マチュンイン》軍に強制的に接収され、ドライバー諸共にクチャまで行かせられたが、馬仲英《マチュンイン》はヘディンに約束通り、トラックとドライバーを解放してくれた。ちょうどこの時期は新疆一帯が戦乱で混乱しており、盛世才《シェンシーツァイ》督弁はしばらくヘディンたちがロプ地域に行ってもよいという、願ってもない許可を出してくれた。そこでヘディンたちはコルラから水の戻ったコンチェ河をカヌーで下り、念願のロプ・ノール、いまでは水の溜まった湖水をカヌーで旅することができた。この紀行が〝湖水〟をテーマにした『さまよえる湖』（中公文庫）である。

　この旅のあとヘディン一行は、コルラ、カラシャール経由でウルムチに行ったが、何と今度は北新疆の事実上の独裁者になった盛《シェン》 世才《シーツァイ》から、拘禁状態に置かれてしまった。刑務所にこそ入れられなかったが、一切の自由行動を奪われてしまった。このウルムチでの幽囚記録が本書の中心である。しかし、帰国してからもヘディンは微妙な部分を全てカットしてしまったため、舞台裏のことがほとんど分からなかった。この実際の有り様は拙著『ヘディン伝』（中公文庫）か、『ヘディン交遊録』（中公文庫）のうち「黄文弼」の章にやや詳しくふれてある。

　ウルムチで追いつめられていたヘディン一行は、ようやく解放してもらうことになった。ただこのことも南京政府やスウェーデン政府によるものでなく、ドイツ側の働きかけだった。とくに一九三三年、新しくドイツで政権についたヒトラーだったことは間違いない。そして今度はドイツ外務省を通じてソヴィエト政府に連絡がいき、スターリンからソ連外務省経由でウルムチのロシア領事館に連絡が入り、盛《シェン》 世才《シーツァイ》がヘディンを解放したという訳である。その意味でこのヘディンの援蔣ルート開拓の旅は、初めから終わりまで秘密外交そのものであった。ソ連領に入った馬仲《マーチュン》 英《イン》のその後の運命も分かっていない。このため本書はデリケートな部分はみな除外されたため、表面的に読めばいろいろ危険な事件に巻き込まれた冒険活劇の旅、裏から見れば当時のアジアをめぐる様々な国家の複雑怪奇な怖ろしい陰謀の世界そのままであった。これにはまだ解明されていない謎が沢山残されている。

中公文庫

シルクロード

2003年3月25日　初版発行
2013年5月10日　再版発行

著　者　スヴェン・ヘディン

訳　者　西《にし》　義《よし》之《ゆき》

発行者　小林 敬和

発行所　中央公論新社
〒104-8320　東京都中央区京橋2-8-7
電話　販売 03-3563-1431　編集 03-3563-3692
URL http://www.chuko.co.jp/

DTP　平面惑星
印　刷　三晃印刷
製　本　小泉製本

Published by CHUOKORON-SHINSHA, INC.
Printed in Japan　ISBN4-12-204187-2 C1125

中公文庫既刊より

各書目の下段の数字はISBNコードです。978－4－12が省略してあります。

へ-5-2
さまよえる湖
スヴェン・ヘディン
鈴木啓造 訳
古代の史書に名をとどめるロプ湖の謎を突きとめるため、ヘディンとその一行は中央アジアの不毛の砂漠に立ち向かった。ヘディン最後の大冒険の記録。
203922-3

カ-4-1
世界最悪の旅 スコット南極探検隊
チェリー・ガラード
加納一郎 訳
南極点初到達の夢破れ極寒の大地でほぼ全滅した悲劇のスコット隊。その探検行の真実を、生存者である元隊員が綴った凄絶な記録。〈解説〉石川直樹
204143-1

こ-11-5
グランドジョラス北壁
小西政継
アルプス三大北壁の中で最も困難といわれた垂壁に、日本人として初めて挑んだ六人の男たちの生への脱出となった苦闘の十一日間。〈解説〉植村直己
204017-5

こ-11-6
マッターホルン北壁
小西政継
厳冬期マッターホルン北壁第三登は山岳同志会隊による初の海外遠征であった。想像を絶する戦いを通し、心温まる人間愛を描く。〈解説〉近藤 等
204116-5

こ-11-7
北壁の七人 カンチェンジュンガ無酸素登頂記
小西政継
世界で初めてヒマラヤのカンチェンジュンガ北壁に無酸素登頂を成功させた七人の苦闘の一部始終を、隊長自らが書きおろしたドキュメンタリー。
205669-5

よ-11-2
新編 山靴の音
芳野満彦
冬山の遭難で両足先を失った著者はその後穂高、剱岳に初登攀を記録、日本人初のマッターホルン北壁征服も果す。その青春の記録。〈解説〉藤木高嶺
204016-8

ま-13-2
初登攀行
松本竜雄
氷雪の谷川岳一ノ倉沢に、悪絶の穂高滝谷に、辛苦と研鑽を重ねてかちえた栄光の初登攀の数々。登山とは何であるかを語りかける岸壁の青春の記録。
204061-8

さ-39-1
ヒマラヤを駆け抜けた男 山田昇の青春譜
佐瀬稔
八千メートル峰に12回登頂の快記録を打ち立て、極北のマッキンリーに散った男の足跡を追いながら、壮絶な高所登山の実態を克明に描く。〈解説〉近藤信行
202877-7

さ-39-2
長谷川恒男 **虚空《こくう》の登攀者《とうはんしゃ》**
佐瀬稔
谷川岳からアルプス三大北壁、アコンカグアまで輝かしい足跡を印しながら、ヒマラヤの頂を前に逝ったクライマーの生を骨太に描く。〈解説〉長谷川昌美
203137-1

さ-39-3
狼は帰らず アルピニスト・森田勝の生と死
佐瀬稔
谷川岳、アイガー、エベレスト、K2——。登山界になじまず、死と隣り合せの岩壁に挑み続けた男の修羅の生涯を、共感込めて描く名作。〈解説〉丸山直樹
203286-6

さ-39-4
喪われた岩壁 第2次RCCの青春群像
佐瀬稔
日本山岳会に反旗を翻した革命集団第二次RCC。その誕生とはなやかな登攀の数々、一流クライマーの参加、そして残照を描く。〈解説〉池田常道
203439-6

ね-2-3
遥かなるチベット 河口慧海の足跡を追って
根深誠
明治三十三年、単身禁断の国チベットに潜入した僧侶慧海の潜入経路を辿る、ヒマラヤ辺境紀行。第四回JTB紀行文学大賞受賞作。〈解説〉近藤信行
203331-3

ね-2-6
シェルパ ヒマラヤの栄光と死
根深誠
輝かしいヒマラヤ登山の陰には、必ず勇気あるシェルパたちの姿があった。シェルパ族の真実に迫る著者渾身のノンフィクション。〈解説〉鹿野勝彦
204037-3

ね-2-7
風の冥想ヒマラヤ
根深誠
神の宿る山、ヒマラヤを頂くチベット高原を旅する。神聖なる儀式鳥葬、五体投地礼など精神文化との出会いを、豊富なカラー写真を交えて綴る西域旅行記。
205501-8

ね-2-8
山の人生 マタギの村から
根深誠
下北半島にある小さな山村、畑は一子相伝でマタギの作法が受け継がれてきた村である。今は消滅してしまった畑の伝承を克明に記述した貴重な一冊。
205668-8